EUROPAVERLAGBERLIN

Bernard Lietaer, Christian Arnsperger,
Sally Goerner und Stefan Brunnhuber

Geld und Nachhaltigkeit

Von einem überholten Finanzsystem zu einem monetären Ökosystem

Ein Bericht des Club of Rome / EU-Chapter

Übersetzt von Dr. Michael Schmidt

EUROPAVERLAG**BERLIN**

FSC
Mix
Produktgruppe aus vorbildlich bewirtschafteten Wäldern und anderen kontrollierten Herkünften
Zert.-Nr. GFA-COC-1223
www.fsc.org

Die englische Originalausgabe erschien unter dem Titel
»Money and Sustainability« bei Triarchy Press
© 978-1-908009-7-53

Europa Verlag GmbH & Co. KG Wien · Berlin · München
Umschlaggestaltung: Hauptmann & Kompanie Werbeagentur
Satz: BuchHaus Robert Gigler, München
Druck und Bindung: cpi Clausen & Bosse, Leck
ISBN 978-3-944305-06-6

www.europa-verlag.com

Inhalt

Die Wahrheit über Geld

Vorbemerkungen zu dem Bericht für *Finance Watch* und die *World Business Academy*

Wir sagen nicht die Wahrheit, wenn wir über Geld reden. Doch Geld ist das Herz der Wirtschaft. Und die Wirtschaft regiert die Welt. Sie beherrscht Wohl und Wehe der Menschen von der Wiege bis zur Bahre. Sie regelt die Nutzung der natürlichen Ressourcen unseres Planeten und die Qualität der Umwelt. Heute ist man sich generell darin einig, dass wir über viele Grenzen des Ökosystems der Erde hinausgeschossen sind. Vieles spricht dafür, dass der gegenwärtige Kurs nicht nachhaltig ist.

Die Regierungen, die Medien und die meisten Führungspersönlichkeiten bemühen sich nach Kräften, die öffentliche Meinung auf die eingefahrenen Denkbahnen einzuschwören. Wenn die Gesellschaft erfolgreich sein oder werden wolle, sagen sie, müssen wir weiterhin an das gegenwärtige Paradigma glauben. Ihrem Evangelium zufolge lasse sich noch immer alles in monetären Begriffen ausdrücken, und außerhalb der beherrschenden Finanzsysteme und Bankenpraktiken – einem Monopol und hervorragenden Machtinstrument – gebe es keine Erlösung. Geschlossene Systeme werden offenen vorgezogen. Komplexität wird vermieden. Was für eine kurzsichtige Vorstellung von nachhaltigen Lösungen …

Und dennoch wird auf der ganzen Welt so häufig außerhalb solcher Schablonen gedacht und gehandelt. Auf Konferenzen, durch Publikationen und zunehmend im Internet verweisen viele gewichtige Stimmen auf den blinden Fleck des gegenwärtigen Paradigmas und fordern uns auf, nicht länger zu warten und endlich zu handeln. Doch diese Botschaften werden von den Massenmedien nicht übermittelt und von den meisten politischen Führern ignoriert. Sie erreichen nicht die breite Öffentlichkeit, obwohl, nicht zuletzt in der Europäischen Union, ein radikaler Wandel lautstark gefordert wird.

Das in Brüssel ansässige Club of Rome EU Chapter (CoR-EU) ist bestrebt, Brücken zu bauen zwischen den Institutionen und Verfassungen der Europäischen Union und dem internationalen Club of Rome, seit vierzig Jahren ein führender Thinktank auf Weltniveau. Das CoR-EU agiert dabei als eine Art Katalysator für das Nachdenken über eine nachhaltige Entwicklung in Europa, wobei in den nächsten Jahren die Probleme von Geld und Governance im Mittelpunkt stehen werden. Zu diesen Themen werden wir auch Forschungen über bahnbrechende Konzepte initiieren und ermöglichen.

Wir haben unser Ausschussmitglied Bernard Lietaer gebeten, einen Bericht über Geld und Nachhaltigkeit zu erstellen, der zu einem gesellschaftlichen Diskurs über die Umsetzung einer europäischen Entwicklungspolitik in einem größeren globalen Kontext beitragen soll. Einbezogen werden sollen dabei auch wichtige Behörden und Entscheidungsträger im privaten Sektor, die Medien ebenso wie die breite Öffentlichkeit. Mit seinen Ko-Autoren Christian Arnsperger, Stefan Brunnhuber und Sally Goerner erarbeitete er den vorliegenden Bericht, uneingeschränkt unterstützt vom EU-Chapter des Club of Rome.

Während sein Anliegen per definitionem weltweit ist, war das CoR-EU der Meinung, der Bericht solle primär an eine anerkannte, maßgebende und unabhängige europäische Körperschaft adressiert sein. Dafür schien am ehesten *Finance Watch* in Frage zu kommen, eine Nichtregierungsorganisation, die 2011 auf Initiative von Mitgliedern des Europäischen Parlaments gegründet wurde. Sie widmet sich der Aufgabe, die Interessen der Bürger in Finanzregulierungsreformen zu vertreten, indem sie – als Gegengewicht zur Finanzlobby – entsprechende Argumente gegenüber gesetzgebenden Gremien vorträgt.

Sinnvoll erschien es uns auch, die Unternehmerschaft in ihrer ganzen Breite anzusprechen. Es freut uns, dass die *World Business Academy,* ein Non-Profit-Thinktank und ein Netzwerk von Unternehmensführern, bereit war, als zweiter Adressat unseres Berichts zu fungieren. Ihr Anliegen ist es, Unternehmen dazu zu bringen und dabei zu helfen, Verantwortung für die gesamte Gesellschaft zu übernehmen, indem sie ihre Rolle in Bezug auf wichtige moralische, die Umwelt wie die Gesellschaft betreffende Fragen überdenken. Ziel der *Academy* ist es, das Bewusstsein von Unternehmensführern zu verändern – vom Eigennutz hin zur dienenden Führung –, aber auch das Verhalten der breiten Öffentlichkeit.

Dieses Ziel liegt auch dem Club of Rome am Herzen.

Im Augenblick erleben wir die Demontage des Staats als Garant des öffentlichen Wohls. In den meisten EU-Ländern ist der Ausverkauf fast aller überkommener Werte an der Tagesordnung. Auf allen Ebenen werden Sparmaßnahmen diktiert. Öffentliche Unruhen werden daher weiter zunehmen, solange neue Governancestrukturen nicht die obsolet gewordenen ablösen.

Die Europäische Union steht vor einer großen Herausforderung. Wir wagen zu hoffen, dass die Veröffentlichung von *Geld und Nachhaltigkeit* viele Entscheidungsträger und Meinungsführer bewegen wird, ihren Kurs zu ändern und sich für neue, kreative Vorgehensweisen in monetären Fragen zu entscheiden. Wir benötigen dringend ein geschärftes moralisches Bewusstsein auf allen Ebenen.

Das CoR-EU dankt der *World Academy of Art and Science*, vertreten durch ihren Präsidenten Ivo Šlaus und ihren Aufsichtsratsvorsitzenden Garry Jacobs, sowie Felix Unger, dem Präsidenten der *European Academy of Arts and Sciences*, für die Unterstützung dieses Berichts, sie haben diese kurze Vorbemerkung mit unterzeichnet.

Mark Dubrulle
Mitglied des Club of Rome
Präsident des CoR-EU Chapter

Felix Unger
Präsident der European Academy of Arts and Sciences

Ivo Šlaus
Präsident der World Academy of Art and Science

Ist Geld das Übel?

Mitteilung des Generalsekretärs des Club of Rome

Geld, so heißt es, sei die Wurzel allen Übels – es bewegt die Welt, aber Liebe können wir uns damit nicht kaufen. Tatsächlich ist Geld ein zentrales Merkmal unserer Existenz. Es ist der Gradmesser unseres Wirtschaftswachstums, unseres sozialen Status und unserer Konsumgewohnheiten. Zwei Milliarden Menschen auf der Erde haben kaum genug Geld, um davon zu leben, doch ein Prozent der Weltbevölkerung hat mehr Geld, als es je ausgeben kann, und protzt damit auf eine Weise, die so häufig viele Menschen empört.

Wie konnte es dazu kommen? Wie konnte eine einfache Erfindung, die im Kern ein so lobenswertes Ziel hatte – nämlich Menschen dabei zu helfen, mit ihren Gütern leicht und effektiv zu handeln –, so missraten? Warum gibt es diese Kluft zwischen Finanzwelt und Wirtschaft, zwischen den Finanzmärkten und der realen Wirtschaft, der jene doch eigentlich dienen sollten? Die Folgen dieser Kluft nehmen seit einigen Jahrzehnten zu. In den letzten vierzig Jahren ist die Welt von über 400 Finanzkrisen heimgesucht worden, die ganze Volkswirtschaften destabilisiert, Menschen weltweit in die Armut getrieben und sich verheerend auf das natürliche Kapital unseres Planeten ausgewirkt haben. Das Geld und die Finanzmärkte sind zum Selbstzweck verkommen.

Lietaer und seine Kollegen haben sich das ebenso ehrgeizige wie zeitgemäße Ziel gesetzt, die Rolle des Geldes und seine Auswirkungen auf die Nachhaltigkeit zu untersuchen. Sie nehmen uns auf eine unglaubliche Reise mit, auf der sie dem Geld seinen rechtmäßigen Kontext zuweisen, nämlich als Mittel für eine nachhaltige Zukunft. Sie analysieren das Aufkommen einer Spekulationsgesellschaft, in der das Geld in unserem globalen Kasino aufs Spiel gesetzt wird und nur zwei Prozent der vier Billionen US-Dollar, die täglich im Devisenhandel umgesetzt werden, in die Realwirtschaft gelangen. Aber stellen Sie sich nun einmal das umgekehrte Verhältnis vor – dass wir der Realwirtschaft 98 Prozent zuführen könnten. Was könnte das für den Arbeitsmarkt oder für den Abbau der Armut bedeuten? Für die Nachhaltigkeit?

Das Buch enthält überzeugende Argumente, die gehört, verarbeitet und in Handeln umgesetzt werden müssen. Der Abschnitt, wie Geld sich auf Nachhaltigkeit auswirkt, verweist auf den entscheidenden Punkt, nämlich dass die globalen Krisen, vor denen wir stehen, untrennbar miteinander verbunden sind. Die Finanzkrise ist somit nur eine Dimension eines mehrdimensionalen Puzzles. Doch das Buch bietet mehr als eine Diagnose der Missstände und Probleme unseres Geldsystems – es zeigt auch neue Wege zur Reform unseres Finanzsystems auf und bietet zukunftsweisende Ideen und potenzielle Lösungen dafür an. Dieser notwendige Aufruf zu einem alternativen Denken und zu innovativen Ideen erfolgt gerade rechtzeitig.

Der Club of Rome gratuliert den Autoren. Ihr Buch artikuliert viele der Sorgen, auf die der Club of Rome im Laufe der Jahre aufmerksam gemacht hat. Ganz ohne Zweifel bedarf unser Finanzsystem einer dringenden Generalüberholung. Wir befassen uns damit nur am Rande und bringen uns so nur noch mehr in Gefahr. Ohne einen gut funktionierenden Finanzmarkt werden wir den Fortschritt nicht erleben, der notwendig ist, um die Basis unseres natürlichen Kapitals zu schützen und denen eine sinnvolle

Arbeit zu sichern, die sie brauchen. Dafür werden wir einen hohen Preis bezahlen. Die Autoren haben dies verstanden und uns ein wohl begründetes und wichtiges Buch vorgelegt.

Ian Johnson
Generalsekretär des Club of Rome
Bevor Ian Johnson 2010 dem Club of Rome beitrat, war er 26 Jahre lang für die Weltbank tätig, wo er Vizepräsident für nachhaltige Entwicklung und fünf Jahre lang Vorsitzender der Consultative Group on International Agricultural Research (CGIAR) war.

The World Academy of Art and Science 27. Februar 2012

Die gegenwärtigen ökonomischen, politischen und moralischen Krisen lassen sich nicht dadurch lösen, ja nicht einmal reduzieren, indem man sie mit den gleichen Methoden angeht, die sie herbeigeführt haben. Wir brauchen neue Ideen, neue Denkweisen und paradigmatische Veränderungen. Viele der als selbstverständlich geltenden Konzepte müssen überdacht und infrage gestellt werden. Geld ist so ein Konzept.

Die WAAS billigt und unterstützt entschieden die Initiative des EU-Chapter des Club of Rome und dankt ihrem Mitglied Bernard Lietaer, der dieses wichtige und originelle Forschungsthema vor über zehn Jahren initiiert und auf Sitzungen der World Academy vorgestellt hat. Lietaer und seine Mitautoren Christian Arnsperger, Sally Goerner und Stefan Brunnhuber haben eine bemerkenswerte Studie erstellt, die die ernsthafte Aufmerksamkeit von Unternehmern, Politikern, Wissenschaftlern und anderen Persönlichkeiten verdient, die die Ursachen der gegenwärtigen monetären Krise verstehen und Maßnahmen zu ihrer Bekämpfung kennenlernen wollen.

Diese Studie ergänzt andere Forschungsvorhaben der WAAS, die den prinzipiellen Wert und die Rolle des Humankapitals betonen. Der Bericht erinnert uns daran, dass Geld ein von Menschen gemachtes Instrument ist, das der Gesellschaft helfen soll, das menschliche Wohlergehen zu optimieren. Das vorherrschende monetäre System fördert die Multiplikation von Geld und destabilisiert damit das spekulative Investment, statt dem produktiven Investment zu dienen, das Arbeitsplätze schafft, Realeinkommen steigert und die Gleichheit der Gesellschaft voranbringt. Der Bericht untersucht alternative monetäre Strategien, die dazu beitragen können, zu wenig genutzte soziale Ressourcen zu mobilisieren, insbesondere die zahlreichen arbeitslosen und unterbeschäftigten Jugendlichen und Erwachsenen, deren »Humanpotenzial« vom gegenwärtigen System ignoriert und vergeudet wird. Dieser Bericht ist ein Aufruf zu sofortigem politischem und ökonomischem Handeln.

Wir möchten den Autoren und dem EU-Chapter des Club of Rome ausdrücklich für diese wichtige Initiative danken.

Mit herzlichen Grüßen

Ivo Šlaus
Präsident

Garry Jacobs
Aufsichtsratsvorsitzender

WORLD BUSINESS ACADEMY
Taking responsibility for the whole

Verantwortung für das Ganze übernehmen

»Krieg ist ein zu ernstes Geschäft, als dass man ihn den Generälen überlassen dürfte«, hat der französische Ministerpräsident Georges Clemenceau einmal erklärt. Und auch die Geldpolitik ist zu wichtig, als dass man sie den Geldtheoretikern überlassen dürfte. Der vorliegende Bericht ist so herausragend, weil er kristallklar die grundlegende Verbindung erfasst zwischen Klimawandel, dem Boom-Bust-Zyklus unseres derzeitigen Geldsystems, der Zerbrechlichkeit der globalen Wirtschaft, der politischen Instabilität der meisten westlichen Demokratien und der nicht nachhaltigen Überlagerung von alldem durch riesige internationale Kapitalpools in Form von Zockerrezepten, die wir euphemistisch »Derivate« nennen.

Die Fähigkeit, über die wechselseitigen Zusammenhänge zwischen diesen dynamischen Elementen prägnant und informativ zu berichten, zeichnet Bernard Lietaer und seine Mitautoren aus. Vor allem aber ist dieser Bericht – völlig ungewöhnlich bei Artikeln von Geldtheoretikern – so klar und lesbar, dass jeder normale Manager die dargestellten außergewöhnlichen Probleme verstehen kann.

Der Bericht beleuchtet wesentliche Fragen, die gewöhnlich im akademischen Elfenbeinturm verstauben, und lenkt unser Augenmerk auf sie im Getümmel der Märkte. Und er verdeutlicht, was wir individuell wie kollektiv tun müssen, wenn wir wollen, dass Unternehmen auf gesunde und nachhaltige Weise wachsen.

Aus unternehmerischer Sicht ist die Geldpolitik alles andere als ein akademisches Glasperlenspiel:

- In normalen Zeiten ist die prozyklische Verstärkung des Geldschöpfungsprozesses äußerst kostspielig für die Geschäftswelt – Unternehmen sind im Allgemeinen stets unter- oder überbesetzt, mit zu wenig oder zu viel Kapital ausgestattet, und zwar an beiden Enden dieses verstärkten Zyklus.
- In Krisenzeiten, wenn Banken sich Fehlgriffe leisten, nehmen sie in Wirklichkeit die gesamte Geschäftswelt in Geiselhaft und erhöhen das Risiko für alle Unternehmen, große wie kleine.
- Die Lösungen, die dieser Bericht im siebten Kapitel präsentiert, zeigen auf, was Unternehmen selbst tun können und sollten, um diese Probleme systematisch zu vermeiden.
- Der ganze Bericht ist ein unschätzbares Instrument, das Managern auf Vorstandsebene und ihren Aufsichtsräten vermittelt, was sie wissen und tun müssen, um ihre Unternehmen zu führen und den Shareholder-Value zu maximieren.

Die World Business Academy engagiert sich seit Langem dafür, topaktuelle Wirtschaftsinformationen unter Managern zu verbreiten, die damit betraut sind, ihre Unternehmen durch die schwierigen Zeiten zu steuern, in denen wir uns derzeit befinden. Die Academy dankt Bernard Lietaer und seinen Mitautoren dafür, dass sie uns diesen Bericht vorgelegt haben, und fordert alle staatlichen Behörden und privaten Unternehmen auf, ihn dafür zu nutzen, in ein ernstes Gespräch über die kritischen Fragen einzutreten, die der Bericht beleuchtet – solange noch Zeit ist.

Rinaldo S. Brutoco
Präsident World Business Academy

Vorwort von Dennis Meadows

Arsen diente jahrtausendelang als Medizin. Es ist natürlich ein tödliches Gift. Aber da es kurzfristige Schmerzsymptome zu lindern vermochte, wurde es dennoch von vielen Leidenden eingenommen. Erst im vergangenen Jahrhundert wurde es überwiegend durch weniger gefährliche Alternativen ersetzt.

Das sogenannte Fiatgeld, das von privaten Institutionen durch die Schaffung von Schulden ausgegeben wird, ist seit Jahrhunderten bei allen Nationen in Gebrauch. Längst sind seine tödlichen Wirkungen bekannt. Aber da es Schmerzsymptome zu lindern vermag, wird es gleichwohl genutzt. Wir können also nur hoffen, dass wir in diesem Jahrhundert weniger tödliche Alternativen einsetzen werden.

Seit rund vierzig Jahren lese ich die Literatur über Nachhaltigkeit. In dieser Zeit habe ich auch an Hunderten von Konferenzen zu diesem Thema teilgenommen. Doch bevor ich Bernards Arbeit kennenlernte, hatte ich noch nie gehört, dass jemand das Finanzsystem als eine Ursache dafür bezeichnete, dass unsere Gesellschaft auf ihren Zusammenbruch zueilt. Im Gegenteil – es wird überall und immer wieder betont, dass die globale Gesellschaft bereits durch geringfügige Veränderungen im Finanzsystem auf den Weg zur Nachhaltigkeit gebracht werden kann.

Ein Fisch wird niemals ein Feuer entfachen, während er im Wasser schwimmt. Wir werden niemals Nachhaltigkeit schaffen, während wir ins gegenwärtige Finanzsystem verstrickt sind. Keine Steuer, kein Zinssatz und keine Veröffentlichungspflicht können die vielen Hindernisse beseitigen, mit denen das gegenwärtige Geldsystem Nachhaltigkeit blockiert.

Bislang habe ich nicht so gedacht. Eigentlich habe ich überhaupt nicht über das Geldsystem nachgedacht. Es war für mich etwas Selbstverständliches, ein neutraler und unvermeidlicher Aspekt unserer Gesellschaft. Aber seit ich Bernards Analysen gelesen habe, sehe ich das anders. Dabei ist Bernard nicht der Einzige; Thomas Greco hat beispielsweise über dieses Thema geschrieben. Aber mit seiner Tiefe an praktischer Erfahrung, theoretischem Verständnis und historischer Einordnung im Hinblick auf das Finanzsystem steht Bernard einzig da.

Inzwischen weiß ich, dass das vorherrschende Finanzsystem in fünffacher Hinsicht mit Nachhaltigkeit nicht zu vereinbaren ist:

- Es bewirkt in der Wirtschaft Zyklen von Boom und Bankrott,
- es erzeugt ein kurzsichtiges Denken,
- es erfordert ein Wachstum ohne Ende,
- es konzentriert den Reichtum und
- es vernichtet Sozialkapital.

Jeder dieser Faktoren reicht wahrscheinlich aus, selbst den noch so sorgsam durchdachten Plan für einen Übergang zur Nachhaltigkeit zu durchkreuzen. Zusammen sind sie Zutaten für eine Katastrophe, auf die sie uns gerade zusteuern lassen. Die Instabilität des Finanzsystems sollte uns eigentlich alarmieren, worauf die Autoren denn auch hinweisen:

»Dem IWF zufolge hat es zwischen 1970 und 2010 145 Bankenkrisen, 208 Währungszusammenbrüche und 72 Staatsinsolvenzen gegeben – also insgesamt unglaubliche 425 Systemkrisen. Im Durchschnitt über zehn pro Jahr! Diese Krisen haben über drei

Viertel der 180 Mitgliedsländer des IWF getroffen, und viele davon sogar mehrmals.«

Gut unterrichtete Beobachter der bei Weitem ernsthaftesten Krise von 2008 glauben, dass sich an den Ursachen der Instabilität nichts geändert hat. Ja, viele von ihnen sind noch schlimmer geworden. Mit Sicherheit wird es zu einer weiteren globalen Finanzkatastrophe kommen.

Wenn wir überhaupt eine Chance haben wollen, dass unsere Bemühungen zu Nachhaltigkeit führen, werden wir eine unangenehme Zeit durchmachen müssen, in der wir mit neuen Geldsystemen experimentieren. Realisierbare Komplementärgeldsysteme reichen gewiss allein nicht aus, um zu verhindern, dass wir weiterhin auf die Katastrophe zutreiben. Aber ohne sie haben wir überhaupt keine Chance, den Zusammenbruch zu vermeiden.

Dieser Text ist eine reichhaltige Informationsquelle. Er enthält Stoff für vier verschiedene Bücher:

- eine vernichtende Kritik am traditionellen ökonomischen Denken,
- eine ausgezeichnete Darstellung der Mechanismen, durch die Geld innerhalb der modernen Gesellschaft geschaffen wird,
- eine Beschreibung der vielen Probleme, die uns der Klimawandel und künftige Zusammenbrüche des Finanzsystems bescheren können, und
- Vorschläge für neun pragmatische monetäre Ergänzungen zum gegenwärtigen Finanzsystem.

Das Buch ist somit eine nützliche Ausgangsbasis für Menschen mit ganz unterschiedlichen Zielen.

Unseren frühesten Ahnen gelang es irgendwann, eine auf dem Feuer basierende Technik zu entwickeln. Aber dafür mussten sie den Ozean verlassen. Unsere Nachkommen werden zweifellos eine Technik entwickeln, die auf Nachhaltigkeit beruht. Doch damit ihnen dies gelingt, werden sie die gegenwärtigen Finanzsysteme verlassen müssen. Und dafür liefert dieses Buch die entsprechende Motivation und einige erste Anleitungen.

Prof. em. Dennis Meadows
New Hampshire, Februar 2012

Wie ließe sich die Krise der Eurozone bewältigen?

Während dieses Buch in Druck geht, haben sich die griechischen Wähler – nach zwei Jahren drastischer Sparmaßnahmen – klar gegen die Einschnitte, das Rettungsprogramm und den politischen Kurs entschieden. Dem Chaos in der Eurozone scheinen wir einen Schritt nähergekommen zu sein. Daher nutzen wir die Gelegenheit, um darzulegen, wie sich nur einer der Vorschläge aus diesem Buch jetzt umsetzen ließe, in Griechenland, Spanien oder einem anderen Land, dem eine derartige Krise droht. Es ist eine Lösung, mit der sich die Mainstreamfinanziers und -medien nicht auseinandersetzen wollen, aber sie ist elegant und simpel. Sie würde funktionieren, und die dafür notwendige Software (Open Source) steht mittlerweile zur Verfügung.

Der derzeitigen monetären Orthodoxie zufolge müsse sich die griechische (oder eine andere) Wirtschaft hundertprozentig »innerhalb« oder »außerhalb« der Eurozone befinden. Dabei weiß doch jeder, dass beide Optionen eine höhere Arbeitslosigkeit und noch mehr Elend zur Folge haben werden.

Aber so muss es ja gar nicht sein!

Das Kernprinzip der Komplementärwährungen besagt, wie wir hier darlegen, dass sie parallel zur Hauptwährung existieren und damit die Resilienz und Flexibilität für das gesamte sozioökonomische System erhöhen. Und dies ist kurz zusammengefasst unsere systemische Lösung:

- Griechenland verwendet weiterhin den Euro für alle internationalen Geschäfte: Tourismus, Schifffahrt, Exporte und Importe usw. Steuern werden in Euros auf Gewinne erhoben, die mit diesen Geschäften erzielt werden, und für die Bedienung der Staatsschulden eingesetzt.
- Zusätzlich kann jede griechische Stadt oder Region, die sich beteiligen will, ihre eigene lokale Währung ausgeben, die in der Fallstudie im siebten Kapitel ganz allgemein »Civics« genannt wird. Mit Civics werden wichtige lokale, soziale und ökologische Programme finanziert. In unserem Beispiel erhält jeder, der eine Stunde eine allgemein anerkannte Dienstleistung für die Gemeinschaft erbringt, einen Civic. Projekte, die mit Civics bezahlt werden, sollten auf lokaler Ebene demokratisch beschlossen werden.
- Die ausgebende Stadt oder Region verlangt von jedem Haushalt eine Zahlung von beispielsweise zehn Civics pro Quartal.
- Haushalte, die nicht genügend Civics verdient haben, können in einem Onlinemarkt à la e-Bay Civics oder eine andere vereinbarte Ware oder Dienstleistung mit Euros von denen kaufen, die mehr Civics verdient haben, als sie selbst benötigen.
- Civics existieren nur in elektronischer Form, die von der Stadt oder Region mit einem Zahlungsmechanismus über Handys ausgegeben werden, wie dies derzeit in Indonesien, Südafrika und Kenia geschieht. Somit sind Civics zu 100 Prozent nachverfolgbar, und ihre Verwendung ist transparent.
- Eine neuartige Non-Profit-Organisation kontrolliert die Gültigkeit der in Umlauf befindlichen Civics.
- Es gibt keinen festen Wechselkurs zwischen Civics und Euros. Er wird im Onlinemarkt ermittelt. Um den Wert ihres Civic zu erhöhen, verlangt eine Stadt einfach mehr Civics von jedem Haushalt. Wenn sich die lokale Wirtschaft erholt, kann diese Zahl reduziert werden und sogar auf Null zurückgehen, wenn eine Vollbeschäftigung erreicht ist.

Diese Vorgehensweise erlaubt es der griechischen Wirtschaft, die Vorteile des Euros weiterhin zu nutzen, während der Civic jeder Gemeinde bei der Lösung ihrer sozialen und ökologischen Probleme hilft, indem jeder Haushalt (mit entsprechenden Ausnahmen wegen Behinderung usw.) zur Teilnahme mobilisiert wird.

Auch eine Business-to-Business-Währung namens C3 – siehe siebtes Kapitel – könnte kleinen Unternehmen Arbeitskapital zuführen und die Neugewinnung von Vollzeitjobs, die in Euros bezahlt werden, beschleunigen. Ähnliche Methoden ließen sich in anderen europäischen Ländern anwenden, die mit den Folgen der derzeitigen Sparprogramme zu kämpfen haben.

Bernard Lietaer, Christian Arnsperger,
Sally Goerner, Stefan Brunnhuber
Mai 2012

Einleitung

Unsere Welt steht vor den immensen Herausforderungen einer zweifachen Nachhaltigkeitskrise. Einerseits signalisieren der Klimawandel, zunehmende Treibhausgasemissionen und Preissteigerungen bei Nahrungsmitteln und Energie, dass die Art und Weise, wie wir Güter und Dienstleistungen produzieren und konsumieren, nicht mehr nachhaltig ist. Andererseits verweisen wiederholte Finanz- und Währungskrisen darauf, dass unser Geldsystem seine eigenen Probleme hat. Die Bemühungen, dieses Geldsystem während des Bankencrashs von 2007/2008 zu stützen und zu »retten«, und die anschließenden erfolglosen Versuche, den toxischen ökonomischen Fallout mit einem »Keynesianischen Stimulus« in den Griff zu bekommen, haben zu einer starken Zunahme der Staatsverschuldung geführt. Infolge dieser Staatsverschuldung und der Eurokrise geraten die EU-Regierungen derzeit in finanzielle Extremsituationen. Pensionen, Arbeitslosenunterstützung und andere soziale Sicherheitsnetze ebenso wie Investitionen in eine alternative Energiewirtschaft sind ausgerechnet in einer Zeit gefährdet, in der sie am meisten benötigt werden. Parallel dazu werden viele öffentliche Einrichtungen privatisiert.

Ökologen gehen die ökologische Krise oft damit an, dass sie sich neue monetäre Anreize ausdenken, »grüne« Steuern einführen oder Banken ermutigen, nachhaltige Investitionen zu finanzieren. Ökonomen wiederum glauben, die Finanzkrise lasse sich dauerhaft durch bessere Regulierungen und eine strikte, anhaltende Kürzung öffentlicher Etats beheben. Grünere Steuern, schlankere Staatsetats, grünere Euros, Dollars oder Pfunde – könnte es sein, dass beide Lager auf dem Holzweg sind?

Könnte es sein, dass das »missing link« zwischen Finanzwelt und Umwelt, zwischen Geld und Nachhaltigkeit irgendwo anders liegt? Und wenn es nun eine *strukturelle* monetäre Schwäche gäbe, eine Schwäche gerade in der Art und Weise, wie wir Geld erschaffen, die unsere beunruhigenden Probleme auslöst? Wenn wir also eigentlich unser Geldsystem überdenken müssten, damit wir uns den Herausforderungen des 21. Jahrhunderts stellen können?

Kapitel 1: Warum dieser Bericht und warum jetzt?

Dieser Bericht hat drei Ziele:

- Beweise dafür vorzulegen, dass die finanziellen und monetären Instabilitäten, die Europa und die Welt gerade heimsuchen, eine strukturelle Ursache haben, die bislang übersehen wurde. Diese strukturelle Ursache anzusprechen ist eine notwendige (aber nicht ausreichende) Bedingung dafür, dass wir die heutigen Herausforderungen bewältigen.
- Das monetäre Problem und seine Lösungen im Kontext von zwei globalen Phänomenen zu verstehen: der Klimawandel und die Alterung der Bevölkerung. Wenn wir verhindern wollen, dass die schlimmsten Szenarien des Klimawandels Wirklichkeit werden, müssen wir einsehen, dass gewaltige Investitionen *jetzt* erforderlich sind, Investitionen, für die eine staatliche Führung und Finanzierung unerlässlich sein werden. Während der Eintritt der geburtenstarken Jahrgänge ins Rentenalter die Staatseinkünfte verringert, geraten ohnehin bereits erheblich angespannte soziale Programme noch mehr unter Druck. Beide Probleme werden in diesem Jahrzehnt auf die Spitze getrieben, und keines ist mit Sparmaßnahmen zu vereinbaren. Halten wir wei-

terhin an unserem gegenwärtigen monetären Paradigma fest, werden die Staaten nicht mehr in der Lage sein, diese sozialen und ökologischen Herausforderungen anzugehen.

- Pragmatische Lösungen vorzuschlagen, die sich kostengünstig von Bürgern, gemeinnützigen Organisationen, Unternehmen oder Regierungen umsetzen lassen und die auf einer strukturellen Ebene mehrere entscheidende Nachhaltigkeitsprobleme bewältigen würden, die derzeit viele Länder belasten.

Rückblickend wird man die Jahre von 2007 bis 2020 wahrscheinlich als eine Zeit des finanziellen Aufruhrs und des allmählichen monetären Zusammenbruchs betrachten. Die Geschichte hat aber auch gezeigt, dass systemische Veränderungen auf monetärem Gebiet nur nach einem Crash erfolgen. Daher ist es jetzt an der Zeit, sich der monetären Probleme bewusst zu werden.

Kapitel 2: Ökonomische Paradigmen

Debatten über ökonomische Probleme offenbaren nur selten das Paradigma, auf das sich ein Wirtschaftswissenschaftler bezieht. Wir wollen daher zunächst den begrifflichen Rahmen darlegen, der unserer Methode zugrunde liegt, und ihn mit anderen derzeit üblichen Paradigmen vergleichen. Statt ökologische und soziale Probleme als »Externalitäten« zu definieren, versteht unsere Methode ökonomische Aktivitäten als Teil des Bereichs des Sozialen, der wiederum Teil der Biosphäre ist. Diese Anschauung bildet die Basis für die Entwicklung neuer pragmatischer Instrumente, die flexibel genug sind, um viele unserer ökonomischen, sozialen und ökologischen Herausforderungen anzugehen.

Wir leiden unter einem dreifachen kollektiven »blinden Fleck« im Hinblick auf unser Geldsystem. Der erste betrifft die patriarchalischen Gesellschaften, die historisch betrachtet ein Monopol durchgesetzt haben: eine einzige zentral ausgegebene Währung, auf die

Zinsen erhoben werden. Im Gegensatz dazu haben matrifokal orientierte Gesellschaften wie die in einigen altägyptischen Dynastien und im europäischen Hochmittelalter mehrere parallele Währungen gefördert. Dies hat zu größerer ökonomischer Stabilität, gerecht verteiltem Wohlstand und einer Wirtschaft geführt, in der die Menschen ganz natürlich längerfristig denken, als wir es tun.

Der zweite kollektive »blinde Fleck« ist eine Folge des ideologischen Kriegs zwischen Kapitalismus und Kommunismus im 20. Jahrhundert. Während selbst die geringfügigsten Unterschiede zwischen diesen beiden Systemen bis zum Überdruss untersucht worden sind, wird das, was sie miteinander gemein haben, nach wie vor weniger eingehend analysiert, insbesondere die Tatsache, dass beide ein einziges nationales Währungsmonopol durchsetzen, das durch Bankschulden geschaffen wird. Der einzige signifikante Unterschied zwischen beiden Systemen bestand darin, dass im sowjetischen System die Banken dem Staat gehörten, während dies im kapitalistischen System nur von Zeit zu Zeit der Fall ist, etwa nachdem Banken, »die zu groß sind, um Bankrott zu machen«, in ernsthafte Schwierigkeiten geraten sind.

Seit dem 18. Jahrhundert wurde der systemische Status quo durch die Schaffung von Zentralbanken institutionalisiert, die das Währungsmonopol durchsetzten. Dieser institutionelle Rahmen bewirkt den dritten und letzten »blinden Fleck«.

Dieser dreifache »blinde Fleck« erklärt, warum das Überdenken des Paradigmas einer einzigen, monopolistisch produzierten Währung auf einen ebenso starken wie hartnäckigen Widerstand stößt.

Kapitel 3: Die Instabilität der Währungen und der Banken

Gegenüber den heutigen Devisen- und Derivatmärkten spielen alle anderen wirtschaftlichen Aktivitäten auf unserem Planeten nur eine unbedeutende Rolle. 2010 erreichten alle Devisentransaktionen ein Volumen von vier Billionen Dollar *pro Tag*. Dagegen beliefen sich die Exporte oder Importe *aller* Güter und Dienstleistungen auf der Welt an einem Tag nur auf etwa zwei Prozent dieses Volumens. Somit sind 98 Prozent der Transaktionen auf diesen Märkten rein spekulativ. Diese Zahl schließt noch nicht einmal die Derivate ein, deren nominelles Volumen 600 Billionen Dollar betrug – das Achtfache des *jährlichen* Bruttoinlandsprodukts (BIP) der gesamten Welt im Jahr 2010.

Und genau auf diesem gigantischen Markt kam es 2007 zur Bankenkrise. Wie bei jedem vorherigen Bankencrash meinten die Regierungen, ihnen bliebe nichts anderes übrig, als das Bankensystem zu retten, was auch immer das die Steuerzahler kosten würde. Dies ist zwar eindeutig die größte Krise, die wir seit den 1930er-Jahren erlebt haben, doch es ist nicht die erste. Dem Internationalen Währungsfonds (IWF) zufolge erlebten zwischen 1970 und 2010 145 Länder Bankenkrisen, 208 Währungszusammenbrüche und 72 Staatsschuldenkrisen – insgesamt also 425 Systemkrisen, wobei im Durchschnitt alljährlich über zehn Länder in eine Krise gerieten!

Die Folgen in Form von Arbeitslosigkeit, verlorenem ökonomischem Output, sozialer Unruhe und verbreitetem menschlichem Leid sind dramatisch. Die Gesamtkosten der Krise von 2007/2008 erreichten eine noch nie da gewesene Höhe. In den USA beispielsweise wird immer wieder auf die 700 Milliarden Dollar des Trouble Assets Relief Program (TARP) verwiesen, obwohl dies nur die Kosten der ersten Tranche der Rettungsaktion sind. Wird dieses Programm erwähnt, folgt unweigerlich die Anmerkung: »Dieses Geld ist inzwischen überwiegend wieder rückerstattet worden.« Das Beispiel der USA ist deshalb so interessant, weil es das einzige Land ist, in dem Regierung und Zentralbank per Gerichtsentscheid gezwungen wurden, die Gesamtkosten der Rettungsprogramme im Zusammenhang mit der Krise von 2007/2008 offenzulegen. Außer TARP waren 49 weitere Programme an der US-Bankenrettung beteiligt – mit insgesamt 14,4 Billionen Dollar. Im Vergleich dazu betrug das Bruttoinlandsprodukt (BIP) der USA 2007 16 Billionen Dollar.

Die Rettungsaktionen, denen ein großangelegter Keynesianischer Stimulusplan folgte, um eine Deflation zu vermeiden, haben zu gewaltigen Haushaltsdefiziten und anschließend zu weiteren öffentlichen Schulden geführt. In den vom Bankencrash betroffenen 23 Ländern stiegen die Staatsschulden sprunghaft auf durchschnittlich 24 Prozent des BIP. Noch schlechter erging es einigen europäischen Ländern wie Island, Irland, Lettland, Dänemark und Spanien, deren Staatsverschuldung um 30 bis 80 Prozent des BIP zunahm.

Das Timing hätte nicht schlimmer sein können. Die Flut der geburtenstarken Jahrgänge, die im nächsten Jahrzehnt das Rentenalter erreichen werden, wird die öffentlichen Kassen zusätzlich erheblich unter Druck setzen. Einer Studie der Bank für Internationalen Zahlungsausgleich (BIZ) von 2010 zufolge werden die altersbezogenen Defizite um 2020 das Verhältnis von Verschuldung und BIP in Großbritannien auf über 200 Prozent und in Frankreich, Irland, Griechenland, Belgien und den USA auf über 150 Prozent ansteigen lassen. Dabei ist diese Vorhersage noch optimistisch, weil sie auf der Annahme niedriger Zinsraten basiert. Bis 2040 werden die geplanten altersbezogenen Ausgaben das Verhältnis von Verschuldung und BIP für all diese Länder in einen Bereich zwischen 300 und 600 Prozent hochtreiben.

Die vom Finanzsektor empfohlenen Lösungen bilden ein Paket aus sofortigen, zwanghaften Sparmaßnahmen und einem Aufruf an die Staaten, *alles* zu privatisieren. In Ländern, in denen die Liste der anvisierten Bereiche des öffentlichen Eigentums bekannt ist, schließt diese alle öffentlichen Straßen, Tunnel, Brücken, Parkuhren, Flughäfen, alle Verwaltungsgebäude in staatlichem Besitz ebenso wie Wasser- und Kanalisationssysteme ein. In den USA, wo entsprechende Daten zur Verfügung stehen, betrifft dies Einrichtungen des Bundes, der Staaten und der Städte im Wert von 9,3 Billionen Dollar. In einer Einschätzung der US-Situation durch den Finanzsektor heißt es: »Sobald der politische Ärger über die Beschneidung öffentlicher Dienstleistungen größer wird als der Verlust an Wählerstimmen aufgrund des Verkaufs von öffentlichem Eigentum, wird dieser Markt eröffnet. Auf basisdemokratischer Ebene ist diese kritische politische Schmerzschwelle inzwischen erreicht.«[1]

Ähnlich verhält es sich in Europa. So hat Großbritannien ein Privatisierungsprogramm von 16 Milliarden Pfund verkündet. In Italien wurden 9000 Objekte in öffentlichem Besitz von der Regierung Berlusconi verkauft. Die Regierung Sarkozy hatte in Frankreich bereits alle mautpflichtigen Autobahnen des Landes für fünf Milliarden Euro verkauft. Die mit dem Rettungspaket für Griechenland verknüpften Bedingungen sehen Privatisierungen im Wert von 50 Milliarden Euro vor. Und diese Liste geht weiter. Der Druck wird noch lange Zeit anhalten. Doch was geschieht danach? Warum sollten Staaten kreditwürdiger werden, wenn sie die Mieten für ihre Verwaltungsgebäude und die Maut für ihre Beamten und Angestellten zahlen müssen, damit sie zur Arbeit auf Straßen fahren können, die einst in öffentlichem Besitz waren?

Bevor wir also blindlings diesen Kurs weiterverfolgen, wäre es da nicht sinnvoll festzustellen, ob es für alle finanziellen und monetären Instabilitäten nicht eine gemeinsame systemische Ursache gibt, statt die derzeitige Krise nur als einen weiteren Fall von grobem finanziellem Missmanagement abzutun?

---

1 *Euromoney*, April, 2010, S. 85.

Kapitel 4: Instabilitäten und die Physik komplexer Flussnetzwerke

Seit dem 19. Jahrhundert hat die Wirtschaftswissenschaft das ökonomische System als geschlossen klassifiziert. Geschlossene Systeme interagieren nur relativ selten mit anderen Systemen oder der Außenwelt, offene Systeme hingegen schon. Ein in intellektueller Hinsicht sehr praktisches Merkmal geschlossener Systeme besteht darin, dass sie ein statisches Gleichgewicht erreichen, wenn sie nicht gestört werden.

In diesem Bericht wollen wir darlegen, dass wir die Wirtschaft als ein offenes System betrachten, das aus komplexen Flussnetzwerken besteht, in denen Geld zwischen verschiedenen Wirtschaftssubjekten zirkuliert. Seit Kurzem ist es möglich, nach einem einzigen Standard die Nachhaltigkeit jedes komplexen Flussnetzwerks auf der Basis seiner strukturellen Vielfalt und seiner Vernetzung zu messen. Eine wichtige Entdeckung besagt, dass jedes komplexe Flusssystem nachhaltig ist, wenn und nur wenn es ein entscheidendes Gleichgewicht zwischen zwei gleichermaßen wesentlichen, aber komplementären Eigenschaften hält: seiner Effizienz und seiner Resilienz. Wird die Effizienz zu sehr auf Kosten der Resilienz betont, wird die Vielfalt geopfert. Und das wird automatisch zu plötzlichen Systemzusammenbrüchen führen.

Wir haben eine weltweite monetäre Monokultur, in der der gleiche Typ von Zahlungsmittel in jedem Land in Umlauf gesetzt wird: eine einzige nationale Währung, die durch Bankschulden geschaffen wird. Eine solche Monokultur bringt im Allgemeinen ein fragiles und nicht nachhaltiges System hervor. Die strukturelle Lösung, der Nachhaltigkeit eine Chance zu geben, auch wenn diese völlig unorthodox ist, besteht darin, die verfügbaren Zahlungsmittel und die Wirtschaftssubjekte, die sie erschaffen, zu diversifizieren. Kurz, wir benötigen ein *monetäres Ökosystem.*

Kapitel 5: Die Auswirkungen des heutigen Geldsystems auf die Nachhaltigkeit

Währungs- oder Finanzkrisen können überaus destruktiv sein und sind offenkundig mit Nachhaltigkeit nicht vereinbar. Schwerer ist es zu erkennen, wie einige in unser gegenwärtiges Geldsystem eingebaute Mechanismen – wenn es sich nicht in einer Krise befindet – individuelle und kollektive Verhaltensweisen formen. Zu den positiven Auswirkungen gehört es, dass das moderne Geld geradezu eine Explosion an unternehmerischen und wissenschaftlichen Neuerungen ausgelöst hat, wie es sie in der Geschichte noch nie gegeben hat. Doch es gibt fünf weitere Mechanismen, die mit Nachhaltigkeit ganz und gar nicht zu vereinbaren sind:

- *Verstärkung von Boom- und Bankrottzyklen*: Banken bieten oder verweigern eine Finanzierung den gleichen Sektoren oder Ländern gleichzeitig und verstärken damit den Wirtschaftszyklus zum Boom oder Bankrott hin. Eine solche Verstärkung ist für jeden schädlich, auch für den Bankensektor selbst. Im Worst-Case-Szenario landen wir dort, wo wir uns heute befinden: wenn Banken aufhören, einander zu vertrauen.
- *Kurzsichtiges Denken*: Der »Discounted Cash-Flow« ist eine übliche Praxis bei jeder Investmentbewertung. Da Bankschuldengeld Zinsen bringt, führt die Abzinsung aller künftigen Kosten oder Einkünfte unweigerlich zu kurzsichtigem Denken.
- *Zwanghaftes Wachstum*: Der Prozess des Zinseszinses nötigt die Wirtschaft zu exponentiellem Wachstum. Doch exponentielles Wachstum ist in einer endlichen Welt per definitionem nicht nachhaltig.
- *Konzentration von Reichtum*: Weltweit verschwindet die Mittelschicht, während der Reichtum überwiegend nach oben fließt und unten die Armutsraten zunehmen. Derartige Ungleichheiten erzeugen eine Vielfalt sozialer Probleme und sind

auch für das Wirtschaftswachstum schädlich. Und über die ökonomischen Probleme hinaus kann das Überleben der Demokratie in Gefahr sein.

- *Abwertung von Sozialkapital*: Sozialkapital wie gegenseitiges Vertrauen und gemeinsames Handeln lässt sich historisch gesehen nur schwer messen. Doch wann immer solche Messungen erfolgen, verweisen sie auf eine tendenzielle Erosion des Sozialkapitals, insbesondere in den Industrienationen. Neuere wissenschaftliche Studien belegen, dass Geld im Allgemeinen egoistische und teamfeindliche Verhaltensweisen fördert. Und diese Verhaltensweisen sind mit langfristiger Nachhaltigkeit nicht vereinbar.

Konventionelles Geld ist keineswegs, wie allgemein angenommen, ein verhaltensmäßig neutrales und passives Zahlungsmittel, sondern wirkt sich tief greifend auf eine Reihe von Verhaltensmustern aus; die oben aufgeführten fünf sind mit Nachhaltigkeit unvereinbar. Das Monopol einer solchen Währung wirkt sich somit direkt auf die Zukunft der Menschheit auf unserem Planeten aus.

Kapitel 6: Das institutionelle System der Macht

Die Geschichte des Geldes ist aufs Engste mit Macht verknüpft. Der Historiker Niall Ferguson hat aufgezeigt, wie sich das moderne Geldsystem entwickelt hat, um Kriege zu finanzieren, und zwar durch das Aufkommen von vier entscheidenden Institutionen: von Parlamenten, einer professionellen Steuerbürokratie, Staatsschulden und Zentralbanken. Dieses »Quadrat der Macht« wurde erstmals im 18. Jahrhundert in Großbritannien optimiert, um die Industrialisierung zu ermöglichen und ein Weltreich entstehen zu lassen. Die gleichen monetären Arrangements verbreiteten sich auf der ganzen Welt, bis sie praktisch überall die heutige Grundstruktur bildeten.

Es heißt immer, die Beziehung zwischen dem Bankensystem und den Regierungen sei seit Jahrhunderten unverändert geblieben. Eine Fallstudie über Frankreich belegt jedoch, dass dem nicht unbedingt so ist. Seit 1973 nämlich ist die französische Regierung gezwungen, Anleihen ausschließlich auf dem privaten Sektor zu tätigen und damit Zinsen für neue Schulden zu bezahlen. Ohne diese Veränderung würde die französische Staatsverschuldung heute 8,6 Prozent des BIP betragen – statt der gegenwärtigen 78 Prozent. Darüber hinaus haben die Verträge von Maastricht und Lissabon genau diesen Prozess auf alle Unterzeichnerstaaten ausgeweitet.

Eine mögliche radikale Lösung wäre es, wenn die Regierung selbst eine Währung ausgibt, die sie später wieder in Form von Steuerzahlungen kassiert. Diese Lösung wurde in den 1930er-Jahren »Chicago-Plan« genannt. Die Nationalisierung der Erschaffung der Währung schränkt Banken auf die Rolle schlichter Devisenhändler ein. Zwar reduziert der Chicago-Plan die Möglichkeit künftiger Bankenzusammenbrüche dramatisch und löst alle Staatsschuldenkrisen im Handumdrehen, aber er ersetzt nur ein privates Monopol durch ein öffentliches. Und damit kommen wir dem benötigten monetären Ökosystem keinen Schritt näher.

Die offizielle Version lautet, dass Regierungen, genau wie jeder Haushalt, das Geld auftreiben müssen, das sie benötigen, um ihre Aktivitäten zu bezahlen. Dies geschieht entweder durch Einkommen qua Besteuerung oder durch Schulden durch die Ausgabe von Schuldverschreibungen. Danach fungieren Banken schlicht als Vermittler, die Guthaben ansammeln und Teile dieses Geldes kreditwürdigen Individuen und Institutionen wie Regierungen leihen. Doch offiziell seit 1971, seit Fiatwährung oder Geld, das aus dem Nichts entstand, überall im Umlauf ist, ist diese Sichtweise reine Fiktion.

Das Fiatwährung-Paradigma liefert eine andere Interpretation. Mit der Fiatwährung hat die Besteuerung den primären Zweck, eine Nachfrage nach einer Währung zu schaffen, die ansonsten keinen Eigenwert hat. Erst die Pflicht, Steuern nur in der gewählten Währung zu zahlen, verleiht der Währung ihren Wert. Eine souveräne Regierung kann es sich daher aussuchen, welcher Währung sie einen Wert zuschreiben will, indem es diese in Form von Steuerzahlungen verlangt. Regierungen können somit festlegen, welche Anstrengungen ihre Bürger unternehmen müssen, um diese gewählte Währung zu bekommen. Diese Interpretation ist zwar wissenschaftlich eindrucksvoll belegt, wird aber zugunsten der offiziellen Version ignoriert.

Nach der offiziellen Version sind Regierungen völlig machtlos angesichts eines anonymen und allmächtigen »Finanzmarktes«. Nach dem Fiatwährung-Paradigma hingegen können Regierungen aufgrund des Wesens von Fiatwährung sich möglicherweise dafür entscheiden, parallel zum Bankschuldengeld anderen Währungen einen Wert zu verleihen. Wir werden darlegen, dass sie dies tun müssen, wollen sie den Herausforderungen des 21. Jahrhunderts gewachsen sein.

Kapitel 7: Beispiele privat initiierter Lösungen

Neun Beispiele innovativer Motivationssysteme werden in diesem und dem nächsten Kapitel dargestellt. Sie alle können parallel zum konventionellen Bankschuldengeld funktionieren sowie kosteneffiziente elektronische Medien nutzen und sollten für ihre Nutzer so transparent wie möglich sein. Wenn bei diesen Systemen mehr auf Selbstregulierung gesetzt wird, könnte eine solche Transparenz weitgehend potenziellen Betrug reduzieren. Wir beginnen bei der Vorstellung der Systeme mit dem einfachsten und am wenigsten umstrittenen und enden mit dem komplexesten und revolutionärsten. Die ersten fünf können privat gestartet werden, entweder bei Nichtregierungsorganisationen (Non-Government-Organisations, NGO) oder von Unternehmen. Dies sind:

- *Doraland:* ein von Litauen vorgeschlagenes System, das ein »Lernendes Land« erschaffen soll. In so einem Land kann jeder Bürger freiwillig lernen und/oder lehren und wird dafür mit Doras bezahlt, einer Währung, die Menschen dabei helfen soll, ihre Träume zu verwirklichen. Dieses System wäre am besten von einer NGO umzusetzen.
- *Wellness Tokens:* eine NGO-Initiative, die sich in Zusammenarbeit mit Anbietern im Gesundheitswesen vorbeugend mit Gesundheitsproblemen befasst, noch bevor sie auftreten. Wellness Tokens belohnen und fördern gesunde Verhaltensweisen und reduzieren damit für die Gesellschaft langfristige Gesundheitskosten.
- *Natural Savings:* ein Finanzsparprodukt, dass komplett von lebenden Bäumen gedeckt wird. Es wäre eine Sparwährung, deren Inflationsschutz dem jeder nationalen Währung überlegen wäre, während es gleichzeitig einen Anreiz bietet, Gebiete wieder aufzuforsten und damit langfristig ein Sinken des CO_2-Werts zu erreichen. Ein weiterer Vorteil: Es funktioniert auch bei Mikro-Spareinlagen.
- *C3:* ein Business-to-Business-System (B2B), das die Arbeitslosigkeit senkt, indem es kleinen und mittelgroßen Unternehmen Arbeitskapital zur Verfügung stellt. Die Verrechnungswährung des Netzwerks wäre durch hohe Rechnungen gedeckt und in jedes gewünschte konventionelle Geld konvertierbar. Die Versicherungswirtschaft und die Banken spielen in diesem System eine entscheidende und profitable Rolle. C3s sind bereits in Brasilien und Uruguay eingeführt, und letzteres Land akzeptiert C3s als Zahlungsmittel für alle Steuern.
- *Terra:* eine globale B2B-Währung, die es für multinationale Unternehmen profitabel machen würde, langfristig zu denken, und damit den Konflikt zwischen kurzfristigen finanziellen Konzernprioritäten und langfristigen sozialen und ökologischen Bedürfnissen lösen würde. Das wäre eine inflations- und

crashsichere globale Währung, die von einem für die globale Wirtschaft relevanten Waren- und Dienstleistungskorb gedeckt wäre. Als globale Währung würde sich der Terra von jeder existierenden nationalen Währung unterscheiden und damit das Risiko geopolitischer Spannungen um Währungseinflusszonen reduzieren.

Kapitel 8: Beispiele staatlich initiierter Lösungen

Die nächsten vier Beispiele innovativer Motivationssysteme sind staatliche Initiativen, die auf städtischer, regionaler oder nationaler Ebene gestartet würden. Dies sind:

- *Torekes:* eine städtische Initiative, die Bürger zu ehrenamtlicher Tätigkeit ermutigt und zugleich grünes Verhalten und sozialen Zusammenhalt in armen Vierteln fördert. Sie startete 2010 in der belgischen Stadt Gent.
- *Biwa:* ein Vorschlag für die Präfektur Shiga in Japan zur Finanzierung der Arbeitskomponenten der ökologischen Restaurierung und des Unterhalts des Biwa-Sees, dem ältesten und größten See in Japan. Das Programm könnte für die Bewohner dieser Gegend entweder freiwillig oder verpflichtend sein.
- *Civics:* ein Angebot für Städte oder Regionen zur Finanzierung von Aktivitäten ihrer Bürger, ohne dass ihre Etats belastet werden. Diese Aktivitäten könnten die Arbeitskomponente für soziale, schulische und/oder ökologische Projekte liefern. Ein solches System könnte in Form eines verpflichtenden Beitrags eingeführt werden.
- *ECOs:* ein nationales oder europaweites System, das die Finanzierung wichtiger Komponenten großangelegter ökologischer Projekte ermöglichen würde, etwa zur Vorbeugung und Anpassung an den Klimawandel. Es wäre eine von Regierungen ausgegebene zinsfreie Währung. Die Regierungen würden von Unternehmen verlangen, einen Beitrag im Verhältnis zu

ihrem Gesamtumsatz zu leisten, der nur in ECOs zahlbar wäre. Dies ist der umstrittenste der neun Vorschläge, da er als neuartige Unternehmensbesteuerung für die größten Konzerne verstanden würde. Eine solche Initiative kann von Regierungen verlangen, dem galoppierenden Klimawandel »den Krieg zu erklären«.

Nicht alle dieser fünf privaten und vier öffentlichen Systeme müssen eingeführt werden, bevor die Vorteile verschiedener monetärer Ökosysteme sichtbar werden. Gemeinden, Städte, Regionen und Länder können es sich aussuchen, welche Systeme eingeführt werden sollen. Zusammen mit einem Dutzend anderer Konstruktionen, die bereits verwirklicht worden sind, würde jede Kombination solcher neuen Zahlungsmittel einem angemessenen monetären Ökosystem die Chance geben, sich zu entwickeln. Manche von diesen Systemen werden scheitern. Doch wie in einem Wald werden sich die erfolgreichsten Arten spontan verbreiten. Wir müssen noch eine Menge lernen, insbesondere im Hinblick darauf, welche Governance-Strukturen jeder Art von System am besten entsprechen.

Kapitel 9: Über die Grenzen des Wachstums hinaus?

H. G. Wells behauptete: »Die Geschichte ist ein Wettrennen zwischen Bildung und Katastrophe.« Die Einsätze bei diesem Wettrennen waren noch nie so hoch wie heute. Jeder Mensch wird einfach lernen müssen:

- Für die heutigen Eliten, insbesondere die Finanzeliten, könnte es wichtig sein, die klassischen Werke des Wirtschaftshistorikers Arnold Toynbee[2] oder die von Jared Diamond[3] zu studie-

2 Arnold Toynbee: *A Study in History*, Oxford 1939 (dt.: *Der Gang der Weltgeschichte*, Frankfurt a. M. 2010).
3 Jared Diamond: *Collapse: How Societies Choose to Fail or Succeed*, New York 2005 (dt.: *Kollaps. Warum Gesellschaften überleben oder untergehen*, Frankfurt a. M. 2011).

ren. Toynbee hat 21 Zusammenbrüche ganzer Zivilisationen dokumentiert, für die es nur zwei Ursachen gebe: eine zu große Konzentration von Reichtum und eine Elite, die nicht bereit war, auf sich verändernde Verhältnisse zu reagieren und neue Prioritäten zu setzen, bevor es zu spät war. Diamond befasst sich mit der Schädigung der Umwelt als unmittelbarer Ursache für Zivilisationszusammenbrüche. Gegenwärtig droht uns ein Zusammenbruch aufgrund aller drei dieser Ursachen, und zwar gleichzeitig. Und die Geschichte lehrt uns, dass nicht einmal Eliten in einer zusammenbrechenden Zivilisation geschützt sind.

- Diejenigen, die Wirtschaftswissenschaft studiert haben, müssen geistig umschalten, indem sie das Paradigma betrachten, das mit den Lehrmeinungen verbunden ist, die sie erfahren haben, und es mit der in diesem Buch angewandten Vorgehensweise vergleichen.
- Die breite Bevölkerung muss vielleicht vor allem zu verstehen lernen, was Nichtlinearität ist, und insbesondere den Unterschied zwischen linearem und exponentiellem Wachstum begreifen. Wir haben es gegenwärtig mit einer zunehmend nichtlinearen Welt zu tun. Diese unterschiedlichen Dynamiken zu begreifen wird nützlich sein, wenn wir verstehen wollen, was mit uns passiert und was wir dagegen tun können.

Abschließend sei betont, dass es naiv wäre, Komplementärwährungen für ein Wundermittel zu halten, das all unsere gegenwärtigen und künftigen Probleme löst. Doch zu jeder effektiven Lösung gehört es, dass wir im Hinblick auf unser Geld umdenken. Wir können es uns nicht länger leisten, dieses »Missing Link« zwischen Nachhaltigkeit und unserem Geldsystem zu ignorieren.

Kapitel 1
Warum dieser Bericht und warum jetzt?

»Mein Herz bewegt, was ich nicht retten kann.
So vieles ist zerstört.
Ich schlage mich auf die Seite derer, die jederzeit, eigensinnig, ohne besondere Macht, die Welt wiederherstellen.«
Adrienne Rich[1]

Die Menschheit, insbesondere die westliche Zivilisation, befindet sich auf einem unhaltbaren Kurs. Der Klimawandel und die Vernichtung von Arten, eine alternde Bevölkerung, hohe Arbeitslosigkeit und ein nicht nachhaltiger Energieverbrauch – all das sind Probleme, denen wir uns dringend zuwenden müssen. Die Politik ist sich von rechts bis links darin einig, dass im Laufe der nächsten zehn Jahre umfassende und rasche Verhaltensänderungen geboten sind. Traditionell setzen Staaten und Unternehmen monetäre Anreize als primäre Motivationsinstrumente ein, um nichtspontane Verhaltensmuster auszulösen. Doch inzwischen hat unser Geldsystem selbst ernste Probleme. Aufgrund der zunehmenden Herausforderungen, vor denen wir stehen, ist die Art und Weise, wie Geld unsere Motivation und unser Handeln bestimmt, ein Teil des Problems und nicht der Lösung geworden.

1 Adrienne Rich, »Natural Resources«, in: *The Dream of a Common Language – Poems*, New York 1993, S. 60 (dt.: *Der Traum einer gemeinsamen Sprache. Gedichte* 1974–1977, München 1978).

Unser gegenwärtiges Geldsystem – also die spezifische Art und Weise, wie in unserer Gesellschaft Geld erschaffen, verbreitet und verwaltet wird – wird von fast allen Menschen für selbstverständlich gehalten. Dies tun nicht nur die breite Öffentlichkeit, Unternehmen und Nichtregierungs-Organisationen, sondern auch Politiker und die Mehrheit der Akademiker. Folglich galt es nach der gewaltigen Finanzkrise von 2008 – dem bislang größten systembedingten Versagen der Finanzwelt in der Geschichte – als einzige Möglichkeit, das Bankensystem zu retten, welche Kosten dadurch auch immer den Steuerzahlern entstanden, um so rasch wie möglich zur »Normalität« zurückzukehren. Dieses Szenario wiederholt sich heute bei allen großen Bankenkrisen und Währungszusammenbrüchen.[2]

Die strukturellen Probleme

Zunächst einmal will dieser Bericht den Nachweis erbringen, dass die Instabilität unseres Geld- und Bankensystems eine *strukturelle* Ursache hat. Daher wird man mit dem Kapitalbedarf und den regulatorischen Veränderungen, über die man derzeit debattiert und die im existierenden System vorgenommen werden sollen, künftige Crashes genau deshalb nicht vermeiden, weil sie die tatsächliche Struktur des Geldsystems nicht antasten. Zu dessen strukturellen Merkmalen zählt etwa die Vorstellung, dass Geld monopolistisch von einem Bankensystem im Austausch gegen Schulden geschaffen werden solle.[3] Wir behaupten demgegenüber, dass das Überdenken dieses Monopols eine notwendige Bedingung dafür ist, dass die Nachhaltigkeit im 21. Jahrhundert eine Chance bekommt. Dies bedeutet *nicht*, dass eine derartige Veränderung aus-

2 Mehr dazu im Zusammenhang mit den Fällen seit 1970 im dritten Kapitel.

3 Anhang A bei www.money-sustainability.net enthält eine »Fibel« für Laien, die diesen Prozess mit einfachen Worten erklärt. Sie beschreibt auch die jeweilige Rolle von Zentralbanken, des Internationalen Währungsfonds und anderer Währungsretter.

reichen wird, um automatisch alle Probleme zu lösen. Mehrere andere Dimensionen sind eindeutig genauso wichtig – wie etwa Bildung oder Governance –, doch sie stehen in diesem Bericht nicht zur Debatte. Vielmehr wollen wir nachweisen, dass all die anderen Strategien sich als fruchtlos erweisen werden, wenn man sich nicht mit der monetären Struktur befasst.

Ein Geldsystem ist eine Art von Betriebssystem für menschliches Handeln. Unserer Meinung nach benötigen wir dringend ein Upgrade unseres kollektiven »Betriebssystems«, das robuster und flexibler sein muss, damit wir uns erfolgreich den zahlreichen großen Herausforderungen des 21. Jahrhunderts stellen können. Wenn wir unsere Annahmen darüber ändern, wie Geld geschaffen und verbreitet wird, könnten wir zu einer nachhaltigen Welt gelangen, einer Welt, die die Menschheit ebenso wie die Biosphäre dieses Planeten umfasst, für die die Menschheit inzwischen kollektiv, wenn auch zugegebenermaßen unbeabsichtigt, verantwortlich geworden ist. Unser gegenwärtiges Geldsystem ist alles andere als ein neutrales Instrument, das Tauschvorgänge ermöglicht, sondern spielt eine entscheidende Rolle bei der Gestaltung menschlicher Anreize und Entscheidungen, und zwar auf allen Ebenen: von lokalen Tauschvorgängen im kleinen Maßstab bis zu milliardenschweren Entscheidungen globaler Konzerne.

Was wir vorschlagen wollen, erfordert einen Paradigmenwechsel im monetären Bereich. Paradigmenwechsel sind immer umstritten, da sie Vorstellungen infrage stellen, die als selbstverständliche Wahrheiten gelten, in diesem Fall seit Jahrhunderten. Es lohnt sich jedoch, diese Herausforderung anzunehmen, weil uns dies auf einen Weg bringt, auf dem die Ökonomie eine wahrhaft emanzipierende Sozialwissenschaft wird. Selbst nachhaltiger Reichtum könnte dann eine realistische Möglichkeit werden.

Pragmatische Lösungsvorschläge

Dieser Bericht will auch pragmatische Lösungen für das anbieten, was jetzt getan werden kann. Wir werden mehrere Beispiele monetärer Innovationen vorstellen, die die politischen Möglichkeiten erweitern, die Regierungen zu Gebote stehen, ebenso wie pragmatische Finanzstrategien für Unternehmen, NGOs und die Bürger im Allgemeinen. Zusammen würden die Synergien derartiger Innovationen Anreize schaffen, unser Leben auf diesem Planeten radikal anders zu organisieren, und zwar kollektiv wie individuell.

Praktisch gesehen verschafft das neue System, das wir hier vorstellen, uns mehr Freiheit, um ein Leben zu führen, das unserem Menschsein mehr zur Ehre gereicht – *so können wir aus einem breiteren Spektrum von Aktivitäten auswählen, um unsere Bedürfnisse zu befriedigen, während zugleich unsere Chancen steigen, unsere Begabungen auszuleben und unsere kreativen Leidenschaften zu entwickeln.* Den Angehörigen der heutigen reichen Elite ermöglicht das vorgeschlagene System, *wohlhabend zu bleiben, ohne dass dies auf Kosten der übrigen Menschheit geschieht.*

Derartige Möglichkeiten mögen gegenwärtig völlig utopisch erscheinen. Solange wir im konventionellen monetären Paradigma gefangen bleiben, wird sich daran auch nichts ändern. Denn der höchste Preis, den wir für das Festhalten am heutigen Geldsystem zahlen, ist die Beschränktheit dessen, was wir für möglich halten.

Die Reaktion der Regierungen auf unser gegenwärtiges monetäres Dilemma erinnert an eine Bemerkung von Winston Churchill über die USA während des Zweiten Weltkriegs: »Man kann stets damit rechnen, dass die Amerikaner das Richtige tun – nachdem sie alles andere ausprobiert haben!« Seit dem großen Bankencrash von 2008 haben Parteiideologen praktisch alles versucht, nur nicht das strukturelle monetäre Dilemma als Ursache der Finanzkrise identifiziert.

Um dies zu veranschaulichen, betrachten wir einmal, was in

Europa in jüngerer Zeit geschah. Seit Anfang 2012 haben sich alle Länder, die von der Krise von 2008 betroffen waren, massiv verschuldet, um ihre Bankensysteme vor dem Bankrott zu retten. Das Finanzsystem hat sich dafür »revanchiert«, indem es darauf hingewiesen hat, dass diese Länder inzwischen hoch verschuldet seien, und indem es den Abbau der sozialen Sicherheitsnetze von Europa verlangt hat, die im Laufe von Jahrhunderten entstanden sind.

Sparprogramme werden überall gleichzeitig verhängt, und damit wird der Konjunkturabschwung garantiert länger als üblich dauern. Mit hoher Wahrscheinlichkeit wird es daher in naher Zukunft zu gewaltsamen sozialen Unruhen und zum reihenweisen Rücktritt von Regierungen ebenso wie zu autoritären und nationalistischen Reflexen kommen. Selbst wenn der Euro zusammenbricht, wird nur eine Alternative in Betracht gezogen: die Rückkehr zu einem System nationaler Monopole, jeweils mit einer nationalen Währung, die durch Bankschulden geschaffen wird. Jedes Land, das den Beschränkungen des Euro zu entkommen hofft, indem es zu einer Währung zurückkehrt, die es abwerten kann, würde dennoch in der alten Zwangsjacke stecken bleiben, alle Probleme mit einer einzigen Währung lösen zu wollen.

Wichtig: das Timing!

Der wichtigste Faktor überhaupt ist vielleicht das Timing. 2012 war das Jahr von Rio+20, in dem sich zum 20. Mal die erste Konferenz der Vereinten Nationen über nachhaltige Entwicklung jährte, und dafür hatten viele Organisationen spezielle Veranstaltungen arrangiert.[4] Und es war auch das 40-jährige Jubiläum von *Die Grenzen des Wachstums*, des ersten Berichts des Club of Rome.[5]

4 http://www.uncsd2012.org/rio20/

5 Donella H. Meadows, Dennis L. Meadows, Jorgen Randers and William W. Behrens III: *The Limits to Growth*, New York 1972 (dt.: *Die Grenzen des Wachstums*,

Das vor uns liegende Jahrzehnt ist aus zwei wesentlichen Gründen ungewöhnlich wichtig. Erstens werden in diesem Jahrzehnt die geburtenstarken Jahrgänge in Rente oder Pension gehen und damit gewaltige ungelöste Probleme hinsichtlich ihrer Pensionen und Renten sowie der gestiegenen Kosten in der Gesundheitsfürsorge bereiten. Die Bank für Internationalen Zahlungsausgleich (BIZ) sagt für 2020 voraus, dass das Verhältnis von Schulden und BNE allein auf Grund dieser zusätzlichen altersbezogenen Kosten in Japan auf 300 Prozent, in Großbritannien auf 200 Prozent sowie in Belgien, Frankreich, Irland, Griechenland, Italien und den USA auf über 150 Prozent steigen wird.[6]

Zweitens ist man sich in wissenschaftlichen wie in unternehmerischen Kreisen darin einig, dass in ebendieser Zeit zur Vermeidung der schlimmsten Szenarien des Klimawandels noch nie da gewesene Investitionen für den Übergang zu einer Energiewirtschaft der nichtfossilen Brennstoffe notwendig sind. Die rasche Einführung der entsprechenden Technologien wird staatliche Führungsstärke und gewaltige Subventionen erfordern.

Beide Probleme sind zeitgebunden: Wir können es uns nicht leisten, sie erst anzugehen, wenn sich die öffentliche Finanzlage gebessert hat. Dies hätte unübersehbare Folgen: Die Versprechen beispielsweise, die einer ganzen Generation gegeben wurden, die während ihres gesamten Lebens vertrauensvoll Beiträge für Renten und Krankenversicherung eingezahlt hat, könnten nicht eingelöst werden. Noch entscheidender wäre der potenzielle Schaden für die Biosphäre unseres Planeten – man rechnet damit, dass die Auswirkungen über 1000 Jahre anhalten würden! Im Oktober

---

Stuttgart [16]1994). Die Gültigkeit vieler Vorhersagen dieses Berichts dokumentieren Donella H. Meadows, Jorgen Randers und Dennis L. Meadows in *Limits to Growth: the 30-Year Update*, Chelsea Green 2004 (dt.: *Grenzen des Wachstums. Das 30-Jahre-Update*, Stuttgart [3]2009).

6 Stephen G. Cecchetti, Madhusudan S. Mohanty and Fabrizio Zampolli: »The Future of Public Debt: Prospects and Implications«, in: BIZ Arbeitspapier Nr. 300, Basel 2010. Das dritte Kapitel enthält eine eingehende Analyse der Auswirkungen von altersbezogenen Ausgaben auf die Staatsverschuldung.

2011 veröffentlichte die Zeitschrift *Nature* Warnungen vor den Folgen selbst eines moderaten Klimawandels.[7] Hier einige der wesentlichen Aussagen dieses Artikels:

Einer grundlegenden Vorhersage der Klimawissenschaft zufolge werden viele Teile der Welt längere und stärkere Dürreperioden erleben, und zwar auf Grund der synergistischen Auswirkungen von Trockenheit und Erwärmung sowie des Schmelzens von Schnee und Eis.

Niederschlagsmuster werden sich erwartungsgemäß verschieben, sodass sich die trockenen Subtropen ausdehnen werden. Niederschläge werden wahrscheinlich in Form von extremem Starkregen erfolgen, der oberflächlich abfließt, statt Dürren zu lindern. Die Erwärmung verursacht eine größere Verdunstung, und sobald der Boden trocken ist, heizt die Sonnenenergie ihn auf, was zu einem weiteren Temperaturanstieg führt. Daher gab es beispielsweise in den 1930er-Jahren in der Dust Bowl der USA so viele Temperaturrekorde, und 2011 erlebte das von Dürren heimgesuchte Texas den heißesten Sommer, der jemals in einem US-Staat verzeichnet wurde. Schließlich ist zu erwarten, dass in vielen Regionen die Schneeschmelze früher einsetzt, und damit wird auf den Berggipfeln weniger Wasser für die sommerliche Trockenzeit gespeichert.

Paläoklimatologischen Daten zufolge, die bis ins Mittelalter zurückreichen, gab es Dürren, die mehrere Jahrzehnte anhielten. Aber die extremen Dürren, die uns in diesem Jahrhundert erwarten, werden noch weitaus heißer sein: Die letzten Jahrzehnte waren wärmer als das trockenste Jahrzehnt der schlimmsten Dürre in den vergangenen 1200 Jahren.

Die vordringlichste Frage lautet: Wie wird es um die globale Ernährungssicherheit stehen, wenn die Klimabedingungen der Dust Bowl in Nahrung importierenden wie exportierenden Län-

7 Joseph Romm: »Desertification: the next dust bowl«, in: *Nature* 478, 27. Oktober 2011, S. 450f.

dern die Norm werden? Extreme, weit verbreitete Dürren werden auftreten, während gleichzeitig der Meeresspiegel ansteigt und die Salzwasserintrusion einige der reichhaltigsten landwirtschaftlichen Deltas der Welt wie die des Nils und des Ganges bedroht. Währenddessen werden vielleicht Versauerung, Erwärmung und Überfischung der Meere die daraus gewonnene Nahrung erheblich zurückgehen lassen.

Wir Menschen können uns längeren, extremen Dürren nur schwer oder überhaupt nicht anpassen. Historisch gesehen bestand die primäre Anpassung an das verheerende Phänomen der Dust Bowl in Landflucht. Die Ernährung von rund neun Milliarden Menschen um die Jahrhundertmitte angesichts eines sich rapide verschlechternden Klimas kann durchaus die größte Herausforderung werden, vor der die Menschheit je gestanden hat.

Abb. 1.1 veranschaulicht die Auswirkungen dieser »Dustbowlifikation« auf globaler Ebene in den 2060er-Jahren, wobei ein Szenario des *moderaten* Klimawandels unterstellt wird. Der Autor betont: »Diese Vorhersagen sind keine Worst-Case-Szenarien – ihnen liegen die üblichen Treibhausgasemissionen zugrunde. Wir können nur hoffen, dass die Modelle zu pessimistisch sind, aber manche Veränderungen wie die Ausweitung der Subtropen vollziehen sich bereits anscheinend schneller, als es die Modelle projiziert haben.«

Abb. 1.1: *Weltkarte des PDSI (Palmer Drought Severity Index), wie sie im Jahrzehnt der 2060er-Jahre nach einem moderaten Szenario des Klimawandels erwartet wird. Zum Vergleich: In den Great Plains der USA während der Dust Bowl der 1930er-Jahre erreichte der PDSI ganz kurzzeitig eine Spitze von –6, überstieg ansonsten aber nur selten –3. Dies reichte jedoch aus, um eine großräumige Landflucht auszulösen.*[8]

8 Aiguo Dai: »Drought under Global Warming: A Review«, in: *Climate Change*, Bd. 2, 1, S. 45–65, Januar/Februar 2011.

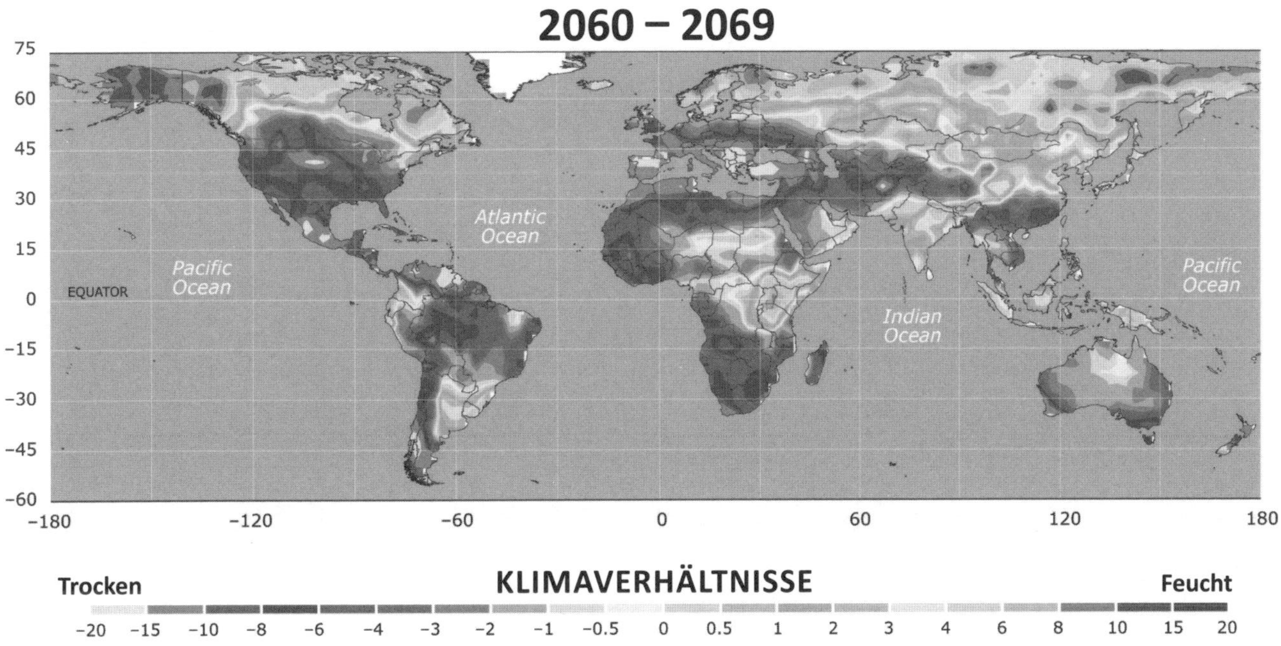

Hinweis: Diese Karte finden Sie zum besseren Verständnis in Farbe in der hinteren Klappe des Umschlages

Diese Karte gibt denen, die glauben, man müsse den Klimawandel nicht frontal angehen, ein wenig Stoff zum Nachdenken. Der Klimawandel wird sich nicht nur auf den gesamten europäischen Mittelmeerraum auswirken, sondern auch auf große Teile Frankreichs, Süddeutschlands, Englands sowie fast auf die gesamten USA (außer Alaska), Brasilien, die Hälfte von Afrika und China und die bewohnten Regionen Australiens. Man stelle sich vor, dass Dürreverhältnisse ähnlich denen, die heute in Nordafrika vorherrschen und schlimmer als in der Dust Bowl der 1930er-Jahre sind, nach Norden bis Paris, London, Berlin, Peking oder San Francisco reichen werden … Diese Dust-Bowl-Verhältnisse werden sich mutmaßlich für viele Jahrzehnte verschlimmern und »1000 Jahre lang, nachdem die Emissionen aufgehört haben, großenteils irreversibel«[9] sein. Werden diese Dürreverhältnisse mit einem Anstieg des Meeresspiegels infolge des in Grönland und an den Polen schmelzenden Eises kombiniert, sind ein Großteil der Biosphäre und viele Orte, an denen Menschen seit undenklichen Zeiten leben, in Gefahr (siehe auch Anhang B in www.money-sustainability.net).

Wenn wir weiterhin im heutigen Währungsparadigma verharren, werden die Staaten im vor uns liegenden Jahrzehnt sparsam wirtschaften müssen – also genau in dem Jahrzehnt, in dem Investitionen in eine nichtfossile Energiewirtschaft getätigt werden müssen. Am Geldsystem wird dank einer mächtigen und raffinierten Bankenlobby festgehalten, die logischerweise den strukturellen Status quo bevorzugt. Ist es jedoch sinnvoll, weiterhin finanziellen Reichtum anzuhäufen? Was hat es für einen Sinn, dass man sogar die Hälfte von Manhattan, London oder Shanghai besitzt, wenn sie sich einen Meter unter Wasser oder inmitten einer riesigen Dust Bowl befindet? Schließlich sind der Dollar und der Euro, die beiden wichtigsten Währungen der Welt, inzwischen aus unterschiedli-

9 Joseph Romm: »Desertification: the next dust bowl«, in: *Nature* 478, 27. Oktober 2011, S. 450f.

chen Gründen unsicher. Falls eine Euro- oder Dollarkrise ausbricht, müssen wir wieder damit rechnen, dass erneut Banken in Not geraten. Doch wie die Staatsschuldenkrise von 2010 bewiesen hat, sind die meisten Regierungen nicht mehr kreditwürdig genug, um noch einmal das Finanzsystem zu retten. Und was dann? So, wie wir keine Zeit mehr haben, um eine weitere Verschlechterung des Klimas abzuwarten, bleibt uns anscheinend auch keine Zeit mehr, um einen neuen Währungs- und Bankencrash abzuwarten.

Die 5000-jährige Geschichte des Geldes belegt, dass signifikante Veränderungen im monetären Bereich nur dann erfolgen, wenn das vorhergehende System zusammengebrochen ist. Der entscheidendste Zeitpunkt, um das Geldsystem zu überdenken, wird somit die Zeit unmittelbar nach einem großen Umsturz sein.

Kurz gesagt, wir werden absolut unorthodoxes monetäres Terrain betreten müssen – ein Terrain, wie es dieser Bericht erkundet. Wenn Ihnen einiges davon ausgesprochen unkonventionell vorkommen mag, dann denken Sie bitte daran, dass uns ja gerade die Orthodoxie in die gegenwärtige Lage gebracht hat.

Abschließend ein paar klärende Worte zum Stil dieses Dokuments. Weil es ein Bericht und keine Abhandlung ist, war uns mehr an Knappheit und Klarheit gelegen als an einer erschöpfenden Beweisführung oder akademischen Referenzen. In manchen Fällen wird in speziellen Anhängen ein Argument weiterentwickelt oder eine Behauptung eingehender belegt. Wir sind uns jedoch vollkommen bewusst, dass die Vorschläge in diesem Text nicht alle Antworten und Lösungen liefern können. Wir fordern vielmehr dazu auf, über Ansätze nachzudenken, deren Möglichkeiten bis heute noch nicht ausreichend erkundet worden sind. Darum laden wir Sie dazu ein, die Themen, die wir hier betrachten, infrage zu stellen und darüber zu diskutieren. Die Internetseite www.money-sustainability.net ist Teil dieses Berichts. Sie enthält Auszüge aus diesem Text, einige Updates und alle Anhänge. Sie macht es auch möglich, über Ideen miteinander zu kommunizieren.

Kapitel 2
Ökonomische Paradigmen

»Ihr Paradigma ist Ihrem Denken so immanent, dass Sie sich seiner Existenz kaum bewusst sind, bis Sie mit jemandem kommunizieren wollen, der ein anderes Paradigma vertritt.«
Donella Meadows

Ein Paradigma ist das Begriffssystem, von dem aus die Wirklichkeit wahrgenommen und bewertet beziehungsweise auf sie reagiert wird.[10] In der Wirtschaftswissenschaft bleibt ein solches System oder Paradigma oft unausgesprochen und verborgen. Das hat beunruhigenderweise zur Folge, dass die Wirtschaftswissenschaft zuweilen als neutral und objektiv dargestellt wird, als unwiderlegbare »harte Wissenschaft«. Paul Samuelson, der 1970 den Wirtschaftsnobelpreis bekam, stellte spät in seinem Leben

10 Die kanonische Definition lieferte der Wissenschaftsphilosoph Thomas Kuhn in seinem Buch *The Structure of Scientific Revolutions* (Chicago 1965; dt.: *Die Struktur wissenschaftlicher Revolutionen*, Frankfurt a.M. 2003). Kuhn definiert ein wissenschaftliches Paradigma als erkenntnistheoretisches Muster, als geistigen Rahmen, der eine ganze Reihe von Definitionen und Problemlösungen spezifiziert: *Was* soll beobachtet und untersucht werden und was soll somit nicht berücksichtigt werden; *welche Fragen* sollen gestellt oder nicht gestellt werden; *wie* sollen diese Fragen strukturiert sein; *wie* sollen die Ergebnisse wissenschaftlicher Untersuchungen interpretiert werden. Ein Paradigma passt sich laut Kuhn im Laufe der Zeit den Alltagserfordernissen der »Normalwissenschaft« an, wie er dies nennt, das heißt dem Herumprobieren mit Modellen, die den empirischen Daten so gut wie möglich und so lange wie möglich entsprechen. Die Phase der Normalwissenschaft wird manchmal mehr oder weniger abrupt von einer »wissenschaftlichen Revolution« beendet.

fest: »Die Wirtschaftswissenschaft ist nie eine Wissenschaft gewesen – und heute sogar noch weniger als vor Jahren.«

Unklar bleibt oft, aus welcher besonderen erkenntnistheoretischen Perspektive Wirtschaftswissenschaftler sprechen. »Paradigmen sind unvermeidlich. Daher kann auch ein Wirtschaftswissenschaftler nur aus einem Paradigma heraus sprechen. Er kann Paradigmen wechseln, aber er kann niemals ohne irgendein Paradigma weiterkommen, denn das hieße ja, dass er keine strukturierenden theoretischen Konzepte, kein formales Instrumentarium und keine empirisch orientierten Techniken hat.«[11]

Wir werden uns hier auf zwei spezifische Dimensionen ökonomischer Paradigmen konzentrieren, nämlich darauf

- wie ein Paradigma mit der Welt der Natur umgeht, insbesondere mit der Umwelt und dem Ökosystem unseres Planeten,
- wie ein Paradigma mit dem Geldsystem umgeht.

Der Umgang mit der Welt der Natur

Die begrifflichen Beziehungen zwischen dem Gebiet der Wirtschaftswissenschaft und der Welt der Natur lassen sich auf dreierlei Weise beschreiben. Am konventionellsten ist es, wenn man alles, mit dem man nicht unzweideutig innerhalb des eigenen theoretischen Rahmens zu tun hat, als eine »Externalität« behandelt (siehe Abb. 2.1). Diese wirtschaftswissenschaftliche Anschauung definiert das eigene Gebiet als völlig unabhängig und schließt jede andere Betrachtung als irrelevant aus. Zum Beispiel wird die Welt der Natur nach dieser Anschauung auf eine Ressource reduziert, einen Input, der als kostenfrei gilt – was so weit geht, dass kein Geld ausgegeben wird, um ihn zu erwerben. Auch Menschen werden auf ihren produktiven Arbeitsinput reduziert, ihre Interaktio-

11 Christian Arnsperger: *Full-Spectrum Economics: Towards an Inclusive and Emancipatory Social Science*, London 2010, S. 25.

nen sind nur dann relevant, wenn sie sich als »Dienstleistungen« qualifizieren. Folglich wird die Arbeit der Menschen, die sich zu Hause um einen älteren Verwandten oder ein Kind zu kümmern, nicht im nationalen BIP berücksichtigt, weil sie nicht dafür bezahlt werden. Obwohl ein wertvoller Beitrag für die Gesellschaft, existiert er einfach nicht.

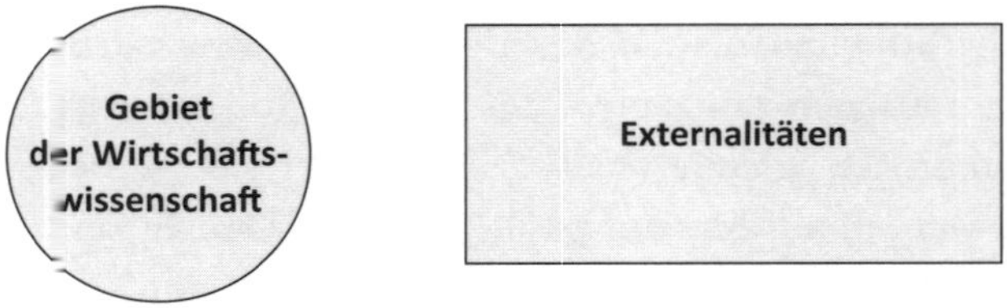

Abb. 2.1: *Das traditionelle Paradigma der Wirtschaftswissenschaft: völlige Trennung von Wirtschaftswissenschaft und ihren »Externalitäten«.*

Wir werden mit Hilfe der Terminologie der »Traditionellen Ökonomie« diese besondere Methode der Wirtschaftswissenschaft beschreiben. Sie ist das dominante ökonomische Paradigma, das gegenwärtig noch immer an den meisten Universitäten gelehrt und unwidersprochen von den Medien und in vielen Chefetagen von Unternehmen angewandt wird. Diese Anschauung ist ziemlich reduktionistisch, und eine Bewegung von Wirtschaftswissenschaftlern hat sie sogar als »autistisch« bezeichnet.[12]

12 Im Gegensatz zum Paradigma der Traditionellen Ökonomie entstand im Jahr 2000 an der Sorbonne in Paris eine Bewegung, die sich anfangs »Post-Autistische Ökonomie« (PAÖ) nannte und 2001 von 27 Doktoranden in Cambridge mit der Veröffentlichung einer Erklärung mit dem Titel »Opening Up Economics: A Proposal by Cambridge Students« unterstützt wurde. (Siehe *The Cambridge*, 27, Juli 2001, und *Post-Autistic Economics Newsletter*, Ausgabe 7, Artikel 1.) Diese Erklärung wurde später von 797 weiteren wirtschaftswissenschaftlichen Doktoranden unterzeichnet. Eine umfangreiche Sammlung der Dokumente, mit denen die Bewegung des »Post-Autismus« startete, enthält Edward Fullbrook (Hg.): *The Crisis in Economics: The Post-Autistic Economics Movement – The First 600 Days* (London 2003). Gründlicher analysierende Beiträge finden sich in Edward Fullbrook (Hg.): *A Guide to What's Wrong With Economics* (London 2004).

Andere definieren sie als »eine Fantasiewelt«:

»Warum sage ich, dass die heutige Wirtschaftswissenschaft eine Fantasiewelt darstellt? Ist das nicht unnötig beleidigend gegenüber all jenen ernsthaften Menschen, die sich mit einer anspruchsvollen Disziplin abmühen? In einem gewissen Sinn ist es das, und ich würde mich dafür entschuldigen, wenn nicht genau diese Menschen gewöhnlich eine am Inneren orientierte Arbeit (wie individuelle oder kollektive Werte und die Psychologie) als Fantasie abtun – und auch das ist, gelinde gesagt, beleidigend. Gewiss, die Gebildeteren unter ihnen äußern sich nicht ausdrücklich abfällig über hermeneutisch-kulturelle Arbeit. Sie behaupten einfach, sie lasse sich letztlich auf bestimmte Kategorien von Gehirn und Nervensystem reduzieren – wenn nicht, dann zeige dies nur, dass sie nichts mit wissenschaftlicher Arbeit zu tun habe. Wir sollten also nicht zu höflich gegenüber diesen hart arbeitenden Menschen sein, denn sie führen etwas intellektuell und politisch Gefährliches im Schilde. Sie würden nämlich Makro- oder Mikro-Strategien aushecken – die gegen uns gerichtet sein sollen –, denen die ›Arbeitshypothese‹ zugrunde liegt, dass unser Inneres eigentlich überhaupt keine Rolle spielt.«[13]

Dem Mainstream-Paradigma ist die Vorstellung immanent, dass Wirtschaftssubjekte selbst nicht in der Lage sind, die Wirklichkeit zu interpretieren, sich nicht für kulturelle oder spirituelle Traditionen interessieren[14] und keine nichtmaterialistischen Werte oder tief liegende psychische Strukturen haben (wie Archetypen oder ein Unbewusstes). Eine derartige Anschauung hat zu dem beigetragen, was Karl Marx und ein Jahrhundert später Karl

13 Christian Arnsperger, a.a.O., S. 9.

14 Das sollten sie auch nicht, denn das könnte im Widerspruch zur instrumentellen Rationalität stehen, etwa wenn die Achtung vor einer Tradition der »Mutter Erde« manche Menschen dazu bewegt, auf die Ausbeutung irgendeiner natürlichen Ressource zu verzichten. Amerikanische Indianer wurden als antiprogressiv denunziert, weil für sie die Heiligkeit ihres Landes wichtiger war als die Vermarktung von Kohle, Erzen oder Erdöl.

Polanyi als Verselbstständigung der Ökonomie gegenüber der restlichen Gesellschaft und der Natur verstanden, als eine Verselbstständigung ausgesprochen ökonomischer Angelegenheiten, die mit Produktion und Zirkulation verbunden sind, im Hinblick auf den umfassenderen Kontext sozialer und ökologischer Probleme.[15]

Um dieses Problem anzusprechen, schlug die OECD[16] vor über zehn Jahren ein Modell mit drei einander zum Teil überlappenden Gebieten vor: Ökonomie, Gesellschaft und Umwelt (s. Abb. 2.2). Als relevant gilt der Bereich, in dem sich die drei Gebiete überlappen, doch der Bereich, in dem die Ökonomie unabhängig von den anderen beiden operiert, ist immer noch beachtlich. Dies ist zwar eine Verbesserung gegenüber dem vorherigen Modell, da hier eine gewisse Interaktion zwischen ökonomischem Handeln, anderen menschlichen Unternehmungen und der übrigen Biosphäre anerkannt wird. Dennoch hält auch dieses Modell an der Vorstellung fest, die Ökonomie sei ein Bereich, der teilweise abstrakt und autonom gegenüber kulturellen, sozialen und umweltbezogenen Problemen sei.

In diesem Modell ist es daher nach wie vor möglich, dass Mainstreamökonomen behaupten, die Einführung psychischer, kultureller und/oder umweltbezogener Dimensionen lenke nur von dem ab, was »wirklich ökonomisch« sei, und dass für diese Ökonomen die Wirtschaftswissenschaft die einzige Disziplin ist, die alle »reinen« Phänomene studiere, die sich aus den anderen beiden Sphären »verselbstständigt« haben.

15 Siehe Karl Polanyi: *The Great Transformation: The Political and Economic Origins of Our Time* (New York 1944; dt.: *The Great Transformation. Politische und ökonomische Ursprünge von Gesellschaften und Wirtschaftssystemen*, Frankfurt a. M. [8]1973).

16 *Towards Sustainable Development*, Paris 2000.

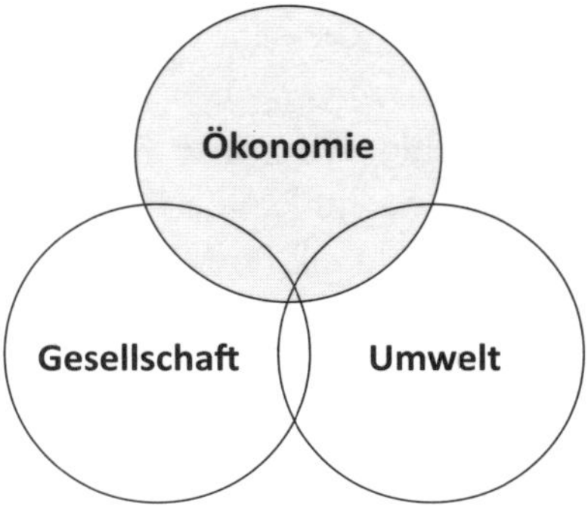

Abb. 2.2: *Überlappen von Ökonomie, Gesellschaft und Umwelt (OECD-Modell).*

Das ökonomische Paradigma, das unserer eigenen Anschauung zugrunde liegt, ist mit der sogenannten *ökologischen Ökonomie* verknüpft, die von Nicholas Georgescu-Roegen, Kenneth Boulding, Herman Daly, René Passet und Robert Constanza angeregt wurde.[17] In diesem Paradigma ist das Gebiet der Ökonomie als Subsystem *voll eingebettet* in der Gesellschaft – und letztere wiederum ist ein Subsystem der Biosphäre (s. Abb. 2.3).[18]

17 Siehe z.B. Nicholas Georgescu-Roegen: *The Entropy Law and the Economic Process* (Cambridge, Mass, 1971), René Passet: *L'Économique et le vivant* (Paris 1979), Herman Daly: *Beyond Growth: The Economics of Sustainable Development* (Boston 1996; dt.: Wirtschaft jenseits von Wachstum, Salzburg 1999), Robert Costanza: »Changing Visions of Humans' Place in the World and the Need for an Ecological Economics« (2003), in: Edward Fullbrook (Hg.): *A Guide to What's Wrong With Economics*, a.a.O. S. 237-246; John Gowdy und Jon D. Erikson: »The Approach of Ecological Economics«, in: *Cambridge Journal of Economics*, Bd. 29 (2005), S. 207 bis 222. Eine allgemeine wie erschöpfende Behandlung findet sich etwa bei Molly Scott Cato: *Green Economics: An Introduction to Theory, Policy and Practice* (London 2009) und bei Herman Daly und Joshua Farley: *Ecological Economics*, (New York ²2011). Ökologische Ökonomie darf nicht mit Umweltökonomie verwechselt werden, die ursprünglich ein Teil der Traditionellen Ökonomie war und für das OECD-Modell in Abbildung 2.2 Pate stand.

18 Mit dieser Aussage weiten wir die ökologische Ökonomie zu einer »politischen Ökologie« aus, wie man dies nennen könnte, da traditionelle ökologische Ökonomen mehr das Eingebettetsein der Ökonomie in der Umwelt betonen und weniger ihr Eingebettetsein in der Gesellschaft. Allerdings sind politische Ökologie und ökologische Ökonomie sehr eng miteinander verknüpft, und die meisten ökologischen Ökonomen werden nichts gegen unsere Grafik hier einwenden.

Diese »Nesthierarchie« von Umwelt, Gesellschaft und Ökonomie wird auch *Wachstumshierarchie* genannt, im Gegensatz zur »Unterdrückungshierarchie«.[19] In einer Wachstumshierarchie enthält und übersteigt jede nachfolgende Ebene ihre Vorgängerin – die Ökonomie existiert nur dank ihrer sozialen Infrastruktur, und die menschliche Gesellschaft existiert nur, weil eine hinreichend gesunde Biosphäre sie erhält. Während es in manchen Fällen möglich sein mag, ökonomische Phänomene wie Finanzströme zu studieren, ohne alle Komponenten der zugrunde liegenden sozialen und umweltbezogenen Kontexte ausdrücklich in das Modell einzubeziehen, lassen sich diese Kontexte niemals *wegdenken*. Bei diesem Paradigma muss also das Ausmaß berücksichtigt werden, in dem eine ökonomische Handlung oder Institution die gesellschaftliche Organisation, die menschliche Motivation und/oder die Umwelt beeinflusst. Sonst riskiert es die Ökonomie, die Äste abzusägen, auf denen sie sitzt.

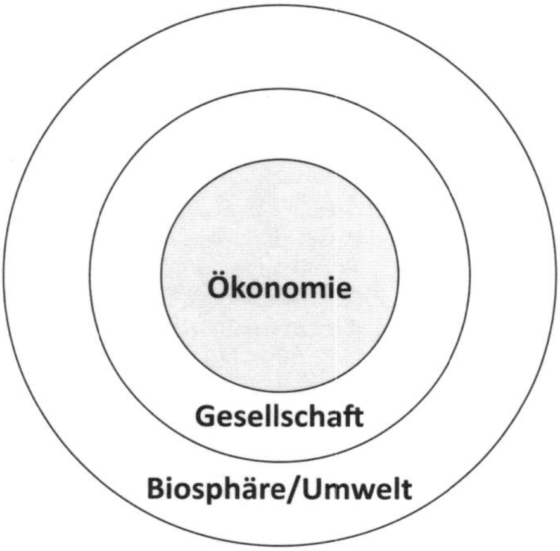

Abb. 2.3: *Die Ökonomie als Subsystem der Gesellschaft und die Gesellschaft wiederum als Subsystem der Biosphäre.*

19 Siehe Ken Wilber: *Sex, Ecology, Spirituality: The Spirit of Evolution* (Boston 1995; dt.: *Eros, Kosmos, Logos: eine Vision an der Schwelle zum nächsten Jahrtausend*, Frankfurt a.M. 1996).

Die Abbildungen 2.1 und 2.3 unterscheiden sich klar darin, dass Letztere keine »Externalitäten« enthält. Was in Abb. 2.1 als Externalität betrachtet wurde, ist der Kontext, in dem ökonomisches Handeln stattfindet. Dieser Kontext enthält übergreifende Regeln wie die Entropie, die von der Ökonomie berücksichtigt werden müssen, damit sie sich nicht in einer »autistischen« oder »Fantasiewelt« verliert.

Die Abbildungen 2.2 und 2.3 unterscheiden sich insofern, als das OECD-Modell von einer Austauschbarkeit zwischen natürlichem, sozialem und ökonomischem Kapital ausgeht. Diese Unterstellung beherrscht das einflussreiche Konzept des »endogenen Wachstums« in der Mainstreamökonomie.[20] Im Gegensatz dazu gibt es im Modell der ökologischen Ökonomie keine Austauschbarkeit zwischen diesen drei Kapitalformen. Das natürliche und das Sozialkapital lassen sich nur begrenzt durch ökonomisches Kapital ersetzen. Diese Grenze ist die Schwelle, jenseits derer die Bedingungen für die Versorgung der Ökonomie aus sozialen und/oder natürlichen Netzwerken allmählich zerstört werden. Dies erfolgt in Form von sozialen und ökologischen »Schulden«, die kurzfristig oft unsichtbar sind, langfristig aber ihr Zerstörungspotenzial entfalten.[21]

Dieses Paradigma der ökologischen Ökonomie, die menschliche Werte und geltende Naturgesetze berücksichtigt, ist für die Wirtschaftswissenschaft des 21. Jahrhunderts nichts Neues. Wissenschaftlich gesehen gibt es brillante Beiträge, die ausdrücklich die Einschränkungen der physischen Welt in die Ökonomie einbe-

20 Dieses Konzept verleitet Mainstreamökonomen zu der Schlussfolgerung, mit ausreichend gutem ökonomischem und »Humankapital« in Form extrem hochentwickelter Technologien und einer extrem gut ausgebildeten Arbeiterschaft könnte die Produktion der gesamten Welt praktisch ohne natürliches Kapital, etwa mit ein paar Materiekörnchen, hergestellt werden.

21 Dieser Gedanke, insbesondere die Vorstellung von »ökologischen Schulden«, ist ein Hauptthema im einflussreichen Buch von Tim Jackson: *Prosperity Without Growth: Economics For a Finite Planet* (London 2009; dt.: *Wohlstand ohne Wachstum: Leben und Wirtschaften in einer endlichen Welt*, München 2011).

ziehen. Doch ins Paradigma der Mainstreamökonomie haben sie noch keinen Einzug gehalten. Ein Gegenbeispiel ist das bahnbrechende theoretische Werk von Nicholas Georgescu-Roegen, das ein schlüssiges Konzept liefert, mit dem sich die wichtigen Probleme von heute angehen lassen.[22]

Mittlerweile ist die Mainstreamökonomie seit über einem halben Jahrhundert nicht in der Lage, die Beschränkungen der Nachhaltigkeit zu berücksichtigen, selbst solche nicht, die in Wissenschaften wie der Physik oder der Thermodynamik unbestritten sind. Natürlich gibt es einige Ausnahmen wie zum Beispiel Orio Giarini, der sich ausdrücklich mit Entropie und Unbestimmtheit befasst, ebenso wie die monetarisierten und nichtmonetarisierten Tätigkeiten mit ökonomischem Wert.[23] Hazel Henderson verwendete für die gleiche Argumentation die großartige Metapher einer vierschichtigen Torte: Ganz oben befindet sich der privatwirt-

22 Nicholas Georgescu-Roegen (1906–1994) wurde in Rumänien geboren und lehrte von 1950 an der Vanderbilt University in den USA, wo er als Dinstinguished Fellow of the American Economic Association ausgezeichnet wurde. Er leistete Herausragendes sowohl in der konventionellen Wirtschaftswissenschaft (Nutzenfunktion, Input-Output-Analyse, Produktionstheorie) wie in der Ökonomie des Paradigmenwechsels – der »revolutionären« Ökonomie, um es mit Thomas Kuhn zu formulieren. Er wandte sein streng systemisches Denken auf die Verbindung von Ökonomie mit den physikalischen Gesetzen der Nachhaltigkeit an, in *Analytical Economics* (1966). Paul Samuelson bemerkte in seinem Vorwort von 1965, er halte Georgescu-Roegen für »einen Erzgelehrten und Erzökonomen«, und fügte hinzu: »Ich verachte jeden informierten Ökonomen, der selbstgefällig bleibt, nachdem er über diesen Essay meditiert hat.« Und dennoch wurde mit Selbstgefälligkeit auf dieses Buch und seinen Nachfolger, *The Entropy Law and the Economic Process*, reagiert. Abschließend bemerkt der ökologische Ökonom Herman Daly in seinem »Obituary Essay on Georgescu-Roegen«: »Man erwartet nicht, dass grundlegende Änderungen über Nacht passieren. Aber 25 Jahre sind eine angemessene Zeit, in der man sich einen Fortschritt schon erhoffen könnte. Was ist nur mit unserer Disziplin los?« (Herman Daly: *Beyond Growth*, a.a.O., S. 192 und 198; dt.: *Wirtschaft jenseits von Wachstum. Die Volkswirtschaftslehre nachhaltiger Entwicklung*, 1999, S. 260). Sogar Samuelson, dem man kaum Selbstgefälligkeit nachsagen kann, hat niemals seine erfolgreichen wirtschaftswissenschaftlichen Standardwerke überarbeitet, um Georgescu-Roegens Befunde aufzunehmen. Schon 30 Jahre vor Georgescu-Roegen hatte Frederick Soddy, Nobelpreisträger für Chemie, die Aufmerksamkeit von Wirtschaftswissenschaftlern geweckt, die keine Ahnung von Entropie und der Nichtnachhaltigkeit des Zinseszinses hatten, doch vergebens.

23 Orio Giarini: »Science and Economy: The Case of Uncertainty and Disequilibrium«, in: *Cadmus*, Bd. I, Nr. 2, April 2011, S. 25–34.

schaftliche Sektor, der auf den Gütern und Dienstleistungen des öffentlichen Sektors ruht, der wiederum auf der nichtmonetarisierten Sozialwirtschaft ruht, die schließlich auf »Mutter Natur« ruht.[24]

Problematisch ist allerdings, dass solche Brücken zwischen der Naturwissenschaft des 21. Jahrhunderts und der Wirtschaftswissenschaft die Ausnahme bleiben.

Die Standardgröße des ökonomischen Fortschritts ist somit nach wie vor das Bruttonationaleinkommen (BNE) pro Kopf, das jedoch weder die Erschöpfung natürlicher Ressourcen noch die Qualität des Wachstums oder die Verteilung seiner Vorteile erfasst. Überdies verraten Marktpreise nur selten die realen Kosten eines Produkts oder einer Dienstleistung. Ihre Produktion und Entsorgung kann Schäden anrichten, die in der konventionellen Buchhaltung ignoriert werden.[25] Inzwischen spricht so viel für ein grundlegendes Umdenken, wenn man das Thema Nachhaltigkeit ernst nehmen will. Wenn die Menschheit ihre Entscheidungen weiterhin auf der Basis des Paradigmas der Traditionellen Ökonomie (Abb. 2.1) oder auch nur des OECD-Paradigmas (Abb. 2.2) trifft, dann ist es um die Zukunft von uns Menschen und von unserem Planeten schlecht bestellt. Ja, das nichtnachhaltige Verhalten der Menschheit führt gerade zum sechsten großen Massenaussterben der Erdgeschichte – mit einer Geschwindigkeit von 30.000 Arten im Jahr oder drei Arten pro Stunde. Es ist daher nicht nur von akademischem Interesse, sich der Grenzen der dominanten ökonomischen Paradigmen stärker bewusst zu werden.

Aber was genau bedeutet eigentlich Nachhaltigkeit in diesem Kontext?

---

24 Hazel Henderson: *Paradigms in Progress: Life beyond Economics*, Indianapolis 1991. Siehe auch Hazel Henderson: *Creating Alternative Futures*, West Hartford, Conn., 1996, S. XII.

25 Ernst Ulrich von Weizsäcker, Armory B. Lovins und L. Hunter Lovins: *Faktor Vier: doppelter Wohlstand – halbierter Naturverbrauch. Der neue Bericht an den Club of Rome*, München 1996.

Was ist Nachhaltigkeit?

Gegenwärtig gibt es über hundert Definitionen von Nachhaltigkeit, wir belassen es hier bei einigen wenigen Beispielen.

Die Weltkommission für Umwelt und Entwicklung definierte eine nachhaltige Gesellschaft als eine Gesellschaft, die »ihre Bedürfnisse befriedigt, ohne die Aussichten künftiger Generationen zu begrenzen«. Und weiter heißt es: »Nachhaltige Entwicklung ist Wachstum im Wohlbefinden ohne physisches Wachstum. Sie ist ein Prozess und kein Zustand und damit impliziert sie nicht notwendigerweise, dass die Bevölkerung oder die Wirtschaft statisch ist oder stagniert.«
Brundtland-Report: *Unsere gemeinsame Zukunft*[26]

»Nachhaltigkeit ist ein Aufruf zur Hoffnung. Er besagt, dass es eine künftige Verfassung der Gesellschaft geben kann, in der unermüdlich die Schädigung der Umwelt und extreme soziale Ungleichheit vermieden werden. Als Agenda impliziert er ein Verantwortungsbewusstsein und ein Handeln, das ernsthaft auf die Verbesserung oder Veränderung unserer gegenwärtigen Lebensweise abzielt und verhindert, was viele Menschen als drohende soziale, ökologische und ökonomische Krise empfinden.«
Global Business Network: Report on Sustainability[27]

Der ehemalige Weltbankökonom Herman Daly[28] führt drei Bedingungen auf, damit eine Gesellschaft physisch nachhaltig sein kann:

26 World Commission on the Environment and Development: *Our Common Future*, Oxford 1989, S. 200.

27 Harding Tibbs: »Report for the Global Business Network ›Sustainability‹, in: *Deeper News*, Bd. 3, Nr. 1, Januar 1999, S. 5.

28 Herman E. Daly und Job B. Cobb: *For the Common Good: Redirecting the Economy Toward Community, the Environment, and a Sustainable Future*, Boston 1989.

1. Die Raten der Nutzung erneuerbarer Ressourcen dürfen nicht die Raten ihrer Regeneration übersteigen.
2. Die Raten der Nutzung nicht erneuerbarer Ressourcen dürfen nicht die Rate der Entwicklung nachhaltiger erneuerbarer Substitute übersteigen.
3. Die Raten der Verschmutzungsemissionen dürfen nicht die Selbstreinigung der Umwelt übersteigen.

Diese und viele andere Definitionen zeigen, dass sich die Nachhaltigkeit in erster Linie mit den Auswirkungen einer Wirtschaft auf die Umwelt befasst.

Umwelt und Nachhaltigkeit

Wie wir bereits festgestellt haben, erlebt unsere natürliche Umwelt derzeit einen entschiedenen Wandel, nämlich eine massenhafte Auslöschung der Biodiversität, einen Klimawandel in Form extremer Wetterverhältnisse (etwa eine größere Häufigkeit extremer Überschwemmungen und Dürren), eine Verschlechterung von landwirtschaftlich nutzbarem Boden durch Versalzung, Umweltverschmutzung und organischen Abbau sowie eine Verknappung von Trinkwasser. Wenn wir uns nicht angemessen damit auseinandersetzen, wird dieser Wandel das Überleben der Biosphäre gefährden, von der Unternehmen, die Wirtschaft und alle anderen menschlichen Aktivitäten abhängig sind. Die folgende Tabelle fasst die bedeutendsten Gefahren für eine langfristige ökologische Nachhaltigkeit zusammen, die sich ergeben werden, wenn unsere gegenwärtige Wirtschaft unbeirrt ihren Kurs fortsetzt.

Biodiversität	In jeder Stunde sterben drei Arten aus. Der Verlust an biologischer Vielfalt ist inzwischen 50–100 Mal höher als unter natürlichen Bedingungen, ohne Einwirken des Menschen.
Wasser	1,1 Milliarden Menschen haben keinen direkten Zugang zu Trinkwasser. Weitere 2,5 Milliarden leben ohne sanitäre Einrichtungen. Jährlich sterben 2,4 Millionen Kinder an Krankheiten, die durch verseuchtes Wasser übertragen werden.
Bodenerosion	17 Prozent der Fläche, die früher fruchtbarer Boden war, weist Anzeichen erheblicher Erosion auf.
Klima	Die durchschnittliche Oberflächentemperatur der Erde wird bis zum Jahr 2100 voraussichtlich zwischen 1,4°C und 5,6°C steigen. Weltweit gibt es bereits signifikante Veränderungen in Wettermustern. Das Schmelzen von Eis an den Polen und in Grönland ist bereits im Gang und könnte, wenn es nicht umgekehrt wird, zum Anstieg des Meeresspiegels führen und damit Küstengebiete überschwemmen, wo derzeit 1/3 der Menschheit lebt.

Tabelle 2.1: *Einige ungelöste Umweltprobleme auf unserem gegenwärtigen Wirtschaftskurs.*[29]

In vielen Kreisen gilt das Wort »Nachhaltigkeit« als Synonym für Einschränkungen, schwerfällige staatliche Regulierungen oder gar für eine linke Verschwörung. Diese Wahrnehmung wird verstärkt durch Desinformationskampagnen, die von verschiedenen maßgeblichen Unternehmen finanziert werden, insbesondere von der Energie erzeugenden Industrie.[30] Wir werden im fünften Kapitel darlegen, dass solche Kampagnen ein Beispiel für das systemati-

29 Die Zahlen stammen von FAO, CBD-Sekretariat, Weltbank, IPCC.

30 Eine eingehende Analyse dieser Kampagnen findet sich etwa bei Naomi Oreskes und Erik M. Conway: *Merchants of Doubt: How a Handful of Scientists Obscured the Truth On Issues From Tobacco Smoke to Global Warming*, New York 2010.

sche kurzsichtige Denken sind, das automatisch von unserem Geldsystem und der Art und Weise, wie es unser Verhalten »programmiert«, erzeugt wird.

Im Gegensatz zu dieser Anschauung erblicken wir im »Nachhaltigkeitssektor« eines der vielversprechendsten Unternehmensfelder des 21. Jahrhunderts. Während der ersten zehn Jahre dieses Jahrhunderts ist eine nachhaltige ökonomische, soziale und ökologische Entwicklung für Unternehmen strategisch wichtig geworden. Unternehmen mit ernsthaften ökologischen und sozialen Führungsstrategien und ganzheitlichen Grundsätzen haben eine bessere Performance als der Durchschnitt.[31]

Es besteht eine größere Nachfrage nach Produkten und Dienstleistungen, die Ökosysteme weniger belasten. Und das bezieht sich nicht nur auf *neue* Produkte und Dienstleistungen wie erneuerbare Energien, sondern auch auf ökoeffiziente oder Bio-Mimikry-Industrien.[32] Zu den Pionieren solcher neuen Unternehmensmodelle zählen etwa die Teppichfirma Interface Inc. und der Büromöbelhersteller Herman Miller – Beispiele lange bestehender Unternehmen, die sich selbst zu nachhaltigen Einheiten umgewandelt haben. Es gibt noch viele weitere Beispiele solcher Umwandlungen, und ihre Zahl nimmt rapide zu.[33] Unternehmen und Länder, die diese neuen Güter und Dienstleistungen liefern, werden besser aufgestellt sein als solche, die stoisch an Ideen, Prozessen und Märkten des Industriezeitalters festhalten.

Wie wichtig ökologische Nachhaltigkeit in Zukunft sein wird,

---

31 »Unternehmen mit überragender Performance und einer Orientierung an ›Nachhaltigkeit‹ (d.h. ökologischen und sozialen Fragen), erzielten im Durchschnitt überragende Gewinne.« Matthew J. Kiernan: *Investing in a Sustainable World,* New York 2009, S. XIII.

32 Siehe z.B. Michael Braungart und William McDonough: *Cradle to Cradle: Re-Making the Way We Make Things*, New York 2002 (dt.: *Einfach intelligent produzieren: cradle to cradle: die Natur zeigt, wie wir die Dinge besser machen können,* Berlin 2003).

33 Siehe Peter M. Senge: *The Necessary Revolution: How Individuals and Organisations Are Working Together to Create a Sustainable World*, Boston 2008 (dt.: *Die notwendige Revolution: wie Individuen und Organisationen zusammenarbeiten, um eine nachhaltige Welt zu schaffen*, Heidelberg 2011).

haben viele Führungspersönlichkeiten zum Ausdruck gebracht, denen man keine linke Gesinnung unterstellen kann. Hier einige Äußerungen:

»Ein guter Unternehmer vermag das Unvermeidliche vorherzusehen, und für mich ist es unvermeidlich, ob uns das nun gefällt oder nicht, dass wir uns auf eine Wirtschaft zubewegen, die in ihrem Wachstum begrenzt und selektiv sein muss. Die Erde hat endliche Grenzen – eine Vorstellung, mit der sich Amerikaner nur schwer anfreunden können.«
John D. Rockefeller III.

»Der Sozialismus ist deshalb zusammengebrochen, weil er es nicht zuließ, dass die Preise der ökonomischen Wahrheit entsprachen. Der Kapitalismus wird vielleicht zusammenbrechen, weil er es nicht zulässt, dass die Preise der ökologischen Wahrheit entsprechen.«
Øystein Dahle, ehemaliger Vizepräsident von Exxon
für Norwegen und die Nordsee

»Mensch und Natur befinden sich auf einem Kollisionskurs. Menschliche Aktivitäten fügen der Umwelt und wichtigen Ressourcen schwere und oft irreversible Schäden zu. Wenn wir viele unserer gegenwärtigen Praktiken nicht überprüfen, stellen sie ein ernstes Risiko für eine Zukunft dar, wie wir sie uns für die menschliche Gesellschaft wie die Pflanzen- und Tierwelt wünschen, und sie können die Welt des Lebendigen so verändern, dass sie nicht mehr in der Lage sein wird, das Leben auf die Art und Weise zu erhalten, die wir kennen. Grundlegende Veränderungen sind dringend erforderlich, wenn wir die Kollision vermeiden wollen, die unser gegenwärtiger Kurs herbeiführen wird.«.[34]

34 Die *World Scientists' Warning to Humanity* stammt von Henry W. Kendall, dem verstorbenen Vorstandsvorsitzenden der Union of Concerned Scientists.

Erklärung von 1700 führenden Wissenschaftlern aus 70 Ländern, darunter 102 Nobelpreisträger, unterstützt von Wissenschaftsakademien der USA, Großbritanniens, Brasiliens, Kanadas, Chinas, Deutschlands, Frankreichs, Indiens, Italiens, Japans und Russlands (5. Juni 2005)

»Unternehmen sind wie große Schiffe – große gemeinsame Anstrengungen und Planungen werden erforderlich sein, um die Trägheit des gegenwärtigen zerstörerischen Kurses zu überwinden und einen neuen Impuls hin zu einer nachhaltigen Entwicklung zu schaffen…«
Changing Course, World Business Council for Sustainable Development (Genf 1992)

»Aus der Sicht von Philips ist Nachhaltigkeit keine Möglichkeit mehr, sondern eine Notwendigkeit. Während der letzten fünf Jahre haben wir festgestellt, dass immer mehr institutionelle und individuelle Investoren Nachhaltigkeit mit gutem Management und guten langfristigen Aussichten gleichsetzen. Und das sollten sie auch.«
Gerard Kleisterlee, ehemaliger Präsident und Vorstandsvorsitzender von Philips[35]

»Was DSM [ein in den Niederlanden ansässiger Chemiekonzern] angeht, ist die Notwendigkeit einer nachhaltigen Entwicklung unbestritten. Nachhaltiges Unternehmertum ist vereinbar mit dem Streben nach profitablem Wirtschaftswachstum, der Weiterentwicklung unserer Mitarbeiter, gutem bürgerschaftlichem Engagement des Unternehmens und nachhaltiger Nutzung natürlicher Ressourcen.«
Peter Elverding, Vorstandsvorsitzender der Royal DSM (Triple P Report 2005)

35 Auf der Konferenz der Captains of Industry in Singapur am 27. September 2005.

> *»All unsere Bemühungen, die Armut zu bekämpfen und nach einer nachhaltigen Entwicklung zu streben, werden vergebens sein, wenn die Schädigung der Umwelt und der Raubbau an den natürlichen Ressourcen unvermindert so weitergehen.«*
> Kofi Annan, ehemaliger UN-Generalsekretär[36]

Doch die ökologische Krise ist nur eines der Probleme, die heutzutage die Nachhaltigkeit gefährden. Genauso relevant ist der Faktor Mensch.

Die Weiterentwicklung des Menschen

Als Weiterentwicklung des Menschen definieren wir die Zunahme der Entscheidungsfähigkeit eines Menschen.[37] Die Entscheidungen, von denen hier die Rede ist, betreffen Lebensentscheidungen, etwa hinsichtlich der beruflichen Karriere, der Lebensweise oder des Wohnorts. Auf dieser Basis lässt sich *nachhaltige Entwicklung so definieren, dass die Entscheidungsfähigkeit des Menschen jetzt zunimmt, während die Wahlmöglichkeiten für künftige Generationen bewahrt bleiben.* Nach dieser Definition beziehen sich die »Aussichten künftiger Generationen« nicht nur auf die ökologischen Aspekte, sondern auch auf die sozialen, ökonomischen, kulturellen und für die Governance relevanten Voraussetzungen, die für eine hohe Lebensqualität unabdingbar sind.

36 In *Larger Freedom: Towards Development, Security and Human Rights for All*, Bericht für den Gipfel zum 60. Jahrestag der Vereinten Nationen, 2005.
37 Jamshid Gharajedaghi: *Systems Thinking: Managing Chaos and Complexity*, Boston 1999, S. XVI.

Unser Konzept von Nachhaltigkeit

In diesem Bericht greifen wir auf die Definition von Nachhaltigkeit zurück, wie sie 1992 auf dem Weltgipfel von Rio entwickelt wurde. Während dieser Konferenz wurde eine »Erd-Charta« erarbeitet, und zwar von einem Komitee, dem Maurice Strong aus Kanada, Michael Gorbatschow aus Russland und Steven Rockefeller aus den USA vorstanden. Zusammen mit Kollegen entwickelten sie eine Reihe von Prinzipien, die notwendig sind, um zu einer gerechten und nachhaltigen Welt zu gelangen. Diese Prinzipien lassen sich nachlesen bei *www.earthcharter.org* und zu vier Schlüsselkategorien zusammenfassen:

1. Achtung und Fürsorge für die gesamte Gemeinschaft des Lebens.
2. Ganzheit der Ökosysteme.
3. Soziale und ökonomische Gerechtigkeit.
4. Demokratie, Gewaltlosigkeit und Frieden.

Das Material unserer Analysen in diesem Bericht bezieht auch den Ansatz der Non-Profit-Beratungsorganisation »The Natural Step« mit ein, die von Karl-Henrik Robert gegründet wurde, einem schwedischen Arzt, der die systemischen Gründe für die Zunahme der Krebserkrankungen in seiner Arztpraxis erforschte. Dieser Ansatz verweist auf vier systemische Bedingungen, die für eine nachhaltige Welt erfüllt sein müssen:

1. Wir verzichten darauf, zur fortschreitenden Konzentration von Stoffen beizutragen, die aus der Erdkruste entnommen werden (zum Beispiel Schwermetalle und fossile Brennstoffe);
2. wir verzichten darauf, zur fortschreitenden Konzentration von Chemikalien und Verbindungen beizutragen, die von der Gesellschaft produziert werden (zum Beispiel Dioxine, PCBs und DDT);

3. wir verzichten darauf, zur fortschreitenden physischen Schädigung und Vernichtung der Natur und von natürlichen Prozessen beizutragen (zum Beispiel Überrodung von Wäldern und Versiegelung der Böden wichtiger Wildtierlebensräume); und
4. wir verzichten darauf, zu Bedingungen beizutragen, die die Fähigkeit der Menschen schwächen, ihre Grundbedürfnisse zu befriedigen (zum Beispiel unsichere Arbeitsverhältnisse und unzureichende Einkünfte für den Lebensunterhalt).[38]

Das Wissen darum, welche Gemeinschaftssysteme in der Lage sind, menschliche Bedürfnisse auf breiterer Basis zu befriedigen, ist ein Eckstein der ökologischen und menschlichen Nachhaltigkeit. Die Erd-Charta-Kommission entwickelte in Zusammenarbeit mit dem World Ressources Institute und den Global Community Initiatives eine umfassende Methode, mit der Gemeinschaften ihre eigene Nachhaltigkeit bewerten und für eine nachhaltigere Zukunft planen können.[39]

Die monetäre Dimension

Um das ökonomische Paradigma zu verdeutlichen, in dem wir uns bewegen, muss die monetäre Dimension der Wirtschaft explizit untersucht werden. Das geschieht nicht bei allen Paradigmen – einige und hier vor allem das beherrschende Paradigma der Traditionellen Ökonomie halten Geld für ein passives Element, das keinen Einfluss darauf hat, wie Individuen und Kollektive sich entscheiden zu handeln. Das Paradigma der Ökologischen Ökonomie, wie wir es hier verstehen, nimmt die monetäre Dimension

38 Siehe Sarah James und Tobjörn Lahti: *The Natural Step for Communities: How Cities and Towns Can Change to Sustainable Practices*, Gabriola Island 2004.

39 Siehe Gwendolyn Hallsmith: *The Key to Sustainable Cities: Meeting Human Needs, Transforming Community Systems*, Gabriola Island 2004, und The Earth Charter Action Tool auf www.earthcharter.org.

entschieden ernst. Warum dies so ist, wollen wir im Folgenden erläutern. Und mit dieser Erläuterung hebt sich unsere Studie am stärksten von anderen ökonomischen Texten und Studien über Nachhaltigkeit ab.[40]

Das moderne Geldsystem hat eine positive Rolle bei den Leistungen des Industriezeitalters gespielt. Ungeachtet der Folgen hat es eine Bevölkerungsexplosion ermöglicht – von 250 Millionen Menschen im Jahr 1750 bis auf über sieben Milliarden heute. Die Produktion von Gütern im Lauf der Zeit weist eine ähnliche Kurve wie das Bevölkerungswachstum auf: Zwischen 1800 und der Gegenwart hat sich das Bruttoinlandsprodukt in den Industriestaaten mindestens verzwanzigfacht. China, Indien und Brasilien vollziehen diesen Prozess nach, während wir dies schreiben. Infolge der Industrialisierung ist der Lebensstandard vieler Menschen in Europa, Nordamerika und Teilen von Asien vom Existenzminimum auf ein Niveau gestiegen, das unsere Vorfahren für außeror-

40 Tatsächlich steht die monetäre Dimension nicht gerade im Mittelpunkt vieler der anerkanntesten und am häufigsten zitierten Beiträge zur Debatte über Nachhaltigkeit, wie etwa David Pearce und Edward Barbier: *Blueprint For a Sustainable Economy*, London 2000, Herman Daly, *Beyond Growth*, oder Tim Jackson, *Prosperity Without Growth*. (Für eine kritische Einschätzung von Jacksons Buch aus monetärer Perspektive siehe Christian Arnsperger: »Monnaie, dette et croissance sans prospérité: Portée et limites du ›tournant jacksonnien‹«, in: *Etopia*, Nr. 8, Dezember 2010, S. 109–116). Edward Barbiers bedeutende Studie *A Global Green New Deal: Rethinking Economic Recovery*, Cambridge 2010, befasst sich zwar ausführlich mit der wesentlichen Frage von »grünem« Investment, ohne jedoch die strukturellen Eigenschaften des gegenwärtigen Geldsystems in Frage zu stellen. Das Problem, wie Geld geschaffen und verbreitet wird, wird zumindest ansatzweise erwähnt von Juliet B. Schor in ihrem einflussreichen Buch *Plenitude: The New Economics of True Wealth*, New York 2010 – aber Schor stellt die strukturellen finanziellen und monetären Fragen nicht in den Mittelpunkt ihrer Darlegungen, auch wenn sie sich durchaus darüber im Klaren ist, dass es ein Wachstum als ständig zunehmender Materialdurchsatz nicht weiter geben kann. Der Schleier der Verleugnung der monetären Dimension ist anscheinend erst vor Kurzem in zwei Nachhaltigkeitsstudien beseitigt worden, denen eine breite Leserschaft beschieden war: Charles Eisenstein: *Sacred Economics: Money, Gift, and Society in the Age of Transition*, Berkeley 2011, und Richard Heinberg: *The End of Growth: Adapting to Our New Economic Reality*, Gabriola Island 2011– Eisenstein widmet ein ganzes Kapitel nichtmonopolistischen, nicht auf Schuldengeld basierenden Alternativen, während Heinberg in einem Abschnitt mit der Überschrift »Post-Growth Money« auf eine strukturelle Reform hin zu nichtmonopolistischem Nicht-Schuldengeld ausdrücklich verweist und sie positiv darstellt.

dentlichen Wohlstand gehalten hätten. Das sind gewaltige Leistungen, die ungeachtet ihrer Nachteile anerkannt und respektiert werden sollten.

Aber wie sieht die andere Seite dieser Bilanz aus? Wie wirkt sich die derzeitige Architektur von Geld, Banken und Finanzmärkten auf die Nachhaltigkeit aus? Wir befassen uns hier nicht mit den offenkundigen Folgen politischer Entscheidungen – wie die Gestaltung der Politik in der Dritten Welt durch den IWF[41] –, sondern vielmehr mit den Auswirkungen, die systematisch aus der Architektur des Währungs- und Finanzsystems selbst erfolgen.

Das Paradigma der »dienenden Funktion«: Geld als harmloser Mittler

Der vorherrschenden Anschauung der Ökonomie zufolge ist das Währungs- und Finanzsystem bloß ein Koordinierungsmechanismus. Es hat eine dienende Funktion, die die »reale« Wirtschaft dort unterstützt, wo physische Güter und Dienstleistungen produziert und ausgetauscht werden. Man unterstellt somit, dass Geld eine vergleichbare Rolle wie ein Schmiermittel für einen Motor spielt – ein Hilfsmittel, das den Motor glatt laufen lässt, ohne ihn zu verändern.

Alle ökonomischen Denkschulen sehen die monopolistische Schaffung und Verbreitung einer einzigen Währung als gegeben an. Sie wird genauso wenig infrage gestellt wie die Tatsache, dass sich ein Mond um den Planeten Erde dreht. Allgemein wird angenommen, dass alle fortgeschrittenen Zivilisationen eine monopolistische, zentral ausgegebene Fiatwährung verwenden, weil dies am effizientesten sei. Daher erkennt die überwältigende Mehrheit der Wirtschaftswissenschaftler nicht, wie notwendig es ist, den

41 Über den »Washington Consensus« und seine gut belegten schädlichen Folgen siehe z.B. Joseph Stiglitz: *Globalization and Its Discontents*, New York 2002 (dt.: *Die Schatten der Globalisierung*, München 2004).

derzeit etablierten monetären *modus operandi* in Frage zu stellen – egal, ob sie der klassischen, neoklassischen, österreichischen, keynesianischen oder neoliberalen Schule angehören, egal, ob sie »chartalistische« Post-Keynesianer oder an der Komplexität orientierte »Emergentisten« sind. Diese Vorstellung umfasst sogar das marxistische Paradigma: Auch das sowjetische System setzte das Monopol einer einzigen Währung durch, die durch Bankschulden geschaffen wurde. Der einzige signifikante Unterschied besteht darin, dass die Banken im sowjetischen System dem Staat gehörten, während in kapitalistischen Gesellschaften Banken traditionell in Privatbesitz sind. Selbst Anhänger der Ökologischen Ökonomie, wie sie in diesem Bericht befürwortet wird, sind sich häufig nicht bewusst, von welch zentraler Bedeutung die Annahme einer einzigen, auf Bankschulden basierenden Allzweckwährung ist.[42]

Warum vertreten praktisch alle ökonomischen Paradigmen die Hypothese, dass eine Volkswirtschaft nur durch das Monopol einer einzigen Währungsart funktionieren kann? Und warum ist dies sogar in einer globalisierten Welt so, wie wir sie seit Mitte der 1970er-Jahre erleben? Diese nicht hinterfragte Hypothese führt im Hinblick auf Geld zu einem beträchtlichen »blinden Fleck«.

Der monetäre »blinde Fleck«

Wo der Sehnerv ins Auge eintritt, besitzt das menschliche Auge einen physiologischen blinden Fleck, einen Bereich, den die Sehkraft nicht erfasst. An einem vergleichbaren blinden Fleck scheint die Menschheit zu leiden, wenn es um die Frage geht, wie Geld in die Wirtschaft und in das Gesellschaftssystem gelangt. Dieses Phänomen weist mindestens drei historische Schichten auf, nämlich

---

42 Leser, die sich für eine detailliertere Darstellung verschiedener Paradigmen und einiger ihrer Folgen interessieren, seien auf Anhang C bei www.money-sustainability.net verwiesen.

- ein patriarchalisches geschlossenes Wertesystem,
- den ideologischen Krieg zwischen Kapitalisten und Kommunisten,
- einen institutionalisierten Status quo.

Wenn wir diesen »blinden Fleck« untersuchen, wollen wir diese drei Schichten ermitteln, aber nicht kritisieren. Sie sind keine »natürlichen« oder »objektiven« Darstellungen einer gegebenen Wirklichkeit, sondern Teile spezifischer Paradigmen. Die mit dem monopolistischen Geld verbundenen Annahmen und spezifischen Weltanschauungen sind tief in unserem Denken verankert und führen zu dieser partiellen Blindheit. Doch wie alle paradigmatischen Möglichkeiten sind diese Annahmen und Weltanschauungen keine Naturgesetze: Wir haben sie uns ausgedacht, und daher können wir sie auch ändern.

Das patriarchalische geschlossene Wertesystem

Patriarchalische Gesellschaften neigen stets dazu, eine einzige monopolistische, hierarchisch ausgegebene Währung durchzusetzen, die auf natürliche oder künstliche Weise knapp gehalten wird und mit positiven Zinssätzen verbunden ist. So war es in Sumer und Babylonien, in Griechenland und im Römischen Reich ebenso wie seit der Renaissance in westlichen Gesellschaften. Die Form dieser Währungen ist äußerst vielfältig – von standardisierten Rohstoffen, natürlichen Objekten wie Muscheln, Edelmetallen bis zu Papier oder elektronischen Bits. Aber drei wesentliche Eigenschaften haben sie miteinander gemeinsam: In allen Fällen wird nur *diese* spezifische Währung für die *Bezahlung von Steuern* akzeptiert, die Währung kann gespeichert und angehäuft, das heißt *gehortet* werden, und mit dem Leihen solcher Währungen ist die *Bezahlung von Zinsen* verbunden.

Matrifokale Gesellschaften hingegen neigen dazu, ein duales Geldsystem zu verwenden. Eine Währung wurde für den Fernhandel mit fremden und unbekannten Völkern genutzt – das war gewöhnlich eine Währung der patriarchalischen Gesellschaft wie Edelmetalle. Die zweite Währungsart diente als Zahlungsmittel innerhalb der eigenen lokalen Gemeinschaft. Diese zweite Währung wurde gewöhnlich vor Ort von ihren Benutzern geschaffen. Sie wurde in ausreichenden Mengen ausgegeben, damit sie nicht künstlich knapp gehalten werden konnte, und sie brachte keine Zinsen ein. In den kompliziertesten Fällen wurde auf diese zweite Währung sogar eine Lagergebühr (»Demurrage«) erhoben, also ein negativer Zins, der von einer Anhäufung abhielt. Kurz gesagt, diese andere Währung diente als *reines Zahlungsmittel* und nicht als Wertspeicher. Dies galt für die auf Weizen basierenden Währungen, die es über ein Jahrtausend lang im alten Ägypten und fast drei Jahrhunderte lang im Westeuropa des Hochmittelalters (10. bis 13. Jahrhundert) gab. Durch sie lässt sich am besten der Reichtum dieser alten Gesellschaften erklären.[43]

Matrifokale Gesellschaften dürfen nicht mit »matriarchalischen« verwechselt werden. Es gibt keine Belege dafür, dass echte matriarchalische Gesellschaften je existiert haben. Auf der extremsten Ebene in einer patriarchalischen Gesellschaft waren Frauen auf die Fortpflanzung beschränkt. Das würde umgekehrt in einer rein matriarchalischen Gesellschaft für Männer gelten. So soll es angeblich bei den Amazonen gewesen sein. Doch die Amazonen existierten nur in der Fantasie der Griechen, denn bislang gibt es für sie keinerlei historische oder archäologische Belege. Gut belegt hingegen ist, dass fortgeschrittene matrifokale Gesellschaften, in denen weibliche Werte geachtet wurden, in verschie-

43 Siehe Friedrich Preisigke: *Girowesen im griechischen Ägypten: Enthaltend Korngiro, Geldgiro, Girobanknotariat mit Einschluss des Archivwesens. Ein Beitrag zur Geschichte des Verwaltungsdienstes im Altertume*, Straßburg 1910; Nachdruck Hildesheim, New York 1971, und Bernard Lietaer: *Mysterium Geld: Emotionale Bedeutung und Wirkungsweise eines Tabus*, München 2000, und *Au Cœur de la Monnaie*, Paris 2011.

denen Teilen der Welt existiert haben, wenn auch weniger häufig als patriarchalische Gesellschaften.

Am leichtesten lassen sich beide Gesellschaftsformen anhand ihrer Vorstellung vom Göttlichen unterscheiden. In einer matrifokalen Gesellschaft spielt die wichtigste Rolle eine Göttin oder ein Pantheon voller Göttinnen, die »Mitschöpferinnen« oder gar »Erlöserinnen« sind. In patriarchalischen Gesellschaften hingegen spielt diese Rolle stets ein männlicher Gott, und in monotheistischen Religionen spielt ein einziger männlicher Gott alle göttlichen Rollen. Beispiele einer matrifokalen Gesellschaft sind das alte Ägypten, in dem Isis die Erlöserin war, sowie Westeuropa im 10. bis 13. Jahrhundert, der Blütezeit der »Minne«, der höfischen Liebe. Diese Zeit wurde auch das »Zeitalter der Kathedralen« genannt, und diese Kirchenbauten wurden meist »Unserer Lieben Frau«, also Maria, der Mutter Jesu, geweiht. Es ist kein Zufall, dass in diesen Gesellschaften ein duales Geldsystem vorherrschte.[44]

Der ideologische Krieg zwischen Kapitalismus und Kommunismus

Jünger ist die zweite historische Schicht dieses »blinden Flecks«. Während des 20. Jahrhunderts herrschte jahrzehntelang weltweit ein erbitterter ideologischer Krieg zwischen Kommunismus und Kapitalismus. Er wirkte sich auf alle sozialen und politischen Wissenschaften aus, auch auf die Ökonomie mit ihren verschiedenen Denkschulen und besonderen Anschauungen hinsichtlich der jeweiligen Ideologie (s. Abb. 2.4). Die heftigen Debatten zwischen den verschiedenen ökonomischen Denkschulen führten zur Veröffentlichung Tausender von Büchern, die die geringfügigsten Unterschiede zwischen den vielfältigen Ideologien sowohl innerhalb wie quer durch alle »Lager« beschrieben.

44 Umfassende Belege für diese Behauptungen finden sich bei Bernard Lietaer: *Mysterium Geld*. Siehe auch Bernard Lietaer und Stephen Belgin: *New Money for a New World*, Boulder 2011, auch auf www.newmoneyforanewworld.com verfügbar.

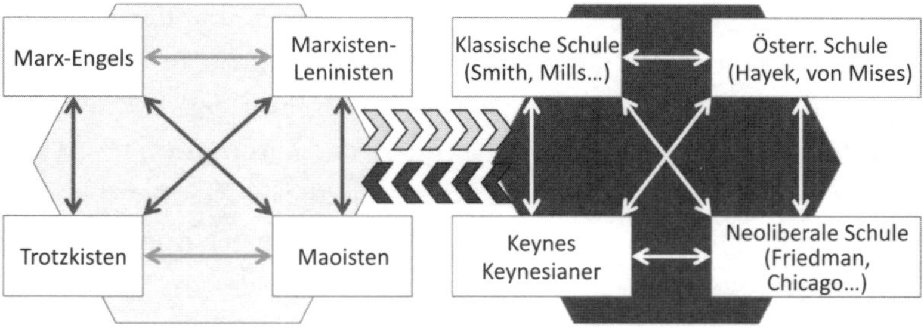

Abb. 2.4: *Ideologische Polarisierung zwischen Kommunismus und Kapitalismus*

Was all diese Ideologien indes gemeinsam haben, wird fast völlig übersehen: Alle halten das Monopol einer zentralisierten Währung für selbstverständlich. Vielleicht, weil Kommunismus und Kapitalismus in einer Zeit aufkamen, als patriarchalische Ideologien dominierten und zwei unterschiedliche und rivalisierende Möglichkeiten hervorbrachten, ein Industriezeitalter zu organisieren? Sie stritten nicht etwa darum, ob monopolistisches Geld und materielles Wachstum von Nutzen seien, sondern vielmehr darum, welche organisatorischen Prinzipien, sozialen Mechanismen und politischen Maßnahmen für den Aufbau einer effizienten industriellen Wachstumswirtschaft am angemessensten seien. Der gemeinsame monetäre Aspekt der beiden miteinander konkurrierenden Ideologien hingegen geriet aus dem Blickfeld, und diese ideologische Teilung verstärkte erheblich den monetären »blinden Fleck«.

Ein institutionalisierter Status quo

Irgendwann während des 18. und 19. Jahrhunderts wurde die Verwendung einer einzigen Währung, die durch Bankschulden ausgegeben wurde, institutionalisiert. Diese Institutionalisierung erzeugte die dritte historische Schicht des »blinden Flecks«. Diese Rolle wird heute noch immer von Zentralbanken in jedem Land und/oder in jeder Währungsunion gespielt. Nach der zweiten Konferenz von Den Haag wurde 1930 die Bank für Internationalen Zahlungsausgleich (BIZ) gegründet, und mit den Beschlüssen von Bretton Woods 1944 entstanden der Internationale Währungsfonds (IWF) und die Weltbank. In jüngerer Zeit hat der Vertrag von Amsterdam von 1998 zur Errichtung der Europäischen Zentralbank geführt.

Während diese Institutionen offensichtlich wichtige und nützliche Aufgaben zur Bewahrung der Geschlossenheit des Systems ausüben, sind sie zugleich zu Hütern der monetären Orthodoxie geworden, die heutzutage fast überall regiert. Und diese Orthodoxie formt auch die akademische Elite. Ist es beispielsweise Zufall, dass keiner der bislang 69 Nobelpreisträger für Wirtschaftswissenschaften das vorherrschende monetäre Paradigma in Frage gestellt hat? Gerade mal zwei Nobelpreisträger schlugen schließlich doch monetäre Reformen vor, aber erst, *nachdem* sie den Preis erhalten hatten. Der eine war Friedrich von Hayek, der die Privatisierung der Emission von Geld befürwortete (allerdings noch innerhalb des Bankensektors); der andere war Maurice Allais mit seiner scharfen Kritik an der Mindestreserve, die er mit Falschgeld verglich.

Der »Nobelpreis für Wirtschaftswissenschaften«, wie er umgangssprachlich genannt wird, trägt den offiziellen Titel »Sveriges riksbanks pris i ekonomisk vetenskap till Alfred Nobels minne«, also »Von der schwedischen Reichsbank in Erinnerung an Alfred Nobel gestifteter Preis für Wirtschaftswissenschaften«. Dieser Preis wird ausgerechnet von einer Zentralbank finanziert, und zwar der ältesten existierenden Zentralbank, die heute auch Bank von Schweden heißt. Verstärkt dies etwa einige Voreingenommenheiten innerhalb der akademischen Elite? Peter Nobel, der Urgroßneffe von Alfred Nobel, ist offenbar dieser Ansicht.

»Im Unterschied zu den Nobelpreisen für Medizin, Chemie, Physik, Literatur und Frieden, die von Nobel in seinem Testament von 1896 geschaffen und erstmals 1901 verliehen wurden, wurde der Preis für Wirtschaftswissenschaften erst 1968 von der Schwedischen Reichsbank anlässlich ihres 300-jährigen Bestehens gestiftet und erstmals ein Jahr später verliehen. ›Nichts deutet darauf hin, dass er einen solchen Preis gewollt hätte‹, erklärt Peter Nobel. Im Laufe der Jahre ist der Preis für Wirtschaftswissenschaften dafür kritisiert worden, dass er kein ›echter‹ Nobelpreis sei, und 2010 fachte Peter Nobel in einem Zeitungsartikel die Debatte erneut an. ›Der Preis für Wirtschaftswissenschaften hat sich fest eingenistet und wird verliehen, als wäre er ein Nobelpreis. Aber er ist nichts weiter als ein PR-Coup von Wirtschaftsleuten, die ihren Ruf aufpolieren wollen‹, polterte Nobel.«[45]

Zentralbanken hängen nach wir vor an der Vorstellung, dass ein Monopol einer einzigen nationalen, auf Bankschulden basierenden Währung in jedem Land oder jeder Gruppe von Ländern durchgesetzt werden müsse – ungeachtet der schlechten Erfolgsbilanz wiederholter Banken- und Währungszusammenbrüche, die vom gewaltigen Kollaps von 2008 gekrönt wurde. Doch selbst ein derartiger Schock, der im Land der letzten Weltmacht, den USA, ausgelöst wurde, reicht offenbar nicht aus, den Glauben zu erschüttern, dass nur eine einzige Währung pro Land erforderlich sei. Wir können jedoch mit hundertprozentiger Sicherheit voraussagen, dass es erneut zu weiteren und noch größeren Crashes kommen wird – das ist nur eine Frage der Zeit. Im folgenden Kapitel untersuchen wir, was solche Crashes heutzutage in der Praxis bedeuten.

45 Siehe »Nobel Descendant Slams Economics Prize«, in: *The Local. Sweden's News in English*, 28. September 2010 (www.thelocal.se/2173/20050928/).

Kapitel 3
Die Instabilität der Währungen und der Banken

> »*Von all den vielen Möglichkeiten, das Bankenwesen zu organisieren, haben wir uns heute für die schlechteste entschieden. Ich glaube, es ist unvermeidlich, dies zu ändern. Die Frage ist nur, ob es uns gelingt, gedanklich zu einem besseren Ergebnis zu kommen, bevor die nächste Generation durch eine künftige und größere Krise Schaden erleidet.*«
> Sir Mervyn King, Gouverneur der Bank of England[46]

Das globale Geldsystem scheint auf Autopilot zu laufen. Vor allem aber verblassen neben dem gegenwärtigen globalen Devisenmarkt alle anderen Märkte der Geschichte. 2010 hatte sein Volumen routinemäßig den Gegenwert von vier Billionen US-Dollar erreicht – *an jedem Arbeitstag.*

Die Entstehung eines »Globalen Kasinos«

Die Realwirtschaft besteht aus Gütern und Dienstleistungen, die produziert und gehandelt werden. Spielen sich diese Tauschvorgänge auf internationaler Ebene ab, muss eine der Parteien die

46 Rede, gehalten am 25. Oktober 2010 in New York. Siehe: http://www.qfinance.com/finance-and-business-quotes/banking

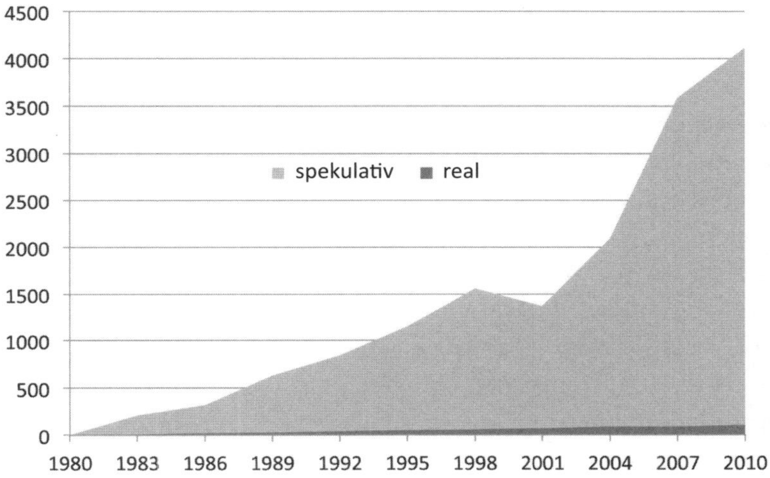

Abb. 3.1: *Das tägliche Volumen an Devisentransaktionen, über die die Bank für Internationalen Zahlungsausgleich (BIZ) im April jeden Jahres berichtet, im Vergleich zu Devisentransaktionen, die auf realwirtschaftlichen Transaktionen basieren (1980–2010). Der vorübergehende Knick im Jahr 2004 ist auf die Ablösung von zwölf europäischen Währungen durch den Euro zurückzuführen.*

entsprechende Währung umtauschen. Wenn zum Beispiel jemand ein Auto kauft, das von Großbritannien aus Japan importiert wurde, muss jemand entlang der Lieferkette die entsprechenden Pfund gegen Yen umtauschen. Von den vier Billionen US-Dollar der täglichen Devisentransaktionen sind nur um die zwei Prozent mit der Realwirtschaft verbunden – die übrigen 98 Prozent sind rein spekulativ. Eine spekulative Transaktion hat den einzigen Zweck, eine Fremdwährung zu kaufen oder zu verkaufen, um Geld an Wechselkursschwankungen zu verdienen. Um es mit der Metapher vom Schwanz, der mit dem Hund wackelt, zu veranschaulichen: Würde ein Hund zu 98 Prozent aus Schwanz bestehen, sodass nur noch zwei Prozent für den restlichen Körper blieben, dann stellen Sie sich mal vor, was mit dem Hund passieren würde, wenn sich der Schwanz bewegte …

Derartige Volumina spekulativer Währungstransaktionen sind mehr als tausendmal größer als die täglichen Handelsvolumina aller Börsen weltweit. Die Währungsspekulation eines Tages stellt einen höheren Wert dar als die *jährliche* Wirtschaftsleistung von Deutschland oder China.[47] Selbst diese Zahlen mögen noch untertrieben sein, wenn man bedenkt, dass Hedgefonds direkt miteinander handeln können, und diese Transaktionen werden nicht im Bericht der BIZ registriert. Eine andere Möglichkeit, die Größenordnung dieses Marktes zu messen, ist der Nominalbetrag der Währungsderivate, der von annähernd 100 Billionen US-Dollar Ende 2000 auf über 700 Billionen US-Dollar heute angestiegen ist. Währungsderivate stehen somit für fast das Neunfache des gesamten globalen jährlichen BIP![48]

Kurz, ein »globales Kasino« von einer bisher noch nie da gewesenen Größe ist mitten unter uns entstanden. John Maynard Keynes, einer der bedeutendsten Wirtschaftswissenschaftler des 20. Jahrhunderts, hat richtig erkannt, was dies für Folgen haben kann: »Spekulanten mögen als Luftblasen auf einem steten Strom des Unternehmertums keinen Schaden anrichten. Aber die Lage wird ernst, wenn das Unternehmertum die Luftblase auf einem Strudel der Spekulation wird. Wenn die Kapitalentwicklung eines Landes das Nebenerzeugnis der Tätigkeiten eines Spielkasinos wird, wird die Arbeit voraussichtlich schlecht getan werden.«[49]

Die einzige effektive Lösung, wenn eine Blase platzt und damit das Finanzsystem bedroht, besteht darin, in einer anderen Vermögensklasse eine neue Blase zu schaffen. Genau dies ist in den vergangenen Jahrzehnten wiederholt geschehen. Nachdem zum Beispiel

---

47 »The Global Currency Game is Exploding«, in: *The Wall Street Journal*, 26. September 2007, S. C1 und C3.

48 Das *CIA Factbook 2012* schätzt das globale BIP auf eine Kaufkraftparität von 78,98 Billionen US-Dollar.

49 John Maynard Keynes: Allgemeine Theorie der Beschäftigung, des Zinses und des Geldes, Übersetzung von Fritz Waeger, 11., erneuerte Auflage, Berlin 2009, S. 135 (1. Aufl. 1936).

Ende der 1990er-Jahre in den USA die »Dot-com-Blase« implodierte, wurde eine Immobilienblase geschaffen. Als die Immobilienblase 2007 platzte, starteten die folgenden quantitativen Entlastungsprogramme eine Marktblase. Die Folgen solcher Blasenstrategien hat schon Ludwig von Mises, einer der Gründer der österreichischen Schule der Ökonomie, auf den Punkt gebracht: »Es gibt kein Mittel, den endgültigen Zusammenbruch eines durch Kreditausweitung verursachten Booms zu vermeiden. Die Alternative ist nur, ob die Krise eher kommen sollte als Ergebnis einer freiwilligen Aufgabe einer weiteren Kredit-(Schuld)-Ausweitung, oder später als endgültige und totale Katastrophe des beteiligten Währungssystems.«[50]

Eine beängstigende Zeit für Banken

Die Folgen der Krise von 2007/2008 werden noch im nächsten Jahrzehnt zu spüren sein, und Dutzende von Untersuchungen über die »Ursachen« dieses Zusammenbruchs des Bankensystems sind bislang erschienen. Zu den gründlicheren Analysen zählt die offizielle Untersuchung der US Financial Crisis Inquiry Commission (FCIC).[51] Erwähnenswert ist auch Andrew Ross Sorkins *Too Big to Fail*, ein Krimi, der minutiös nacherzählt, wer mit wem über was während der entscheidenden Tage in New York sprach, als ein globaler Bankenzusammenbruch in letzter Minute abgewendet wurde.[52] Von den detaillierten Fallstudien für spezielle Banken oder Länder wäre hier die von Anton Valukas zu nennen, des gerichtlich eingesetzten Prüfers, der eine 2200 Seiten umfassende Analyse des Lehman-Bankrotts und des Versagens in Risikomanagement und Governance vorlegte.[53] Der Chef der irischen

50 Ludwig von Mises: *Nationalökonomie. Theorie des Handelns und Wirtschaftens, Düsseldorf 2002.*

51 *The Financial Crisis Inquiry Report: Final Report of the National Commission of the Financial and Economic Crisis in the United States*, 2011.

52 Andrew Ross Sorkin: *Too Big to Fail*, 2011 (dt.: *Die Unfehlbaren, München 2010*).

53 Anton R. Valukas: Lehman Brothes Inc. Kapitel 11 Proceedings Examiner's Report, 2010. Siehe http://www.lehmanreport.jenner.com/

Zentralbank Patrick Honohan ermittelte, wie sehr Irland finanziell und regulatorisch versagt hatte.[54] Die University of Iceland erstellte ein allgemeines Systemmodell, um die politischen, sozialen und ökonomischen Rückkopplungsschleifen zu erklären, die zum Zusammenbruch des isländischen Bankensystems geführt hatten. Dieses Modell lässt sich offenbar gleichermaßen auf die Wall Street und die Londoner Börse anwenden.[55]

All diese Berichte verweisen auf mindestens eine Ursache: die neuen Finanzprodukte, die über ein Jahrzehnt lang als Möglichkeiten begrüßt worden waren, die Risiken effizienter zu verteilen – die inzwischen berüchtigten Kreditausfall-Swaps (CDS) und »Derivate« generell.[56] Als die Transaktionen immer komplexer und undurchsichtiger wurden, wusste bald niemand mehr wirklich, wer bei diesen neuen Produkten welchem Risiko in welchem Ausmaß ausgesetzt war. Deshalb hörten die Großbanken auf, einander zu trauen, und der Interbankenmarkt wurde abrupt eingefroren. Das Gleiche geschah auch Anfang 2012, aber diesmal waren vorwiegend europäische Banken betroffen.

Während die oben erwähnten Analysen es uns ermöglichen, rückblickend zu verstehen, was passiert war, erklären sie uns nicht, wie wir solche Krisen in Zukunft vermeiden können. Politische Debatten befassen sich in erster Linie mit den »Auswüchsen« dieser jüngsten Finanzkrise. Sie neigen dazu, jede Krise als einzigartigen und isolierten Fall zu behandeln. Folglich verharren Empfehlungen im Rahmen der existierenden Währungsstruktur. Die

54 »Restoring Ireland's Credit by Reducing Uncertainty«. Anmerkungen von Patrick Honohan, Chef der Zentralbank von Irland, am Institute of International and European Affairs, Dublin, 7. Januar 2011. Siehe auch http://www.bis.org/review/r110107b.pdf

55 Máni Arnarson, Þorbjörn Kristjánsson, Atli Bjarnason, Harald Sverdrup und Kristín Vala Ragnarsdóttir: *Icelandic Economic Collapse: A Systems Analysis Perspective on Financial, Social and World System Links*, 2011. Siehe http://skemman.is/en/item/view/1946/9908.

56 Siehe z.B. Adrian Buckley: *Financial Crisis: Causes, Context and Consequences*, Harlow 2011, S. 74–88.

meisten Analysten sind sich nicht darüber im Klaren, dass man sich mit dem befassen muss, was alle Finanz- und Währungskrisen miteinander gemeinsam haben, und nicht mit den Unterschieden, will man die strukturellen Probleme ermitteln. Um es bildlich zu formulieren: Man muss den ganzen Wald betrachten und nicht jeden einzelnen Baum oder eine bestimmte Baumart.

So gilt beispielsweise die übermäßige öffentliche Verschuldung als *das* Problem in der derzeitigen Eurokrise. Der umfangreiche Einsatz von Derivaten während einer Immobilienblase in den USA wird als unmittelbare Ursache des Crashs von 2008 angesehen. Die starre Verbindung zwischen der nationalen Währung und dem US-Dollar wurde als unmittelbare Ursache des Zusammenbruchs des Pesos 2001 in Argentinien ermittelt. Der Crash in Asien von 1999, der ein Dutzend Länder erfasste, wurde der »Filzokratie« zugeschrieben. Während derartige unmittelbare Faktoren durchaus als Auslöser fungieren können, werden damit niemals die strukturellen Ursachen sichtbar. Selbst wenn verschiedene Zusammenbrüche gemeinsam analysiert werden, ordnet man sie gewöhnlich spezifischen Kategorien zu: »Bankenkrisen«, »Währungskrisen«, »Staatsschuldenkrisen« und so weiter. Jede Kategorie wird sodann analysiert, um die gemeinsamen Ursachen zu verstehen, die man damit verbindet – doch die tieferen strukturellen Probleme werden im Allgemeinen noch immer vernachlässigt. Oder um es mit einer anderen Metapher auszudrücken: Bei einem Kartenhaus können verschiedene Auslöser unterschiedliche Kategorien von Einstürzen herbeiführen. Dabei käme es doch in Wahrheit darauf an, die strukturelle Instabilität des Kartenhauses selbst zu erkennen.

Aus der Situation in den 1930er-Jahren haben die Regierungen eines gelernt: Lässt man das Bankensystem zusammenbrechen, wird auch die übrige Wirtschaft kollabieren. Anhand der gegenwärtigen Eurokrise lernen Regierungen vielleicht, dass sie es sich nicht länger leisten können, das Bankensystem zu retten. Die Finanzwelt selbst hat ihr Urteil längst gefällt: Die von der jüngsten Bankenkrise ausgelöste erhöhte öffentliche Schuldenlast hat dazu geführt, dass mehrere Staaten abrupt ihre Kreditwürdigkeit verloren haben. Wenn man sich entschieden innerhalb der Grenzen der Traditionellen Ökonomie bewegen will, dann lautet die einzig logische Lösung für Regierungen, und zwar auf allen Ebenen, die Etats in allen Bereichen zu kürzen, außer beim Schuldendienst, und alles zu privatisieren. Dies würde auch die Privatisierung der infrastrukturellen Vermögenswerte einschließen, die traditionell als normaler Staatsbesitz gelten. Das reicht von städtischen Parkuhren und Straßen bis zu Brücken, Tunnels und Autobahnen, Bildungseinrichtungen, staatlichen Verwaltungsgebäuden sowie Wasser- und Kanalisationssystemen. Zwar kann die Privatisierung einiger dieser Vermögenswerte für die breite Öffentlichkeit von Vorteil sein, doch der plötzliche und erzwungene »Ausverkauf« wichtiger Infrastrukturwerte, die über Jahrzehnte hinweg vom Geld der Steuerzahler aufgebaut wurden, führt wohl kaum zu fairen Preisen und vorteilhaften Ergebnissen für die Gesellschaft. Während dieser neue Privatisierungsprozess sich in den einzelnen Ländern in unterschiedlichen Stadien vollzieht, lässt sich der Gesamtmechanismus klar erkennen – insbesondere auf der Ebene der US-Staaten und -Städte, etwa in Florida, Illinois oder Kalifornien. Ähnliche Privatisierungen haben auch in Europa begonnen, am sichtbarsten in Großbritannien, Italien und Griechenland.

Um dieses Argument ausführlicher zu belegen, wollen wir nun die Systemkrisen als solche betrachten – ihre Häufigkeit, Art und geografische Verbreitung. Dann werden wir die Folgen einer Finanz- oder Währungskrise untersuchen. Schließlich werfen wir einen kritischen Blick auf die Privatisierung als Lösung innerhalb des gegenwärtigen und unserer Meinung nach defekten monetären Paradigmas.

Systemkrisen: Häufigkeit, Arten und geografische Verbreitung

Zunächst einmal gilt es zu klären, was mit Bank-, Staatsschulden- und Währungskrisen gemeint ist, ebenso wie mit den Phänomenen, die diese Krisen begleiten, wie die »Ansteckungsgefahr«. Zu einer *Bankenkrise*[57] kommt es, wenn eine Gruppe von Banken in einem Land gleichzeitig Bankrott macht und ein signifikantes staatliches Eingreifen erforderlich ist, um diese Banken zu verstaatlichen oder auf Kosten der Steuerzahler zu retten. Zu einer Staatsschuldenkrise[58] kommt es, wenn nach Einschätzung der Finanzmärkte ein Land oder eine Gruppe von Ländern im Hinblick auf ihre Staatsschulden in Zahlungsverzug geraten kann. Nach den derzeitigen europäischen Vorschriften müssen Staaten das

57 Hier die IWF-Definition: »In einer systemischen Bankenkrise erleben die Unternehmens- und Finanzsektoren eines Landes zahlreiche Fälle von Zahlungsverzug, und Finanzinstitutionen und Unternehmen haben große Schwierigkeiten, ihren Zahlungsverpflichtungen rechtzeitig nachzukommen. Infolgedessen nehmen notleidende Kredite stark zu, und das Gesamtkapital des Bankensystems ist ganz oder größtenteils erschöpft. Diese Situation kann von schwachen Anlagenpreisen (wie Aktien- und Immobilienpreisen) unmittelbar nach Preisanstiegen vor der Krise, starken Realzinszuwächsen und einer Verlangsamung oder Umkehr der Kapitalströme begleitet sein. In manchen Fällen kann die Krise von einem Ansturm der Anleger auf die Banken ausgelöst werden, obwohl es in den meisten Fällen eine allgemeine Einsicht ist, dass systemisch wichtige Finanzinstitute in Not geraten sind ..., wobei wir hier Notfälle im Bankensystem ausschließen, die isolierte Banken betrafen, aber nicht systemischer Natur waren. Um den zeitlichen Verlauf jeder Krise abzugleichen, untersuchen wir, ob das Krisenjahr mit einem Ansturm der Anleger, dem Einfrieren einer Anlage oder Pauschalgarantie, einer umfassenden Liquiditätsversorgung oder Bankeninterventionen zusammenfällt. Auf diese Weise können wir etwa zwei Drittel der Krisendaten bestätigen. Alternativ muss es für uns offenkundig werden, dass das Bankensystem einen großen Anteil an notleidenden Krediten hat und dass sein Kapital größtenteils erschöpft ist.« (http://www.imf.org/external/pubs/ft/wp/2008/wp08224.pdf, S. 5)

58 Hier die Definition des IWF: »Wir ermitteln und datieren Fälle von Zahlungsverzug bei Staatsschulden und Umschuldung anhand der Informationen von Beim und Calomiris (2001), der Weltbank (2002), Sturzenegger und Zettelmeyer (2006) sowie der Berichte von IMF-Mitarbeitern. Die gesammelten Informationen umfassen das Jahr des staatlichen Zahlungsverzugs bei Privatanleihen und das Jahr der Umschuldung. Mit Hilfe dieser Methode ermitteln wir 63 Fälle von Zahlungsverzug bei Staatsschulden und Umschuldung seit 1970.« (http://www.imf.org/external/pubs/ft/wp/2008/wp08224.pdf, S. 6). Mehr dazu bei Federico Sturzenegger und Jeromin Zettelmeyer: *Debt Defaults and Lessons from a Decade of Crises*, Cambridge, Mass, 2006, Tabelle 1 im 1. Kapitel.

Geld, das sie benötigen, entweder durch höhere Steuern einholen oder indem sie sich mehr vom Bankensystem leihen. Staatsschulden sind letztlich nur durch den Glauben an die Fähigkeit eines Staates abgesichert, seinen Bürgern die Steuern aufzuerlegen, die erforderlich sind, um diese Schulden zu bedienen.

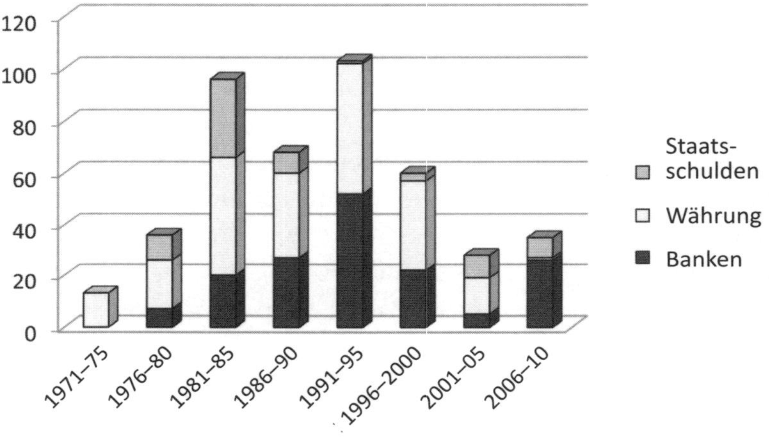

Abb. 3.2: Anzahl der Systemkrisen nach ihren Arten – Staatsschulden-, Währungs- und Bankenkrisen (1970–2010).[59]

Zu einer monetären oder Währungskrise[60] kommt es, wenn die Währung eines Landes plötzlich einen erheblichen Wertverlust in

59 Quellen: Weltbank, IWF. Grafik von Michelle Bishop anhand der IWF-Definitionen und der Daten von Gerard Caprio und Daniela Klingebiel (1996), J. Frankel und A. Rose (1996), Grazeila L. Kaminsky und Carmen M. Reinhart (1999) sowie – für die Daten nach 2006 – von Luc Laevan und Fabian Valencis (2010).

60 Die detaillierte Definition einer Währungskrise durch den IWF lautet: »Eine nominale Abwertung der Währung um mindestens 30 Prozent, die zugleich auch eine mindestens zehnprozentige Zunahme der Abwertungsrate des Vorjahres ist. Um die Wechselkursabwertung zu bemessen, verwenden wir die prozentuale Veränderung gegenüber dem Ende des Berechnungszeitraums beim offiziellen nominalen bilateralen Dollarwechselkurs von der IWF-Datenbank zum World Economic Outlook (WEO). Für Länder, die die Kriterien mehrere Jahre hintereinander erfüllen, verwenden wir das erste Jahr jedes Fünfjahreszeitraums, um die Krise zu ermitteln. Nach dieser Definition ergeben sich 208 Währungskrisen während des Zeitraums von 1970 bis 2007. Man beachte, dass diese Liste auch große Abwertungen von Ländern enthält, die feste Wechselkurse eingeführt haben.« (http://www.imf.org/external/pubs/ft/wp/2008/wp08224.pdf, S. 6).

Relation zu anderen Währungen erleidet. Um die genannten Arten von Krisen unter einem Oberbegriff zusammenzufassen, definieren wir als *Systemkrise* jede größere Störung, die entweder mit einer Staatsschuldenkrise, einer Währungskrise und/oder einer Bankenkrise oder einer Kombination aus diesen drei Krisen einhergeht.

Ein *Ansteckungseffekt* ist per definitionem »die Ausbreitung von Marktstörungen, meist bei Kursverlusten, von einem Land zu anderen Ländern, ein Prozess, der sich bei gleichzeitigen Bewegungen von Wechselkursen, Aktienpreisen, Kursdifferenzen von Staatsanleihen und Kapitalflüssen beobachten lässt«.[61] Kurzum, es ist möglich, dass eine Krise in einem Land eine Krise in einem nicht damit zusammenhängenden anderen Land auslöst, ungeachtet der Unterschiede in den ökonomischen Grundlagen. Der »Tequila-Effekt« der mexikanischen Krise in den 1980er-Jahren auf das übrige Lateinamerika war das erste weitreichende Beispiel. Die Südostasien-Krise der 1990er-Jahre war ein weiteres spektakuläres Beispiel für eine ansteckende Krise über Ländergrenzen hinweg.

Der Ansteckungseffekt ist ein klares Symptom dafür, dass diese Krisen struktureller Natur sind. Selbst Länder oder Institutionen, die nach der monetären Orthodoxie alles »richtig« machen, können ohne große Vorwarnung in abgrundtiefe Schwierigkeiten geraten. Ein weiteres Zeichen für die strukturelle Natur dieser Krisen ist ihre periodische Wiederkehr, ungeachtet der Größe oder des Entwicklungsniveaus der betroffenen Länder.

Die wechselseitige Verbundenheit dieser verschiedenen Krisenarten rechtfertigt es überdies, dass man sich einmal genau ansieht, was sie *in systemischer Hinsicht* miteinander gemeinsam haben. Vermag man beispielsweise hinter die Kulissen zu blicken, wenn

---

61 Rüdiger Dornbusch, Yung Chul Park und Stijn Claessens: »Contagion: How It Spreads and How It Can Be Stopped«, in: *World Bank Research Observer*, Bd. 15, Ausgabe 2 (August 2000), S. 177–197.

ein »Land« aus einer Finanzkatastrophe errettet wird, dann stellt man fest, dass in Wirklichkeit das Bankensystem eines anderen Landes gerettet wird. Beim umfangreichen Hilfsangebot der EU für Griechenland 2010/11 ging es somit weniger um europäische Solidarität, sondern um deutsche und französische Banken, die die größten Inhaber griechischer Staatsanleihen waren. Diese Banken müssten nämlich gerettet werden, wenn der griechische Staat nicht für seine Anleihen geradestehen würde.[62] Das steckt tatsächlich hinter vielen historischen »Rettungsschirmen für Länder«, etwa als Mexiko 1981 und erneut 1994 »gerettet« wurde. In Wirklichkeit ging es in beiden Fälle darum, eine Bankenkrise an der Wall Street zu vermeiden.

Überdies kann das Etikett »Staatsschuldenkrise« die direkten Folgen einer früheren Bankenkrise verbergen. So bezeichnet man beispielsweise gegenwärtig die irische Krise von 2011 als Staatsschuldenkrise. Tatsächlich ist dies einfach die automatische Konsequenz von Irlands Rettung seines Bankensystems im Jahr 2008.

Laut den in Abb. 3.2 zusammengefassten IWF-Daten gab es zwischen 1970 und 2010 145 Bankenkrisen, 208 Währungscrashes und 72 Staatsschuldenkrisen – insgesamt also 425 Systemkrisen, wobei im Durchschnitt pro Jahr über zehn Länder in Schwierigkeiten gerieten! Diese Krisen betrafen mehr als drei Viertel der 180 IWF-Mitgliedsstaaten, viele davon gleich mehrere Male. Die Abnahme der Anzahl an Krisen seit 2000, wie dies aus Abb. 3.2 hervorgeht, bereitet jedoch wenig Trost. Zwar sind weniger Länder von einer Krise betroffen, es handelt sich nun jedoch um größere Volkswirtschaften. Die 23 Länder, die in den Bankencrash von 2007/08 verwickelt waren – darunter die USA, Großbritannien und Deutschland –, stehen für annähernd die Hälfte von Nachfrage und Produktion weltweit.

62 Siehe http://www.nytimes.com/2010/04/24/business/global/24drachma.html

Würde ein Auto, ein Flugzeug oder eine Organisation eine derartige »Erfolgsbilanz“ vorweisen, würde man dann nicht allseits lauthals fordern, die Konstrukteure ans Zeichenbrett zurückzuschicken? Überdies ist die Zahl der Opfer eines defekten Autos, Flugzeugs oder einer erfolglosen Organisation geradezu unbedeutend im Vergleich mit der Anzahl der Opfer einer systemischen Finanz- oder Währungskrise, die in die Millionen geht, ja, zuweilen gar Hunderte von Millionen. Dennoch haben im Fall des Geldsystems die verantwortlichen Organisationen (wie Banken, Zentralbanken oder der IWF) nicht nur dabei versagt, die Zusammenbrüche vorherzusehen oder effektiv zu bewältigen, sondern sie haben auch niemals eine Alternative zum systemischen Status quo in Betracht gezogen. Immer wieder wollen sie nur so rasch wie möglich zur »Normalität« zurückkehren, ohne irgendwelche einschneidenden Veränderungen an der Struktur des Systems vorzunehmen. Während man offiziell feststellt, dass Veränderungen an der »internationalen Finanzarchitektur vielleicht notwendig wären, um diese Risiken zu verringern«[63], ist in Wirklichkeit keine dieser »architektonischen« Veränderungen vorgenommen worden. Damit werden in Zukunft garantiert weitere Krisen folgen.

Was bedeutet nun eigentlich eine dieser Krisen auf der praktischen Ebene?

Die Auswirkungen auf die Arbeitslosigkeit

Generell ist man sich bewusst, dass diese Krisen sich auf den Arbeitsmarkt schädlich auswirken. Ungeachtet aller Förderungsprogramme ist die Zahl der Arbeitslosen seit März 2008 sowohl in der Eurozone als auch in der gesamten EU erheblich angestiegen. Ende 2011 nahm die Zahl der Arbeitslosen in der Eurozone um 4,4 Millionen auf insgesamt 16 Millionen oder auf eine saisonal bereinig-

63 George Kaufman: »Banking and Currency Crises and Systemic Risk: Lessons From Recent Events«, in: *Economic Perspectives: A Review from the Federal Reserve Bank of Chicago*, Nr. 3 (2000), S. 1.

te Arbeitslosenrate von 9,9 Prozent zu. Im selben Zeitraum stieg die Zahl der Arbeitslosen in der gesamten EU um 6,9 Millionen auf 23,051 Millionen (oder 9,6 Prozent).[64] In den USA verdoppelte sich in etwa die Arbeitslosenquote zwischen 2007 und 2010, im Dezember 2011 waren 13,3 Millionen Menschen arbeitslos.

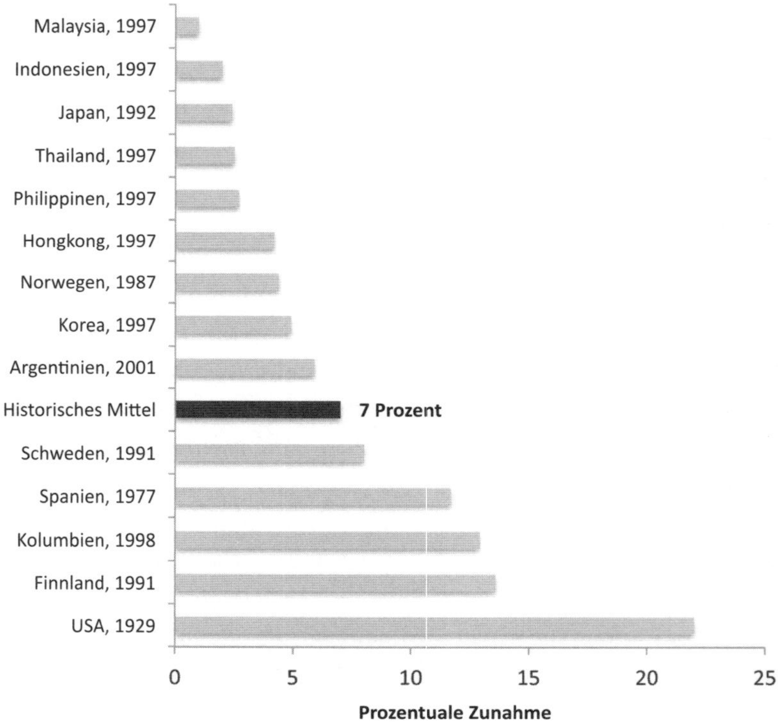

Abb. 3.3: *Prozentuale Zunahme der Arbeitslosigkeit bei ausgewählten Krisen.*[65] *Für jede Bankenkrise wird das jeweilige Land sowie das erste Jahr der Krise angegeben.*

---

64 Eurostat (http://epp.eurostat.ec.europa.eu/statistics_explained/index.php/Impact_of_the_economic_ crisis_on_unemployment) und http://epp.eurostat.ec.europa.eu/statistics_explained/index.php/ Unemployment_statistics.)

65 Carmen M. Reinhart und Kenneth S. Rogoff: »The Aftermath of Financial Crises«, in: *American Economic Review*, Bd. 99 (Mai 2009)), S. 466–472. Aufgrund beschränkter Daten sind nur größere (systemische) Bankenkrisen erfasst. Der historische Durchschnitt des Berichtszeitraums bezieht sich nicht auf laufende Krisen.

Jeder Rückgang der Arbeitslosenzahlen wird als »Ende der Krise« gefeiert. Die Erfahrungen in der Geschichte zeigen jedoch, dass es im Durchschnitt 4,8 Jahre dauern kann, bis sich eine Bankenkrise voll auf die Arbeitslosigkeit auswirkt – und es kann dann bis zu elf Jahre anhalten (s. Abb. 3.3). In Europa werden die laufenden Sparprogramme dafür sorgen, dass dieser Effekt erheblich länger als im Durchschnitt anhalten wird.

Die Kosten für den Einzelnen und die Gesellschaft

Die Folgen eines Währungs- und/oder Bankencrashs für Gesellschaft und Umwelt sind weitaus länger spürbar als die rein finanziellen Kosten. Eine Systemkrise wirkt sich nicht nur auf alle Aspekte der Wirtschaft aus, sondern führt auch zu sozialen und politischen Wirren, weil sie neben zunehmender Armut für jeden Einzelnen weitere Unsicherheiten mit sich bringt.

2010 berichtete das US Census Bureau, die Volkszählungsbehörde der USA, dass die Zahl der in Armut geratenen Amerikaner um vier Millionen auf insgesamt 44 Millionen angestiegen sei – jeder siebte Amerikaner also gilt als arm! Am steilsten war der Anstieg bei Kindern – hier war jedes fünfte Kind betroffen.[66] Da die Krise in Europa erst später als in den USA einsetzte, sind die Auswirkungen auf die Armut in Europa noch nicht umfassend dokumentiert.

Selbst Länder, die gegen die finanzielle Seite einer Krise theoretisch immun sind, werden am Ende von Arbeitslosigkeit und zunehmender Armut betroffen. So schätzt die Weltbank beispielsweise, dass die Auswirkungen der Krise von 2008 in Polen zu einer dreiprozentigen Zunahme der Zahl der Menschen führen wird, die in Armut leben. Auf den Philippinen und in Bangladesch werden weitere fünf Prozent, in Mexiko weitere acht Prozent der Bevölkerung verarmen.[67]

66 *The New York Times*, 16. September 2010.
67 Bilal Habib et. al. (2010); Anthony B. Atkinson und S. Morelli (2010).

Produktionsausfälle

Die ökonomischen Auswirkungen einer Krise werden allgemein anhand des »Produktionsausfalls« im BIP gemessen, des Unterschieds zwischen dem tatsächlichen BIP eines Landes und der Produktion, die dem langfristigen Trend vor der Krise zufolge zu erwarten gewesen wäre. Damit lässt sich indirekt abschätzen, inwieweit Unternehmen außerhalb des Finanzsektors im Land betroffen sind und in welchem Ausmaß der Außenhandel für andere Unternehmen mit diesem Land darunter leidet. Hier zwei neuere Analysen:

»Die ökonomischen Kosten der Krise von 2007/08 sind im Durchschnitt viel größer als die vergangener Krisen, und zwar sowohl im Hinblick auf Produktionsausfälle wie auf die Zunahme der öffentlichen Verschuldung. Der mittlere Produktionsausfall (der sich aus Abweichungen der tatsächlichen Produktion von ihrem Trend errechnet) beträgt 25 Prozent des BIP in den neueren Krisen, verglichen mit einem historischen Mittel von 20 Prozent des BIP, während die mittlere Zunahme der öffentlichen Verschuldung (im Laufe der drei Jahre nach dem Beginn der Krise) 24 Prozent des BIP in jüngeren Krisen beträgt, verglichen mit einem historischen Mittel von 16 Prozent des BIP.«[68]

»In Ländern, die gleichzeitig eine Banken- und eine Währungskrise erlebten, war der geschätzte Produktionsausfall auch erheblich größer, als wenn jede Krise separat aufgetreten wäre. Der durchschnittliche kumulative Produktionsausfall betrug 14,4 Prozent in den 32 gleichzeitigen Krisen und war damit zum ersten Mal in der Geschichte für Industrieländer größer als für Schwellenländer.«[69]

68 Bilal Habib et. al. (2010); Anthony B. Atkinson und S. Morelli (2010).
69 Bilal Habib et. al. (2010); Anthony B. Atkinson und S. Morelli (2010).

Transferkosten

Bei einer Bankenkrise stellt sich natürlich auch die Frage, wer letztlich dafür aufkommen muss. Historisch gesehen waren es immer die Steuerzahler, die die Rettung eines versagenden Bankensystems bezahlen mussten. Der IWF schätzt, dass die Transferzahlungen zur Stützung der Einlagensicherung bei Bankenkrisen in vielen Ländern mehr als zehn Prozent des BIP betrugen – in Argentinien, Thailand, Korea, Indonesien und Malaysia sogar mehr als 40 Prozent.

Die Größenordnung vergleichbarer Transferzahlungen in Währungskrisen von den Steuerzahlern an ausländische Kreditoren, einschließlich der Rückzahlung von Anleihen offizieller internationaler Institutionen, ist noch nicht ermittelt worden. Wir vermuten jedoch, dass sie in einer Reihe jüngerer Krisen ähnlich beachtlich gewesen sein müssen.

Derartige Krisen werden typischerweise von starken Wechselkursverlusten begleitet. Diese Abwertungen erhöhen direkt die Schuldenlast in ausländischer Währung für inländische Kreditnehmer und damit die Wahrscheinlichkeit, dass Staaten oder lokale Unternehmen in Zahlungsverzug für diese Schulden geraten. Dies wiederum läutet weitere Runden von Bankenproblemen ein. Da alle IWF-Daten auf staatlichen Statistiken der betroffenen Länder basieren, lässt sich darüber streiten, ob diese Daten ausreichen. Eine Ausnahme ist die Fallstudie des US-Bankencrashs von 2007/08.

Die realen Kosten der Rettung von US-Banken 2007/08

In den USA haben erfolgreiche juristische Manöver und Klagen die Bundesaufsicht der Banken und verschiedene andere Behörden gezwungen, Daten freizugeben, die sonst verborgen geblieben wären. Dank des noch nie da gewesenen Ausmaßes dieser »erzwungenen Transparenz« können wir nun die Bankenrettung von 2007/08 genauer untersuchen.

Wenn man von den Kosten der US-Bankenrettung spricht,

meint man meist die 700 Milliarden US-Dollar des Troubled Asset Relief Program (TARP), das während der letzten Monate der Bush-Administration durch den Kongress gewinkt worden war. Dieses Programm wurde vom US-Finanzministerium verwaltet. Als die Banken diese Mittel im Lauf der Zeit wieder zurückerstatteten, nahm die Gesamtmenge allmählich ab, sodass im Dezember 2010 die Gesamtkosten auf »nur 25 Milliarden US-Dollar« geschätzt wurden.[70] Im Blickpunkt der Öffentlichkeit stand in erster Linie dieses Programm. Doch Neil Barofsky, Special Inspector-General des TARP, erklärte den Abgeordneten: »Eine unzureichende Aufsicht und ungenügende Informationen darüber, was die Unternehmen mit dem [TARP-]Geld tun, macht das Programm anfällig für Betrug wie Interessenkonflikte von Fondsmanagern, geheime Absprachen zwischen Beteiligten …«[71]

Bernie Sanders, ein parteiunabhängiger Senator aus Vermont, schaffte es, einen Zusatz zum Wall Street Reform Act durchzubringen, der die US-Zentralbank zwang einzuräumen, dass sie zusätzliche 3,3 Billionen US-Dollar an Notanleihen und anderen Hilfsmitteln für die größten Finanzinstitute bewilligt hatte. Das Center for Media and Democracy fand heraus, dass neben dem TARP 34 weitere Programme dafür eingesetzt wurden, um den Immobilien- und Finanzsektor zu stützen.[72] Demnach bewilligten Schatzamt wie Zentralbank direkte Anleihen für Wall-Street-Unternehmen und Banken, erwarben faule Vermögenswerte und boten Garantien für die mit Hypotheken und mit hypothekengedeckten Wertpapieren handelnden Märkte durch staatliche Wohnungsvermittler. Nach den regierungseigenen Daten für diese 35 Programme betragen die gesamten Zahlungen für den Rettungsschirm tatsächlich 4,7 Billionen US-Dollar. Dies entspricht 30 Pro-

70 Siehe http://cbo.gov/doc.cfm?index=11980&zzz=41404 und http://www.reuters.com/article/2010/11/30/us-usa-tarp-estimate-idUSTRE6AS63W20101130.
71 Bilal Habib et. al. (2010); Anthony B. Atkinson und S. Morelli (2010).
72 Siehe http://www.sourcewatch.org/index.php?title=Total_Wall_Street_Bailout_Cost.

zent des BIP der USA und 130 Prozent des Bundesetats für das Haushaltsjahr 2009.

Die Wall-Street-Nachrichtenagentur Bloomberg zog vor Gericht, um die Regierung zur Herausgabe weiterer Daten zu zwingen. Nachdem sie ihre Recherchen im März 2009 abgeschlossen hatte, erklärte sie: »Die US-Regierung und die Zentralbank haben 12,8 Billionen US-Dollar ausgegeben, geliehen oder anvertraut, eine Summe, die etwa dem Wert von allem entspricht, was letztes Jahr im Land produziert worden ist. Umgerechnet sind das 42105 US-Dollar für jeden Mann, jede Frau und jedes Kind in den USA und das 14-Fache der 899,8 Milliarden US-Dollar, die als Währung in Umlauf sind. Das Bruttoinlandsprodukt des Landes betrug 2008 14,2 Billionen US-Dollar.«[73]

Die höchste Schätzung stammt von Nomi Prins, einer Ex-Wall-Street-Insiderin. Bevor Prins Journalistin wurde, arbeitete sie als Direktorin bei Goldman Sachs und leitete die internationale Analysegruppe bei Bear Stearns in London. Ihre Schätzung umfasst alle Arten von Hilfsgeldern und Garantien des US-Schatzamts und der Zentralbank. Sie fand heraus, dass es insgesamt fünfzig Programme waren, von denen mehrere bis dahin verheimlicht worden waren und die sich auf insgesamt 14,4 Billionen US-Dollar beliefen – eine Summe, die größer war als das gesamte BIP der USA für 2008.[74]

Die meisten Menschen haben Mühe, sich vorzustellen, was eine Milliarde Dollar darstellt, von einer Billion (= 1000 Milliarden) ganz zu schweigen. Um die Dinge ins rechte Licht zu rücken, sehen wir uns zunächst einmal die niedrigste dieser Schätzungen an, die 4,6 Billionen US-Dollar, die den öffentlich verfügbaren Daten zufolge ausgezahlt worden waren. Selbst diese Summe macht dies zu

73 Siehe http://www.bloomberg.com/apps/news?pid=newsarchive&sid=armOzfkwtCA4&refer=patrick.net.

74 Nomi Prins, *It Takes a Pillage: Behind the Bailouts, Bonuses, and Backroom Deals from Washington to Wall Street*, New York 2009).

einem der teuersten Programme, das je von einer Regierung finanziert worden ist. Dies ist mehr als die gesamten inflationsbereinigten Kosten, die der Zweite Weltkrieg den USA abverlangt hatte, nämlich 288 Milliarden US-Dollar, die sich heute inflationsbereinigt auf 3,6 Billionen Dollar belaufen würden. Diese 4,6 Billionen US-Dollar sind auch mehr als die inflationsbereinigten Kosten für den Ankauf von Louisiana, den New Deal, den Marshall-Plan, den Korea- und den Vietnamkrieg, das Savings-and-Loan-Debakel und das Gesamtbudget der NASA (einschließlich der Mondlandung) *zusammengenommen* – nämlich »bloß« 3,91 Billionen US-Dollar.[75] Und immerhin dauerte es zwei Jahrhunderte, bis diese Menge Geld für all diese Programme ausgegeben wurde, während für den Bankenrettungsschirm knapp zwei Jahre benötigt wurden.

In Ländern, in denen es keinen parteiunabhängigen Senator wie Bernie Sanders gibt, der die Offenlegung von Zentralbankdaten erzwingt, und keine Nachrichtenagentur wie Bloomberg, die in ihrem investigativen Eifer bis vor Gericht zieht, stehen solche gesicherten Daten nicht zur Verfügung. In der Eurozone und in Europa generell hat sich bislang niemand die Mühe gemacht, Daten zu erheben von den verschiedenen Programmen, die für alles bezahlen sollen, oder eine Schätzung der finanziellen Kollateralschäden vorzunehmen.

Die Zunahme der Staatsverschuldung

Im Lichte dessen, was gegenwärtig geschieht, sind die Auswirkungen der Bankenkrise auf die Staatsfinanzen geradezu eine Ironie des Schicksals. »Die mittlere Schuldenzunahme während der jüngeren Krisen beträgt 24 Prozent des BIP. Somit hat sich infolge der politischen Maßnahmen während der Krisen die öffentliche Schuldenlast signifikant erhöht.«[76]

75 Siehe http://www.ritholtz.com/blog/2008/11/big-bailouts-bigger-bucks/
76 Laevan und Valencia (2010), S. 4.

Man beachte, dass dieser Effekt völlig unabhängig von der Qualität der Politik irgendeiner Regierung vor oder während der Krise ist. Während man viel Aufhebens um Griechenland macht, wo auch Betrug im Spiel war, kann man der Regierung oder den Bürgern in Island, Irland, Lettland, Dänemark oder Spanien keine großen Vorwürfe machen, und all diese Länder erlebten einen plötzlichen Anstieg ihrer Staatsschulden, die zwischen 35 und 75 Prozent ihres BIP ausmachten. Und darin besteht nun die Ironie: Sobald die Regierungen diese großen Summen vom Finanzsystem leihen, um das System selbst vorm Bankrott zu retten, gelangt das Finanzsystem zu der Schlussfolgerung, dass die Regierungen nun überschuldet seien und »gemaßregelt« werden müssten.

	Direkte fiskalische Kosten	Zunahme der Mittelwerte der Staatsverschuldung (% des BIP)	Produktionsausfälle
Alte Krisen (1970–2006)			
Industriestaaten	3,7	36,2	32,9
Schwellenländer	11,5	12,7	29,4
Alle	10,0	16,3	19,5
Neue Krisen (2007–2009)			
Industriestaaten	5,9	25,1	24,8
Andere Staaten	4,8	23,9	4,7
Alle	4,9	23,9	24,5

Neue Krisen betreffen Belgien, Dänemark, Deutschland, Großbritannien, Irland, Island, Lettland, Luxemburg, Mongolei, Niederlande, Ukraine und USA.

Abb. 3.4: *Überblick über die Kosten der Bankenkrisen*[77]

77 Laevan und Valencia (2010), S. 24.

Abb. 3.4 vereint die verschiedenen Komponenten der Auswirkungen von Bankenkrisen auf die Staatsfinanzen. Die direkten fiskalischen Kosten der Rettung des Bankensystems werden zu den Produktionsausfällen addiert, die automatisch mit einem Absinken der Steuereinnahmen verbunden sind. Den Regierungen bleibt somit keine andere Wahl, als ihre Verschuldung zu vergrößern. Dies wiederum führt zur Abstufung der Kreditwürdigkeit der betroffenen Länder und verteuert ihre Schulden. Wohin wird all dies führen?

Die Staatsschuldenklemme

Der Zeitpunkt dieser plötzlichen Zunahme der Staatsverschuldung ist besonders unglücklich. Im gegenwärtigen Jahrzehnt müssen sich die OECD-Länder und ihre Regierungen mit nie da gewesenen Belastungen befassen, die sich nicht aufschieben lassen. Wie bereits in Kapitel 1 erwähnt, werden die beiden wichtigsten und voraussichtlichen Herausforderungen im nächsten Jahrzehnt der Übergang zu einer Energiewirtschaft der nichtfossilen Brennstoffe und die stark steigenden Anforderungen zur Rentenfinanzierung der geburtenstarken Jahrgänge sein.

Gegenwärtig ist man sich weitgehend darin einig, dass gewaltige Investitionen erforderlich sind, um die Worst-Case-Szenarien der globalen Erwärmung zu verhindern. Und einig ist man sich auch darin, dass eine starke Führung von Seiten staatlicher Gremien erforderlich ist, um einen derartigen Wandel herbeizuführen. Da der Privatsektor immer wieder finanzielle Anreize fordert, um die notwendigen Verpflichtungen einzugehen, bedarf es entweder entsprechender Subventionen oder Steuerabschläge. Nachdem die *Technology Review* des Massachusetts Institute of Technology (MIT) die Möglichkeiten für einen Durchbruch bei den gegenwärtigen Technologien für erneuerbare Energien aufgelistet hatte, gelangte sie zu der Schlussfolgerung:

»Keine [dieser Technologien] wäre ohne staatliche Unterstützung möglich gewesen. Obwohl einige alternative Energietechnologien schließlich Netzparität erreichen könnten, können heute allenfalls nur wenige ohne Subventionen bestehen, während sie an einer Verbesserung ihrer Kosten und ihrer Effizienz arbeiten. ›All die beliebten Energietechnologien – im Wesentlichen die erneuerbaren Energietechnologien und die vom Netz abhängigen Elektrofahrzeuge – sind auf gewaltige Subventionen angewiesen‹, erklärt David Victor vom UC San Diego, ›und niemand weiß eigentlich, wie es diesen Technologien in einer Welt der fiskalischen Sparmaßnahmen ergehen wird.‹«[78]

Eine Verschiebung des Übergangs auf eine Zeit, in der die Staatsfinanzen weniger belastet sind, ist jedenfalls keine Option: Über ein bestimmtes Niveau des CO_2-Gehalts der Atmosphäre und höhere Durchschnittstemperaturen hinaus riskieren wir wirklich einen unkontrollierbaren Klimawandel. Dies würde zu einem Anstieg des Meeresspiegels führen und damit rund ein Drittel der Menschheit zwingen, in höhere Regionen umzusiedeln. Wie in Kapitel 1 erwähnt, würde das Phänomen der »Dust-Bowlifikation« die Biosphäre stark schädigen. Die Menschheit spielt gerade russisches Roulette mit dem globalen Klima und mit der Biosphäre, während bahnbrechende Energielösungen durchaus möglich sind, wenn auch nur mit massiver staatlicher Unterstützung. Wie wollen wir es künftigen Generationen erklären, dass diese Unterstützung nicht erfolgte, weil wir nicht in der Lage waren, über den Tellerrand unserer monetären Arrangements hinaus zu denken, eines überkommenen Systems, dessen Hauptmerkmale jahrhundertealt sind?

Das zweite vordringliche Problem ist das bevorstehende Rentenalter der geburtenstarken Jahrgänge. Dann werden die staatli-

78 David Rotman: »Praying for Energy Miracle«, in: *Technology Review*, März/April 2011, S. 52.

chen Ausgaben für Renten, Pensionen und Gesundheitsfürsorge erheblich ansteigen – und zwar in allen OECD-Ländern. Diese noch nie da gewesene »Alterungswelle« wird die Wirtschaft und die Politik der Welt verändern. Ein Experte meint: »Die globale Alterung wird nicht nur das alles überragende ökonomische Problem des 21. Jahrhunderts werden, sondern ebenso das alles überragende politische Problem. Es wird die öffentliche Politik der Industrieländer dominieren und heimsuchen und Neuverhandlungen ihrer Gesellschaftsverträge erzwingen.«[79] Es gibt keine historischen Präzedenzfälle, die uns beim Umgang mit der Alterungswelle helfen könnten, und genau wie bei den Problemen des Klimawandels haben wir keine Chance, Zeit zu gewinnen: Alle betroffenen Menschen leben heute, und wenn man das Rentenalter hinausschiebt, verzögert man den Tag der Abrechnung nur um ein paar Jahre.

Welche Auswirkungen werden nun diese beiden beispiellosen Herausforderungen auf die Staatsverschuldung haben, wenn man davon ausgeht, dass man sich zwischen heute und 2020 so oder so mit ihr befassen muss?

Was den Klimawandel und die damit zusammenhängenden Probleme einer Energiewirtschaft der nichtfossilen Brennstoffe betrifft, gibt es noch keine Untersuchung der möglichen Auswirkungen auf die Staatsfinanzen. In Zusammenhang mit den Auswirkungen der Überalterung der Gesellschaft auf die Staatsverschuldung jedoch hat die BIZ eine gründliche Studie vorgelegt, die den Titel *The Future of Public Debt: Prospects and Implications* (dt.: *Die Zukunft der Staatsverschuldung: Aussichten und Folgen*) trägt.[80]

In ihrem Ausgangsszenario unterstellt die BIZ, dass die gesamten Staatseinkünfte und die nicht altersbezogenen Ausgaben wei-

79 Peter G. Petersen: »Gray Dawn: The Global Aging Crisis«, in: *Foreign Affairs,* Januar/Februar 1999, S. 43.
80 Cecchetti et al. (2010).

terhin einen konstanten Prozentsatz des BIP ausmachen werden und die Realzinssätze unverändert auf dem historisch niedrigen Durchschnittsniveau des Zeitraums von 1998 bis 2007 bleiben. Beide Hypothesen dürften sehr optimistisch sein. Gleichwohl steigt in diesem Ausgangsszenario im kommenden Jahrzehnt das Verhältnis von Schulden und BIP rapide an – auf über 300 Prozent des BIP in Japan, auf 200 Prozent in Großbritannien und auf 150 Prozent in Belgien, Frankreich, Griechenland, Irland, Italien und den USA. Langfristig gesehen gerät die Situation sogar noch mehr außer Kontrolle: Um 2040 reicht das projizierte Verhältnis von Schulden und BIP in all diesen Ländern zwischen 300 und 600 Prozent! Nicht anders steht es um den Anteil, den die Schuldzinszahlungen in jedem dieser Länder ausmachen: Von rund fünf Prozent heute steigt er in allen Fällen kontinuierlich auf über zehn Prozent und kann in Großbritannien bis auf 27 Prozent klettern. Bevor diese Projektionen Wirklichkeit werden, wird es natürlich einige grundlegende Veränderungen geben. In der Studie der BIZ heißt es dazu:

»Die fiskalischen Probleme, vor denen die Wirtschaft der Industriestaaten steht, sind größer, als es die offiziellen Schuldenzahlen nahelegen, die die Folgen der Finanzkrise und der Rezession für die Fiskalbilanzen ausweisen. So erschreckend der Gedanke ist, dass die Staatsverschuldung auf über 100 Prozent des BIP ansteigt, geht doch eine noch größere Gefahr von einer rapide alternden Bevölkerung aus. Die damit verbundenen nicht fundierten Schulden sind groß und wachsen weiter und müssten in der heutigen langfristigen Fiskalplanung einen zentralen Bestandteil bilden. Es ist ganz wichtig, dass sich die Regierungen nicht in Selbstgerechtigkeit ergehen, weil sie ihre Defizite bislang so mühelos finanziert haben. Infolge der Finanzkrise wird die Kurve der künftigen Produktion wahrscheinlich permanent niedriger verlaufen, als wir es erst vor wenigen Jahren vermutet hatten. Folglich werden die Staatseinkünfte geringer und die Ausgaben höher sein, was eine Konsolidierung noch mehr erschwert. Der starke Anstieg bei Risikoprämien auf langfristige Anleihen mehrerer Industriestaaten in letzter Zeit deutet darauf hin, dass die Märkte die Staatsverschuldung nicht mehr als risikoarm einstufen.«[81]

Und so lautet die Schlussfolgerung der BIZ: »Aufgrund des Verhältnisses von Staatsverschuldung und BIP meinen wir, dass der Weg, den die Fiskalbehörden in Industrieländern verfolgen, nicht nachhaltig ist.« Dies bedeute, dass die Zunahme der Staatsverschuldung infolge der Bankenkrise von 2008 sowie die unvermeidlichen finanziellen Konsequenzen einer alternden Bevölkerung ausreichen, die meisten Industriestaaten in eine so noch nie da gewesene fiskalische Klemme zu bringen. Manche Autoren erklären daher unmissverständlich, dass wir »alle innerhalb der nächsten zehn Jahre bankrott sind«.[82]

Welche Lösung schlägt nun das Finanzsystem in dieser misslichen Lage vor?

Eine Lösung: Alles privatisieren?

Anfang 2009, nur Monate nach den Rettungsaktionen in der Bankenkrise von 2007/08, gab eine »Arbeitsgruppe« von achtzehn Banken, Investmentfonds und Anwälten[83] einen Bericht mit dem Titel *Benefits of Private Investment in Infrastructure* (»Vorteile von privatem Investment in die Infrastruktur«) heraus. Diese Strategie wird am klarsten skizziert für die USA, nämlich in einem Artikel in *Euromoney* von Nick Lord, »The Road to Wiping Out the US Deficit« (»Der Weg zur Tilgung des US-Defizits«):

81 a.a.O., S. 16.

82 Dies spielt auf den Titel eines Buches von Jacques Attali an: *Tous ruinés dans dix ans? Dette publique: la dernière chance,* Paris 2010.

83 Abertis, Allen & Overy LLP, Barclays Capital, Carlyle Infrastructure Partners, Chadbourne & Parke LLP, Citi Infrastructure Investors (CII), Credit Suisse, Debevoise & Plimpton, Freshields Bruckhaus Deringer, Fulbright & Janowski, Mayer Brown, McKenna Long & Aldridge LLP, Merrill Lynch, Morgan Stanley, RBC Capital Markets, Scotia Capital und UBS.

»Es gibt einen perfekten Mechanismus [für Regierungen], dieses Geld aufzubringen: die Monetisierung bestehender Vermögenswerte. Diese Vermögenswerte sind äußerst wertvoll. 2008 betrug der Gesamtwert des festen Anlagevermögens der US-Regierung (auf Bundes-, Staats- und lokaler Ebene) 9,3 Billionen US-Dollar. Davon gehören der Bundesregierung 1,9, während die Staaten die übrigen 7,4 Billionen US-Dollar halten. Wenn man einmal davon ausgeht, dass die Bundesregierung nicht die Navy und die Kommunen nicht ihre Schulen verkaufen werden, gibt es noch immer gewaltige Vermögenswerte, die sich verkaufen ließen. So beträgt beispielsweise der Wert aller Autobahnen und Straßen im Besitz der Staaten und Gemeinden 2,4 Billionen US-Dollar. 550 Milliarden US-Dollar etwa sind die Kanalisationsnetze der Staaten und Kommunen wert, weitere 400 Billionen US-Dollar die Wasserwerke und -leitungen. Und auf dem Immobiliensektor besitzen der Bund, die Staaten und die Kommunen Vermögenswerte von rund 1,09 Billionen US-Dollar. In dem Augenblick, da die politische Schmerzschwelle bei einer Einstellung von Dienstleistungen höher ist als der Verlust an Wählerstimmen bei einem Verkauf der Vermögenswerte, ist dieser Markt geöffnet. Auf der basisdemokratischen Ebene ist diese politische Schmerzschwelle erreicht.«[84]

Anfang 2012 stehen 44 der 50 US-Staaten vor dem Bankrott. Sie geraten unter zunehmenden Druck, »Public-Private Partnerships« zu starten, in den USA P3s und in Großbritannien Private Finance Initiatives (PFI) genannt. In diesen so harmlos klingenden »Partnerschaften« sind die Regierungen tatsächlich verpflichtet, eine existierende Infrastruktur zu verkaufen, die vom Geld der Steuerzahler aufgebaut und bezahlt wurde, um existierende Schulden zu reduzieren oder die laufenden öffentlichen Ausgaben zu bezahlen. Sobald die Infrastruktur privatisiert ist, können die neu-

84 *Euromoney*, April 2010, S. 85.

en Besitzer Gebühren für die Nutzung einer einst kostenlosen öffentlichen Einrichtung erheben oder bestehende Abgaben erhöhen. Am Ende bezahlen die Steuerzahler also doppelt für ein und dieselbe Infrastruktur, wobei sie das zweite Mal teurer zu stehen kommen könnte als das erste, da viele infrastrukturelle Anlagen natürliche Monopole sind.

Private Investitionen in öffentlichen Versorgungswerken können zu einer »Win-win-Situation« führen, wenn sie richtig konzipiert und umgesetzt werden. In mehreren europäischen Ländern ist es beispielsweise eine längst etablierte Praxis, dass der Privatsektor neue mautpflichtige Autobahnen erbaut. Wenn die entsprechenden Ausschreibungen gut vorbereitet und transparent sind, kann das für alle Seiten von Nutzen sein. Doch die derzeit angebotenen Public Private Partnerships (P3s) unterscheiden sich von ihren historischen Vorgängern in dreierlei Hinsicht:

1. Die neuen P3s bevorzugen es entschieden, existierende Vermögensanlagen aufzukaufen, statt neue zu bauen, da neue Projekte mehr Zeit benötigen und mit viel höheren Risiken verbunden sind.
2. Heute werden Privatisierungen unter einem ungewöhnlich hohen finanziellen Druck entschieden, sodass bei einem »Krisennotverkauf« der ganze Deal durchaus zuungunsten des öffentlichen Interesses abgewickelt werden kann.
3. Derartige Wettbewerbsverzerrungen kommen heute wegen der noch nie da gewesenen Konzentration auf dem Finanzsektor viel eher vor, weil der von den größten Finanzinstituten gehaltene Gesamtanteil am Kapitalvermögen stark zunimmt. Die gleichen Institute sind einerseits die direkten oder indirekten Käufer der Infrastrukturanlagen und kontrollieren andererseits den Zugang zu anderen Quellen der Finanzierung der Staatsausgaben wie die traditionellen Schuldverschreibungen.

Mit anderen Worten: Der »perfekte Mechanismus«, von dem Nick Lord in *Euromoney* spricht, mag für den Finanzsektor perfekt sein, aber nicht unbedingt für die übrige Gesellschaft.

Ein gut belegtes Beispiel ist der Verkauf der Einnahmen aller 36.000 Parkuhren der Stadt Chicago für einen Zeitraum von 75 Jahren für einen Pauschalbetrag von 1,2 Milliarden US-Dollar. Diese Entscheidung wurde am 4. Dezember 2008 vom Chicagoer Stadtrat mit einer Stimmenmehrheit von 40 zu 5 gebilligt. Die an den Parkuhren fälligen Gebühren stiegen sofort um 400 bis 500 Prozent.[85] Eine spätere Untersuchung dieses Deals durch die Behörde des Generalinspekteurs von Chicago erbrachte Folgendes:

»Die treibende Kraft hinter der Entscheidung, die Parkuhren zu verpachten, war die kurzfristige Haushaltsnotlage der Stadt. Während wir die Ernsthaftigkeit des Haushaltsproblems der Stadt, wie es sich im Herbst 2008 aufgrund der Rezession darstellte, nicht infrage stellen, bedeutete die übereilte, von der ›Krise‹ motivierte Entscheidungsfindung, dass die kurzfristigen Haushaltsprobleme und die große Vorauszahlung, die die Stadt erhielt, alle anderen legitimen, langfristigen Anliegen im öffentlichen Interesse überschattete.«[86]

Die Ausführungen belegen auch, dass die Stadt um den Faktor drei unterbezahlt wurde! Bei einem Diskontsatz von 5,5 Prozent (der den Kosten für die Schuldenaufnahme der Stadt entsprach) hätte die Stadt, wenn sie die Parkuhren behalten hätte, im Lauf der Zeit über 3,51 Milliarden US-Dollar eingenommen – also 2,35 Milliarden US-Dollar oder 67 Prozent mehr, als der Verkauf einbrachte. Selbst ein Diskontsatz von sieben Prozent hätte noch

---

85 Die Gebühren für die meisten Parkuhren in der City stiegen von 25 Cent auf 1 Dollar pro Stunde. Parallel stiegen die Gebühren an den teuersten Parkuhren auf 3,50 Dollar pro Stunde, und 2013 werden sie sogar auf 6,50 Dollar steigen (*Chicago Tribune*, 2. Dezember 2008).

86 Behörde des Generalinspekteurs der Stadt Chicago: »An Analysis of the City's Parking Meter Lease«, September 2009 (http://chicagoinspectorgeneral.org/wp-content/uploads/2011/03/Parking-Meter-Report.pdf).

2,13 Milliarden US-Dollar eingebracht – 997 Millionen US-Dollar oder 45 Prozent mehr als der Verkaufserlös!

Aus diesem Bericht geht hervor, dass das Defizit für die Jahre 2008/09 nur 150 Millionen US-Dollar betrug: die Option auf eine Leasinglaufzeit von 20 Jahren mit einem 50-prozentigen Anteil an den Einnahmen (zu den gleichen Bedingungen wie bei der Laufzeit von 75 Jahren) hätte der Stadt zwischen 302 und 344 Millionen US-Dollar zur sofortigen Verwendung eingebracht. Doch ein derartiges Arrangement war während der Verhandlungen nicht vorgeschlagen worden.

Der Nachrichtenagentur Bloomberg zufolge werden die Autofahrer in Chicago im Laufe der nächsten 75 Jahre mindestens 11,6 Milliarden US-Dollar zahlen, um an den Parkuhren der Stadt zu parken – zehnmal soviel, wie der Verkaufspreis für das System betrug. Als Nächstes plant man, mehr Autos auf den gebührenpflichtigen Parkplätzen unterzubringen, indem man Markierungslinien entfernt, die Zahl der Parkuhren erhöht und den gebührenpflichtigen Zeitraum erweitert. »Diese Deals werden nur selten im Rampenlicht der öffentlichen Kontrolle abgewickelt«, meinte Richard Little, Direktor des Keston Institute for Public Finance and Infrastructure Policy an der University of Southern California in Los Angeles. »Oft kommen die Fakten heraus, lange nachdem der Deal abgeschlossen wurde.«

Und all dies geschah, obwohl die Stadt Chicago durchaus nicht unerfahren in solchen Privatisierungsprojekten war. 2005 verpachtete die Stadt ihren mautpflichtigen Skyway für 99 Jahre für 1,83 Milliarden US-Dollar und 2006 ihre Parkhäuser für 99 Jahre für 563 Millionen US-Dollar. Der Plan, den Midway Airport zu privatisieren, platzte 2009, weil die Investoren wegen der Rezession ihr Interesse verloren. Und Chicago ist auch nicht die einzige Großstadt der USA, die sich auf solche Deals einlässt. Dana Levenson von der Royal Bank of Scotland und Chicagos Stadtkämmerin von 2004 bis 2007, zählt 50 weitere Deals, die in

Nordamerika anhängig sind – mit einem Gesamtwert zwischen 35 und 40 Milliarden US-Dollar.[87]

Warum befassen wir uns mit diesen amerikanischen Beispielen? Zunächst einmal betreiben – laut John Perkins' beunruhigendem Buch *Confessions of an Economic Hit Man* – US-Banken und Konzerne in Lateinamerika und anderen Entwicklungsländern ähnliche Praktiken seit vielen Jahrzehnten.[88] Der derzeitige Privatisierungsprozess ist die Heimkehr des »Economic Hit Man«. Außerdem stehen zumindest in den USA gesicherte Daten zur Verfügung. In Europa hingegen befasst sich jedes Land separat mit den Folgen der Krise von 2007/08, ohne alle Aspekte zu betrachten. Aber zweifellos findet das, was in den USA geschieht, auch in Europa statt. Dieselben Finanzinstitute, die in den USA mitmischen, tun dies auch in Europa und wenden dort die gleichen Strategien an, nur unauffälliger als in den USA.

So begann beispielsweise die Regierung Berlusconi damit, schätzungsweise 9000 Immobilien in staatlichem Besitz in Italien zu verkaufen. Dazu zählten ein ehemaliger Königspalast in Palermo auf Sizilien, mehrere Inseln in der Lagune von Venedig und bei Sardinien, ehemalige Klöster, Leuchttürme und Aquädukte und langfristig verpachtete Strände, Flüsse, Seen und Alpengipfel. Zur Debatte stehen in Rom auch das etruskische Museum in der Villa Giulia sowie der Grund und Boden um die Villa Gregoriana in Tivoli. Die Regierung erwartet sich aus diesen Verkäufen Einnahmen von etwa drei Milliarden Euro, wobei mit drei Vierteln davon die Schulden lokaler Behörden und mit dem Rest die Staatsschulden abgebaut werden sollen.

»Kritiker haben die Regierung angegriffen, weil sie Vermögenswerte ausverkaufe, die seit Jahrhunderten öffentliches Eigentum seien, und vorausgesagt, lokale Behörden würden Spekulan-

87 »The Big Sale«, in: *The Economist*, 18. September 2010, S. 51.

88 John Perkins, *Confessions of an Economic Hit Man*, San Francisco 2004; dt.: *Bekenntnisse eines Economic Hit Man*, München 2007.

ten die Erlaubnis erteilen, in ehedem geschützten Gebieten zu bauen. ›Hinter diesem Transfer von Vermögenswerten steht die größte Bau- und Immobilienoperation in der Geschichte der Republik‹, erklärte Angelo Bonelli, Vorsitzender der Grünen. Salvatore Settis, ein führender Archäologe und Direktor der angesehenen Scuola Normale Superiore, einer Universität in Pisa, brandmarkte ›einen Ausverkauf und eine Demontage des Staates, nur um Geld aufzutreiben‹ und fügte hinzu: ›Das Land hat noch nicht mitbekommen, dass man uns allen das Geld aus den Taschen stiehlt.‹«[89]

Die britische Regierung unter David Cameron hat offiziell ein Privatisierungsprogramm über 16 Milliarden Pfund verkündet, das unter anderem die Hochgeschwindigkeitsbahnverbindung von St. Pancras zum Ärmelkanaltunnel, die Royal Mail sowie NATS, die für den Luftverkehr zuständige Behörde, umfasst.

Eine solche Privatisierungspolitik ließe sich auch zwangsweise auf einige andere europäische Länder übertragen, als Teil künftiger Hilfsbedingungen des IWF, wie dies bei der Staatsschuldenkrise in der Dritten Welt während der 1980er- und 1990er-Jahre geschah. Im Rahmen des 110-Milliarden-Euro-Rettungsschirms zur Vermeidung eines Staatsbankrotts wurde Griechenland 2010 gezwungen, sich bereit zu erklären, öffentliches Eigentum im Wert von rund 50 Milliarden Euro zu veräußern. Was dies letztlich bedeutet, ist im Augenblick noch nicht absehbar. Zwar sind zwei Drittel der griechischen Bevölkerung entschieden gegen ein solches Vorgehen, doch Margaret Thatchers berühmter Ausspruch »There Is No Alternative« (Es gibt keine Alternative) findet weithin Zuspruch.

Aber gibt es *wirklich* keine Alternative?

89 John Follain: »Hard-Up Italy Sells Islands and Palaces«, in: *Sunday Times*, 7. April 2010, S. 24.

Schlussbemerkungen

Mit Sicherheit hat das Geldsystem zur Genüge bewiesen, wie unzulänglich es angesichts der häufigen Systemkrisen weltweit ist – und das waren in den letzten vierzig Jahren immerhin durchschnittlich zehn pro Jahr! Das kann eine Bankenkrise, eine Währungskrise und/oder eine Staatsschuldenkrise oder eine Kombination davon sein. Doch weil man dazu neigt, jede Systemkrise für sich zu betrachten, werden die gemeinsamen treibenden Kräfte hinter all diesen Krisen verschleiert.

Der Bankencrash von 2007/08 war der bislang schlimmste. Katastrophalere Folgen wurden durch massive staatliche Hilfen für den Finanzsektor vermieden, und anschließende groß angelegte keynesianische Anreizprogramme sollten eine deflationäre Depression verhindern. Dies hat zu signifikanten Haushaltsdefiziten und zusätzlicher öffentlicher Verschuldung geführt. Wenn wir innerhalb der monetären Orthodoxie verharren, wird der Druck auf Regierungen zunehmen, ihre Defizite mit allen Mitteln zu reduzieren, auch mit dem Abbau der staatlich finanzierten sozialen Sicherheitsnetze. Parallel dazu stellen die Kosten für die ins Rentenalter eintretenden geburtenstarken Jahrgänge sowie die massive Förderung einer Energiewirtschaft der nichtfossilen Brennstoffe zwei unvermeidliche Entwicklungen dar, die große finanzielle Mittel von Seiten des Staates erfordern. Die einzige Lösung, die der Finanzsektor bisher angeboten hat, ist die Privatisierung überaus wichtiger Infrastrukturen im öffentlichen Besitz. Wie die Staaten finanziell besser aufgestellt sein werden, um die entscheidenden Probleme dieses Jahrzehnts am Ende dieses Prozesses zu bewältigen, ist nach wie vor nicht klar. Warum sollten Staaten kreditwürdiger sein, wenn sie die Mieten für die Verwaltungsgebäude, die ihnen einst gehörten, oder die Maut für die Benutzung von Autobahnen, die zuvor kostenlos war, bezahlen müssten?

Haushaltsbelastungen und die Gefahr eines bedeutenden Währungszusammenbruchs wird es noch viele Jahre lang geben. Die sozialen und politischen Folgen kann man sich zwar nur schwer ausmalen, doch zweifellos wird es zu umfassenden sozialen Unruhen in einer Reihe von Ländern kommen, die vielleicht eher nationalistische und extremistische Bewegungen begünstigen. Derartige Bewegungen sind in den USA und in Europa bereits erkennbar, obwohl der große finanzielle Engpass gerade erst begonnen hat. Die Geschichte hat bewiesen, dass es leichter ist, extremistische Bewegungen zu starten als aufzuhalten, und dass solche Szenarien am Ende oft durch Konflikte »aufgelöst« werden.

Die nächsten Kapitel werden sich mit den folgenden Fragen befassen:

- Gibt es jenseits der Symptome einen Systemmechanismus, der die endemische Finanz- und Währungsinstabilität erklärt? Wenn ja, wie funktioniert er?
- Angenommen, das Geldsystem lasse sich stabilisieren, sind dann unsere gegenwärtigen monetären Arrangements angemessen, um die Herausforderungen des 21. Jahrhunderts zu bewältigen? Um es auf den Punkt zu bringen: Ist die heutige Währungsstruktur mit den vor uns liegenden Nachhaltigkeitsproblemen kompatibel oder nicht?
- Sind Veränderungen in der Währungsstruktur möglich? Wenn ja, wie sollten sie aussehen?

Kapitel 4
Instabilitäten und die Physik komplexer Flussnetzwerke

»Das Schöne an der Biologie besteht auch darin, dass ihre Fakten unsere Metaphern werden.«
Kenny Ausubel[90]

»Dass etwas reguliert werden muss, ist stets ein Zeichen für eine fehlerhafte Konstruktion.«
William McDonough, Architekt

Im vorigen Kapitel haben wir uns damit befasst, dass Banken- und Währungsinstabilitäten immer wieder auftreten und sich zerstörerisch auf die Gesellschaft auswirken. Nun wollen wir darlegen, dass diese Phänomene nicht so sehr durch eine unvollkommene Währungspolitik, lasche Regulierungsbehörden oder ungesunde Bankenpraktiken verursacht werden, sondern vielmehr durch eine *strukturelle* Instabilität im Geld- und Bankensystem an sich. Die Fragilität des Systems beruht gerade auf seiner Struktur, ein Erbfehler, der bis zum Beginn des Industriezeitalters zurückreicht. Dieser Struktur fehlen die Beweglichkeit und die Anpassungsfähigkeit, die sie benötigt, um mit den sich beschleunigenden Veränderungen in der ökonomischen und sozialen Um-

90 Kenny Ausubel: *Nature's Operating Instructions,* San Francisco 2004, S. XIV.

welt mithalten zu können, die unser postindustrielles Zeitalter charakterisieren.

Man würde jedoch in eine Falle tappen, wenn man das Problem der »menschlichen Natur« zuschriebe. So räumte beispielsweise der langjährige US-Notenbank-Chef Alan Greenspan (1987–2006) nach dem Bankenzusammenbruch von 2008 ein, dass »die Welt eine weitere Finanzkrise erleiden« werde, und schuld an dieser Bescherung sei die »menschliche Natur«.[91] Die umfassendste Untersuchung von Finanzkrisen, die den Titel *This Time Is Different* (*Dieses Mal ist alles anders*) trägt, erklärt die systematische Wiederkehr solcher Krisen ganz ähnlich: »Länder, Institutionen und Finanzinstrumente mögen sich zwar im Lauf der Zeit ändern, nicht aber die menschliche Natur.«[92] Eine solche Argumentation hält es mit Isaac Newton, der nach dem Platzen der Südseeblase von 1720 gesagt haben soll: »Ich kann zwar die Bewegungen von Himmelskörpern berechnen, aber nicht den Wahnsinn der Menschen.«[93] Während die menschliche Natur durchaus eine Rolle spielen mag, sind derartige Interpretationen doch sehr begrenzt sinnvoll – durch eine Veränderung der menschlichen Natur wird man wohl kaum in absehbarer Zeit zu globaler finanzieller Stabilität gelangen …

Auch die Interpretation, derartige Crashes würden einfach zum Prozess der »kreativen Selbstzerstörung« gehören, ist nur begrenzt von Nutzen. Zwar gilt die Selbstzerstörung für Schumpeter als Grundmerkmal des Kapitalismus[94], doch die Beispiele, die er anführt, beziehen sich alle auf den Aufstieg und Fall spezifischer

91 Interview vom 8. September 2009 auf BBC2 (http://news.bbc.co.uk/2/hi/8244600.stm)

92 Reinhart und Rogoff (2009b), S. XXVIII.

93 Auf dieses angebliche Bonmot hat zuerst H. R. Fox Bourne in *The Romance of Trade*, London 1876, S. 292, hingewiesen (siehe http://www.archive.org/details/romanceof trade00bouruoft). Aber es Isaac Newton zuzuschreiben ist wohl kaum stichhaltig, denn wir wissen, das Newton selbst ein beachtliches Vermögen in der Südseeblase verloren hat.

94 Joseph A. Schumpeter: *Capitalism, Socialism and Democracy*, London 1942.

Produkte oder einzelner Unternehmenseinheiten statt auf ganze Währungs- oder Finanzsysteme. Außerdem beschränkt sich Schumpeters Vorstellung von Zerstörung auf ältere Institutionen, die nicht in der Lage sind, mit innovativen Unternehmen zu konkurrieren. Leider erklärt dies nicht, was gegenwärtig im Finanz- oder Währungsbereich geschieht. Nach jedem Crash wird das Bankensystem auf Staatskosten gerettet, und dann werden wieder nach hergebrachter Art und Weise Geschäfte gemacht, nachdem der ordnungspolitische oder verwaltungstechnische Rahmen fein abgestimmt wurde. Die Grundstruktur – das Monopol, Geld durch Bankschulden zu erschaffen – bleibt unveränderlich intakt.

Es muss also etwas anderes an unserem Geldsystem ganz und gar nicht in Ordnung sein, und zwar seit Jahrhunderten. Charles Kindleberger bezeichnet Finanzcrashes aus gutem Grund als »robuste Gewächse«[95]. Und auch als Carmen Reinhart und Kenneth Rogoff den Titel *This Time Is Different* für ihre umfassende Untersuchung finanzieller Instabilitäten wählten, wollten sie damit vor etwas Schlimmem warnen, das sich selbst wiederholt. Mit anderen Worten: Etwas löst seit Jahrhunderten immer wieder die gleichen Probleme aus. Was könnte das sein?

Instabilität als strukturelle Schwachstelle

Die Schwierigkeiten, vor denen wir stehen, lassen sich mit dem Unterschied zwischen einem Autofahrer und einem Autokonstrukteur vergleichen. Ein schlechter Fahrer kann jedes Auto zu Schrott fahren. Doch eine schlechte Konstruktion kann ein Auto bei jeder Geschwindigkeit unsicher machen, sodass es selbst einem ausgezeichneten Fahrer schwerfiele, es sicher zu fahren. Somit sind Währungs- und Geldpolitik, entsprechende Vorschriften und Bankenmanagement zwar wichtig, doch in der Konstruktion des Geld-

95 Charles Kindleberger: *Maniacs, Panics and Crashes: A History of Financial Crises*, Basingstoke [5]2005.

systems existiert eine Schwachstelle, die dazu führt, dass es trotz entsprechender Interventionen versagt. Wir befassen uns daher in diesem Kapitel mit der strukturellen Schwachstelle in unserem modernen Geldsystem – einer Schwachstelle, die bereits jahrhundertealt ist. Diese strukturelle Schwachstelle gab es nämlich schon 1637, als die holländische Tulpenblase platzte, und sie hat seither in jedem Crash eine unbeachtete Rolle gespielt, auch im gegenwärtigen. Diese Behauptung lässt sich anhand der grundlegenden Gesetze belegen, die alle komplexen Flusssysteme bestimmen, wie etwa natürliche Ökosysteme, Ökonomien und Finanzsysteme.

Wir werden unsere These in sechs Schritten vortragen. Zuerst werden wir nachweisen, dass das Paradigma der Traditionellen Ökonomie Wirtschaftssysteme falsch klassifiziert. In seinem bemerkenswerten Buch *The Origin of Wealth: Evolution, Complexity and the Radical Remaking of Economics* (Boston 2006) beweist Eric Beinhocker, dass das Paradigma der Traditionellen Ökonomie die Wirtschaft fälschlicherweise als geschlossenes System in einem allgemeinen Gleichgewicht eingestuft hat. Das erklärt, warum dieses dominante Paradigma empirisch versagt, wenn es sich mit mehreren entscheidenden heutigen Problemen befasst. Statt diese weiterhin mit einer simplen mechanischen Metapher zu umschreiben, bei der lineare Mechanismen von Ursache und Wirkung im Spiel sind, müssen wir Wirtschaftssysteme vielmehr als offene Systeme betrachten, die sich wie komplexe Flusssysteme mit vielfachen, miteinander vernetzten Kausalitäten verhalten.

Zweitens werden wir die Komplexitätstheorie einbeziehen. Eine Reihe neuer mathematischer Methoden erlaubt es uns, uns mit der Komplexität zu befassen und eine breite Vielfalt von Prozessen effektiv zu erklären, unter anderem auch ökonomische Prozesse, die nicht zu erklären sind, wenn man sich auf das Paradigma der Traditionellen Ökonomie beruft.

Im dritten Schritt werden wir die Theorie komplexer Flussnetzwerke anwenden, einen Unterbereich der Komplexitätstheorie, der mehrere neuere bahnbrechende Erkenntnisse in der theoretischen Ökologie, der Thermodynamik, der Informationstheorie und der Netzwerkanalyse zusammenfasst. Diese Erkenntnisse erlauben es uns zum ersten Mal, die Nachhaltigkeit jedes komplexen Flussnetzwerks mit einer einzigen Maßeinheit zu quantifizieren. Nach diesem Konzept wird Nachhaltigkeit als optimaler Ausgleich zwischen zwei Variablen definiert, die in entgegengesetzten Richtungen wirken: *Effizienz* und *Resilienz*.

Der vierte Schritt wird darin bestehen, die Methodik des »komplexen Flussnetzwerks« auf reale natürliche Ökosysteme anzuwenden und die strukturellen Bedingungen zu erhellen, die erfüllt sein müssen, damit ein Netzwerk nachhaltig ist. Wir werden nachweisen, dass sich diese Befunde auf jedes komplexe System mit einer ähnlichen Struktur anwenden lassen, unabhängig davon, was in einem gegebenen Netzwerk zirkuliert – Biomasse in einem Ökosystem, Elektronen in einem Stromnetz oder Geld in einer Wirtschaft.

Im fünften Schritt werden wir diese Methodik auf Geldsysteme anwenden. Wir werden klären, wie der Druck hin zu größerer Effizienz in der Finanzwelt, der Wirtschaft und der Technik oft zu Lasten der Resilienz erfolgt. Dies ist die Ursache für die systemische Zerbrechlichkeit des Geld- und Bankensystems. Und diese Dynamik ist auch der Schlüssel zu einer Lösung, die größere monetäre Nachhaltigkeit bietet.

Im letzten Schritt befassen wir uns schließlich mit potenziellen Lösungen. Größere Vielfalt und Vernetztheit sind der Schlüssel dazu, dass komplexe Flussnetzwerke anpassungsfähig und resilient sind. Unser Geldsystem muss sich daher von einem Monopol des konventionellen Geldes hin zu einem »Ökosystem« der vielfachen Währungen entwickeln. Anschließend werden wir darlegen, dass diese Entwicklung hin zu größerer monetärer Vielfalt bereits im Gang ist, allerdings nicht vom Radarschirm der Bürokratie erfasst wird.

1. Die falsche Klassifizierung der Ökonomie

Bis Ende des 19. Jahrhunderts galt die Ökonomie eher als Gebiet der angewandten Moralphilosophie und nicht als Wissenschaft, geschweige denn als mathematische Wissenschaft. Adam Smith beispielsweise war ein schottischer Professor für Moralphilosophie. Und auch die von François Quesnay begründete Schule der französischen Physiokraten sowie Jeremy Bentham in England verstanden sich selbst als Philosophen und wurden auch von der breiteren Öffentlichkeit als solche angesehen. Erst Léon Walras führte in seinem Werk *Éléments d'économie pure* (1874) die Mathematik in die Ökonomie ein, die damit zur Wissenschaft wurde.

Für Walras gab es eine Parallele zwischen der Vorstellung von Gleichgewichtspunkten in Wirtschaftssystemen und Gleichgewichtspunkten in der Natur. Für ihn war »das Gleichgewicht von Angebot und Nachfrage in einem Markt metaphorisch gesehen wie das Kräftegleichgewicht in einem physikalischen Gleichgewichtssystem. Er vermutete, dass es für jede in einem Markt gehandelte Ware nur einen Preis gebe, einen *Gleichgewichtspunkt*, an dem die Händler zufrieden wären und der Markt ausverkauft würde. Die Preise in einem Markt würden sich vorhersehbar auf ein einziges Gleichgewichtsniveau einpendeln, so wie eine Kugel auf dem glatten Boden einer Schüssel vorhersehbar zur Ruhe käme.«[96]

Als Walras die Mathematik der Gleichgewichtstheorie des Mathematikers Louis Poinsot übernahm, schuf er die Grundlagen für das Paradigma der Traditionellen Ökonomie.[97] Diesem Paradigma begegnet man in allen Lehrbüchern, in den meisten Wirt-

96 Eric Beinhocker: *The Origin of Wealth: Evolution, Complexity and the Radical Remaking of Economics,* Boston 2006, S. 31; Kursivsetzung hinzugefügt.

97 Die Quelle für Walras' Modelle war vor allem das zweite Kapitel von Louis Poinsots Buch *Elemente der Statik* (1803), das die Überschrift »Über die Bedingungen des Gleichgewichts, ausgedrückt mit Hilfe von Gleichungen« trug. Selbst der Titel von Walras' Buch *Éléments* wurde von Poinsots Buch angeregt. Siehe Ingrao und Israel (1990), S. 88, und Mirowski (1989), S. 219f.

schaftszeitschriften und indirekt in vielen Führungsetagen. Leider kam es zu einem grundlegenden Missverständnis bei der Übertragung von der Physik auf die Ökonomie, wie es Eric Beinhocker prägnant erklärt (siehe Kasten 4.1).

Kasten 4.1 – Eric Beinhocker und die falsche Klassifizierung der Ökonomie

Eric Beinhocker ist Leitender Berater bei McKinsey & Co. und Autor des Buches *The Origin of Wealth*. Die Zeitschrift *Fortune* nannte ihn »Businessleader des nächsten Jahrhunderts«. Hier Auszüge aus seiner Argumentation:

»Ohne sich darüber im Klaren zu sein und mit den besten Absichten übernahmen die Wirtschaftswissenschaftler des späten 19. Jahrhunderts eine Reihe von Ideen aus der Physik, mit denen sie die Wirtschaft fälschlicherweise als geschlossenes Gleichgewichtssystem klassifizierten. Ihre Vorgehensweise schuf den Rahmen für die Traditionellen Ökonomen, wie wir sie heute erleben. Leider fungiert diese falsche Klassifizierung als Zwangsjacke, die die Ökonomen nötigt, überaus unrealistische Annahmen zu machen und den empirischen Erfolg des Gebiets zu begrenzen.«[98] Tatsächlich kannten Walras und seine Zeitgenossen nicht den Unterschied zwischen geschlossenen und offenen Systemen. Ein geschlossenes System bekommt keine Inputs von der Außenwelt und gibt auch keine Outputs an sie ab: Die ganze Energie entsteht und bleibt im System selbst. Ein offenes System operiert mit Inputs und Outputs. Die Wissenschaftler des 19. Jahrhunderts glaubten, die meisten Systeme seien geschlossen. Heute wissen wir, dass Wirtschaftssysteme wie offene Systeme funktionieren, indem sie riesige Mengen Energie von außen aufnehmen (z.B. von der Sonne, von Mineralien, Menschen und Tieren). Sie erzeugen auch erhebliche Mengen unerwünschter Nebenprodukte (z.B. Gase, Müll, Umweltverschmutzung). Selbst unser Planet kann als offenes System klassifiziert werden, das sich inmitten eines Energiestroms von der Sonne befindet, der das Leben und die Entwicklung auf allen Ebenen voranbringt. Während geschlossene Systeme einen vorhersehbaren Endzustand haben, ist das bei offenen Systemen nicht notwendigerweise der Fall. Sie können eine

98 Beinhocker (2006), S. 74.

Zeit lang relativ stabil und in relativem Gleichgewicht bleiben, aber auch Muster von exponentiellem Wachstum, eines radikalen Kollapses oder zyklischer Schwankungen aufweisen. All diese Muster gibt es in realen Ökonomien, doch im Paradigma der Traditionellen Ökonomie werden sie als »Anomalien« abgetan.

Der zweite grundlegende Irrtum im Paradigma der Traditionellen Ökonomie hängt mit dem Wissensstand in der Thermodynamik bis zum späten 19. Jahrhundert zusammen. Damals kannten die Wissenschaftler nur den Ersten Hauptsatz der Thermodynamik, der »besagt, dass Energie weder geschaffen noch vernichtet wird, und auch das *Prinzip der Energieerhaltung* genannt wird. Es wurde Anfang bis Mitte des 19. Jahrhunderts entwickelt und war ganz klar in den Texten dargelegt, die Walras ... und andere lasen.«[99] Doch »der Zweite Hauptsatz, der noch in der Physik fehlte, wie Walras und Jevons sie kannten, besagt, dass die Entropie, eine Zustandsgröße für die Unordnung oder Beliebigkeit in einem System, immer weiter zunimmt (...) Im Lauf der Zeit bricht jede Ordnung, jede Struktur und jedes Muster im Universum zusammen, zerfällt und löst sich auf. Autos rosten, Gebäude zerbröckeln, Gebirge erodieren, Äpfel verfaulen und Sahne, die in Kaffee gegossen wird, löst sich auf, bis sie gleichmäßig vermischt ist.«[100]

Die Entropie ist der Pfeil der Zeit. »Ohne die Entropie und die unvermeidliche Drift von der Ordnung zur Unordnung könnte man nicht sagen, was Vergangenheit, Gegenwart oder Zukunft ist. Seit ihrer Entdeckung ist die Entropie ein zentraler Begriff für die Art und Weise geworden, wie Physiker die Welt sehen. Leider fehlte im System von Walras, Jevons und der anderen Baumeister der Traditionellen Ökonomie dieses oberste Naturgesetz.«[101] Unter allen Gesetzen der Physik darf dieser Zweite Hauptsatz nicht ignoriert werden. Der berühmte Astrophysiker Sir Arthur Eddington[102] kannte keine Gnade mit denen, die die Implikationen des Zweiten Hauptsatzes der Thermodynamik nicht akzeptieren wollten: »Wenn sich herausstellt, dass Ihre Theorie gegen den Zweiten Hauptsatz der Thermodynamik verstößt, kann ich Ihnen keine Hoffnung machen – sie kann nur in

99 Beinhocker (2006), S. 66.
100 a.a.O., S. 67.
101 a.a.O., S. 68.
102 Sir Arthur Eddington (1882–1944) war einer der prominentesten und bedeutendsten Astrophysiker seiner Zeit. Es wird oft behauptet, bis Mitte der 1920er-Jahre hätten nur Arthur Eddington und Albert Einstein die Relativitätstheorie ganz verstanden.

schlimmster Schmach zusammenbrechen.«[103] Einige Wirtschaftswissenschaftler haben zwar versucht, die Entropie in eine neue ökonomische Theorie einzubringen, haben aber bis vor Kurzem nur wenige Anhänger gefunden.[104]

Diese beiden grundlegenden Irrtümer auf dem Gebiet der Traditionellen Ökonomie – die Wirtschaft fälschlicherweise als geschlossenes statt als offenes System zu klassifizieren und den Zweiten Hauptsatz der Thermodynamik zu ignorieren – ergeben eine lange Liste unrealistischer Annahmen, die notwendig sind, damit die Gleichungen funktionieren. Dazu gehört auch die Unterstellung, dass Menschen nur von Eigeninteresse und vollkommener Rationalität angetrieben werden, der Vorstellung also, dass alle Wirtschaftssubjekte Zugang zu allen relevanten Informationen aus Gegenwart und Zukunft hätten und all diese Informationen im Nu perfekt verarbeiten würden. In Wirklichkeit müssen wir oft Entscheidungen anhand unvollständiger und zweideutiger Informationen mit begrenzten Rechen- und Erkenntnisfähigkeiten treffen. Außerdem wird angenommen, dass die Welt, in der diese Übermenschen agieren, unglaublich einfach sei: Nichts behindert hier das Kaufen oder Verkaufen; es gibt keine Betriebskosten; alle Produzenten sind stets vollkommen effizient; alle Beteiligten interagieren nur über den Preis auf vollkommenen Märkten; alle relevanten Informationen stehen allen zur Verfügung und die Mittel sind entweder unendlich oder so reichlich, dass niemals eine radikale Knappheit droht. »Diese Kombination von Annahmen hat Axel Leijonhufvud, einen Wirtschaftswissenschaftler an der University of California in Los Angeles, zu der Behauptung veranlasst, die Traditionelle Ökonomie gehe von ›unglaublich schlauen Menschen in unglaublich einfachen Situationen‹ aus, während die reale Welt sich tatsächlich eher so darstelle, dass darin ›glaubwürdig einfache Menschen unglaublich komplexe Situationen [bewältigen]‹.«[105]

---

103 Arthur S. Eddington: *The Nature of the Physical World*, New York 1928 (dt.: *Das Weltbild der Physik und ein Versuch seiner philosophischen Deutung*, Braunschweig 1931), S. 74.

104 Das prominenteste Beispiel ist Nicholas Georgescu-Roegen. Wie wir bereits feststellten, wird sein Werk vom beherrschenden Paradigma der Traditionellen Ökonomie großenteils ignoriert, während es das Paradigma der Ökologischen Ökonomie tief und dauerhaft beeinflusst hat, die Ausgangsbasis für unsere Untersuchung, und auch Beinhocker setzt sich offenkundig dafür ein.

105 Beinhocker (2006), S. 52.

Die Mainstream-Wirtschaftswissenschaftler versuchen immer wieder, mit einigen dieser Beschränkungen klarzukommen. So wurde beispielweise schon 1978 der »Nobelpreis für Wirtschaftswissenschaften« Herbert Simon verliehen, dem Vater der Theorie der »begrenzten Rationalität«, und 2007 bekamen den Preis drei Amerikaner für ihre Arbeit über die »Mechanismus-Design-Theorie«, einem Zweig der Wirtschaftswissenschaften, der Situationen untersucht, in denen Märkte nicht vollkommen funktionieren, etwa wenn der Wettbewerb nicht völlig frei ist, Konsumenten nicht vollständig informiert werden oder Menschen persönliche Informationen zurückhalten. Und 2009 ging der Preis an Elinor Ostrom für ihre »Analyse ökonomischen Handelns im Bereich Gemeinschaftsgüter«.

Doch ökologische Ökonomen wie Nicholas Georgescu-Roegen, Kenneth Boulding und Herman Daly, die die Grundprämisse einer Wirtschaft als geschlossenes System in Frage stellen und die Berücksichtigung der Entropie betonen, sind bis heute von der schwedischen Akademie der Wissenschaften und der Bank von Schweden ignoriert worden.

Weder Beinhocker noch wir wollen Wirtschaftswissenschaftler attackieren, und wir wollen auch nicht die Legitimität der Bemühungen der Ökonomie, eine Wissenschaft zu werden, oder ihre Anwendung der höheren Mathematik in Frage stellen. Beinhocker stellt schlicht fest, dass die Traditionelle Ökonomie nicht die richtigen begrifflichen und mathematischen Methoden anwendet. Nach seinem ökonomischen Denkansatz, wie nach dem Paradigma der Ökologischen Ökonomie generell, sind Verbrauchernachfrage, Märkte, Technologien, Unternehmensplanungen und Bestände natürlicher Ressourcen ständig in Entwicklung begriffen. Für ihn gibt es nur eine entscheidende Ausnahme: Das Geld selbst bleibt unverändert und nicht entwicklungsfähig. Wir werden in diesem Kapitel darlegen, warum diese Annahme nicht stichhaltig ist, und in den folgenden Kapiteln werden wir zeigen, was alles möglich wird, wenn wir diese Annahme fallen lassen.

Beinhocker schlägt eine »Komplexitäts-Ökonomie« als Lösung für den radikalen Umbau der Wirtschaft vor. Leider sind die Begriffe »Komplexitätstheorie« und »Chaostheorie« inzwischen überstrapaziert, ja missbraucht worden, sodass ihre genaue Bedeutung unscharf geworden ist. Daher wollen wir nun definieren, was mit Komplexität und Komplexitätstheorie gemeint ist.

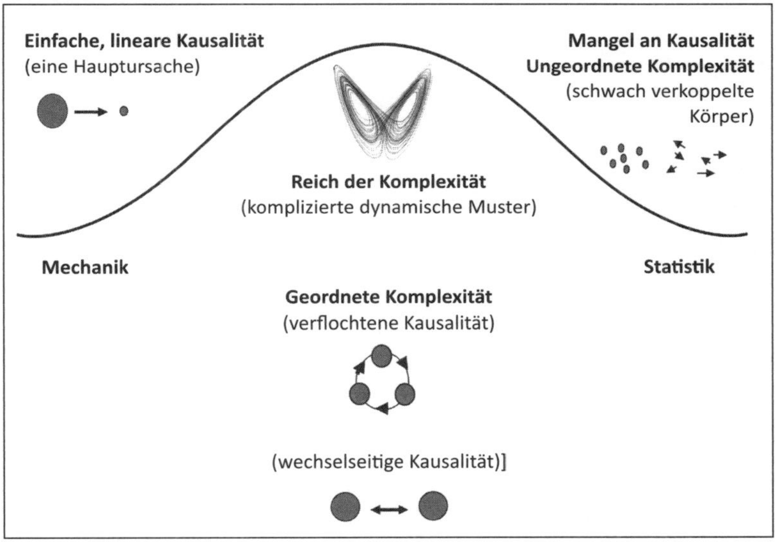

Abb. 4.1: *Das Reich der Komplexität.*[106] *Die Möglichkeit, die Ordnung der verflochtenen und wechselseitigen Kausalität in Systemen der realen Welt zu untersuchen, eröffnet einen neuen Wissenschaftsbereich. Die heutigen Hauptmethoden – Mechanik (einfache, lineare Kausalität) und Statistik (schwach verknüpfte Kausalität) – reichen dazu nicht aus. Die überwiegende Mehrheit der natürlichen, sozialen und ökonomischen Phänomene im realen Leben gehört dem Reich der Komplexität an. Ja, natürliche physikalische, soziale oder ökonomische Systeme weisen nur selten eine einfache Kausalität (eine einzige Ursache) oder eine schwach verknüpfte Kausalität (schwach vernetzte Komponenten) auf.*

106 Diese Abbildung wurde übernommen aus Sally J. Goerner: *After the Clockwork Universe: The Emerging Science and Culture of Integral Society* (1999).

2. *Komplexität*

Zunächst einmal wollen wir Systeme anhand der Merkmale ihres Kausalitätsmechanismus differenzieren. Am einen Ende des Spektrums liegt die einfache *lineare Kausalität*. Dieser Begriff geht auf die alten Griechen zurück. Seit Newton gibt es effektive mathematische Methoden wie die Mechanik, um Prozesse zu untersuchen, die etwas mit linearer Kausalität zu tun haben. Am anderen Ende des Spektrums befinden sich Systeme mit einem *Mangel an Kausalität*, ohne eine Interaktion zwischen Variablen. Dieser Bereich lässt sich am besten mit den mathematischen Methoden der Statistik untersuchen. Der Bereich der Komplexität liegt zwischen diesen beiden Extremen – hier interagieren mehrere Ursachen miteinander, und zwischen Variablen gibt es vielfache Interaktionen. Abb. 4.1 auf der vorhergenden Seite veranschaulicht diese Dynamik.

Die Mitte des Spektrums umfasst die Mehrheit der Systeme im realen Leben. Dieses Reich der Komplexität zeichnet sich durch eine verflochtene und durch eine wechselseitige Kausalität[107] sowie durch dynamische Rückkopplungsschleifen zwischen den vielfachen Komponenten eines Systems aus. Aus dieser Form von Kausalität entsteht »geordnete Komplexität«. Das einfachste physikalische Beispiel kann man beobachten, wenn man eine Flüssigkeit, etwa Wasser, zum Kochen bringt (Abb. 4.2).

107 Einen guten Überblick über verflochtene Kausalität gibt Erwin Laszlo: *The Systems View of the World: A Holistic Vision for our Time,* New York 1996. Zur Definition und zu den Implikationen der wechselseitigen Kausalität siehe Joanna Macy: *Mutual Causality in Buddhism and General Systems Theory: The Dharma of Natural Systems,* Creskill 1991.

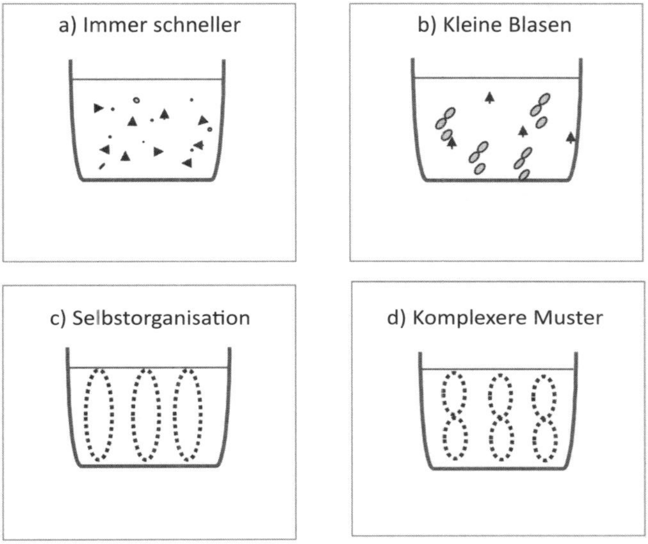

Abb. 4.2 (a–d): *Von zufälligen Kollisionen zur Selbstorganisation.*[108] *Wenn man Wasser erhitzt, kommt es zu einer vorhersehbaren Abfolge einzelner Stadien, die jeweils spezifische Merkmale haben. Bevor die Wassermoleküle erhitzt werden, bewegen sie sich beliebig und kollidieren miteinander. Werden sie erhitzt, bewegen sie sich auf die gleiche Weise mit einer höheren Geschwindigkeit weiter (a). Dies geht so weiter, bis sich Blasen in der Flüssigkeit bilden – die erste Veränderung in der Organisation oder »Phasenänderung« (b). Steigt die Temperatur weiter, entstehen sich selbst organisierende Schleifen (c). Wird immer mehr Energie zugeführt, verändert sich die Struktur der Schleifen zu komplexeren, eng miteinander verknüpften Mustern (d). Diese Muster zunehmend komplexerer Ordnungen entstehen spontan aus der Struktur eines Systems. Scheinbar paradoxerweise ermöglicht eine lokale Reduktion von Entropie (d.h. einer komplexeren lokalen Ordnung) es dem größeren System und dem Universum, mehr Entropie zu erzeugen. Der daraus resultierende Selbstorganisationsprozess wird als treibende Kraft hinter der Evolution bezeichnet – der Evolution von Atomen zu komplexeren Molekülen, der Ursprünge von Leben und der Evolution aller verschiedenen Lebensformen auf der Erde.*

108 Die Abbildung stammt aus Goerner (1999).

Jede aufeinanderfolgende Phase zeichnet sich durch höhere Komplexität aus, und die selbstorganisierende Ordnung erzeugt auch höhere Entropie.[109] So ist zum Beispiel eine Lebensform eindeutig mehr organisiert als ihre Umwelt (d.h. sie reduziert die Entropie auf lokaler Ebene). Doch jedes Lebewesen ernährt sich von Elementen seiner Umwelt und produziert Abfall (d.h. es erhöht die Entropie in seiner Umwelt). Die Lebensformen, die am erfolgreichsten sein werden, sind diejenigen, deren innere Fähigkeit, Energie zirkulieren zu lassen, am höchsten ist, was wiederum auch dazu tendieren wird, die gesamte Entropie des Universums zu erhöhen.

Dieses Phänomen der *geordneten Komplexität* tritt nicht in Systemen auf, die von einer einfachen, linearen Kausalität geregelt werden, und es entsteht auch nicht, wenn die Komponenten nur schwach gekoppelt sind. Es ist eben das Schlüsselmerkmal des Reichs der Komplexität. Ein System lässt sich somit als komplex bezeichnen, wenn und nur wenn es zwei Merkmale hat: eine hohe Vielfalt von Komponenten und ein dichtes Netzwerk von Interaktionen zwischen diesen Komponenten. Wie Beinhocker und andere[110] nachgewiesen haben, ist dies mit Sicherheit der Fall bei ökonomischen Prozessen.

Die von Wirtschaftswissenschaftlern angewandten klassischen mathematischen Methoden, typischerweise lineare Regressionen und allgemeine Statistik, gehen von einer linearen Kausalität und von unabhängigen Variablen aus und können daher diese Art von Komplexität nicht erfassen. Die Traditionellen Ökonomen müssen die ökonomische Wirklichkeit stark vereinfachen, damit »die Gleichungen funktionieren«. Eine Konsequenz dieser übertriebe-

109 Siehe Robert Ulanowicz und B.M. Hannon: »Life and the Production of Entropy«, in: *Proceedings of the Royal Society of London B*, Bd. 232, S. 181–192. Siehe auch Sally J. Goerner, Robert G. Dyck und Dorothy Lagerroos: *The New Science of Sustainability. Building a Foundation for Great Change* (2008)

110 Siehe z.B. Paul Ormerod (1994), Sunny J. Auyang (1998) und Robert Axelrod und Michael D. Cohen (2000).

nen Vereinfachung ist die Unfähigkeit der Wirtschaftswissenschaften, sich mit der Frage von Resilienz und Nachhaltigkeit zu befassen.

Erst in letzter Zeit sind dank stärkerer und preiswerterer Rechenleistungen eine Reihe neuer mathematischer Methoden entstanden, die sich mit geordneter Komplexität befassen. Diese für die Komplexitätstheorie entwickelten Methoden sind etwa das agentenbasierte Modellieren (das vom Santa Fe Institute gefördert wurde) sowie jene Methoden, die aus den Netzwerk- und Informationstheorien und aus der Thermodynamik entstanden sind (diese Methoden werden wir anwenden). Inzwischen hat die Komplexitätstheorie bereits eine große Vielfalt von Gebieten wie Geophysik, Demografie, Verhaltensbiologie, Biologie, Medizin, Akustik, Elektronik und Finanzwissenschaft revolutioniert.

Fast alle natürlichen Systeme im realen Leben gehören, wie gesagt, dem Reich der geordneten Komplexität an. Und weil dem so ist, sind die Komplexitätsgesetze vielleicht noch wichtiger für das Verständnis von realen Systemen als selbst das Gesetz der Schwerkraft. Insbesondere neuere Befunde auf dem Gebiet der Thermodynamik vereinen langjährige Beobachtungen universaler Wachstums- und Entwicklungsmuster zu einem Gesetz der Physik – mit tief reichenden Folgen für unser Verständnis entwicklungsgemäßer Veränderungen und der Evolution an sich, wie neben vielen anderen Wissenschaftlern auch der Astrophysiker François Roddier erklärt (siehe Kasten 4.2).

Kasten 4.2 – François Roddier und Dewars Gesetz

François Roddier gilt als einer der genialsten Astrophysiker unserer Zeit. Er hat ein Atomspektrometer erfunden, mit dem sich die inneren Vorgänge in der Sonne untersuchen lassen, und er hat die Technik der adaptiven Optik auf die Astronomie übertragen, mit deren Hilfe sich astronomische Beobachtungen bei atmosphärischen Turbulenzen korrigieren lassen. Seit seiner Emeritierung im Jahr 2000 befasst sich Roddier mit dem Einfluss neuerer Befunde der Thermodynamik auf die Evolution. Hier einige Auszüge aus seinem jüngsten Werk:[111]

»Ein neues Gesetz der Physik konnte vor Kurzem nachgewiesen werden. Es ist ein abstraktes Theorem, das 2003 in einer europäischen Fachzeitschrift für mathematische Physik publiziert wurde.[112] Keine bekannte Zeitung hat diesen Durchbruch erwähnt. Die Bedeutung dieser Entdeckung entspricht dennoch der des Gesetzes der Schwerkraft durch Newton oder Darwins Evolutionstheorie. Ja, dieses neue Gesetz ist sogar die Voraussetzung beider, wie ich noch zeigen werde. Selbst viele Wissenschaftler haben anscheinend noch nicht seine Bedeutung erkannt.

Den Nachweis verdanken wir Roderick Dewar, einem Physiker schottischer Herkunft, der am Institut des Sciences et Techniques des Aliments in Bordeaux arbeitet. Warum an einem Lebensmittelinstitut? Dieses Gesetz der Physik hat grundlegende Folgen für das gesamte Gebiet der Biologie. Es lässt sich auch auf die Menschheit und die Entwicklung menschlicher Gesellschaften anwenden.

Von Anbeginn an entwickelt sich das Universum, indem es immer komplexere materielle Strukturen erschafft, die in der Lage sind, Energie immer effizienter umzuwandeln. Die Sterne, die Planeten, Pflanzen, Tiere und schließlich der Mensch sind eine Abfolge solcher Strukturen. Dewars Gesetz erklärt, warum. Ein belgischer Physiker russischer Herkunft namens Ilya Prigogine hat als Erster diesen Prozess der Energiedissipation eingehend untersucht. Seine Arbeit trug ihm 1977 den Nobelpreis in Physik ein. Sterne, Planeten, Pflanzen, Tiere, Menschen, menschliche Gesellschaften sind demnach alles ›dissipative Strukturen‹, wie sie Prigogine definiert hat … Energiedissipation erzeugt Unordnung oder Energieabbau, den man in der Physik Entropie nennt. Daher nennt man die Dissipation von Energie auch ›Entropieerzeugung‹. Die Abkürzung von Dewars Gesetz lautet MEP (Maximale Energieproduktion). Eine dissipative Struktur reduziert ihre innere Entropie – d.h. sie wird innerlich organisierter, um die gesamte Energiedissipation zu maximieren …

111 François Roddier: *Le pain, le levain et les gènes* (2009); die Auszüge sind den Seiten 55–58 und 61–72 entnommen.

112 Roderick Dewar: »Information Theory Explanation of the Fluctuation Theorem, Maximum Entropy Production and Self-Organized Criticality in Non-Equilibrium Stationary States«, in: *Journal of Physics A: Math. Gen. 36 Nr. 3* (2003), S. 631–641.

Bei Pflanzen und Tieren werden Informationen über die Umwelt in den Genen gespeichert. Pflanzen und Tiere passen sich einer spezifischen Umwelt an. Diese Anpassung erfolgt durch natürliche Auslese. Die so selektierten Pflanzen und Tiere sind in der Lage, am schnellsten und effektivsten Energie umzusetzen. Damit verändert ein Lebewesen seine Umwelt. Und während sich die Umwelt verändert, sind seine Gene nicht mehr angepasst. Also muss sich dieses Lebewesen erneut entwickeln. Um in Harmonie mit der Umwelt zu leben, die es durch Veränderung weiterentwickelt, muss sich ein Lebewesen mit größerer Geschwindigkeit anpassen. Nach Atomen und Molekülen nehmen Lebewesen an Komplexität zu. Die, die am besten an die Energiedissipation angepasst sind, werden immer gewinnen.

Geothermische Energie dissipiert nicht allmählich, sondern plötzlich, und zwar in Form von Erdbeben. Das gilt auch für das Leben. Pflanzliche und tierische Ökosysteme entwickeln sich rasch und kollabieren plötzlich, um von weiterentwickelten Populationen ersetzt zu werden, die Energie besser umsetzen können. Die Spezies Australopithecus verschwand zusammen mit allen anderen humanoiden Spezies – außer uns Menschen, und zwar in erster Linie, weil wir das Feuer zähmten und Nahrung kochten.

Seit der Steinzeit wurden Informationen, die zuvor nur in den Genen gespeichert waren, im menschlichen Gehirn gespeichert. Von da an steuert das menschliche Gehirn die Evolution der Menschheit. Der englische Zoologe Richard Dawkins hat vorgeschlagen, die im menschlichen Gehirn gespeicherten Informationen ›Meme‹ zu nennen, analog zu ›Genen‹. Für die Menschheit hat die Ablösung der Gene durch die Meme beachtliche Konsequenzen. Die Menschen teilen nun die gleichen Meme und erschaffen so eine neuartige dissipative Struktur. Verschiedene menschliche Gesellschaften entstehen ... Die Entwicklung von Wirtschaftsformen ist nichts weiter als die Ausgestaltung der Dissipation von Energien durch Strukturen, die menschliche Gesellschaften geworden sind.

Ich bin überzeugt, dass Dewars Erkenntnisse die Grundpfeiler einer neuen Wirtschaftswissenschaft sein werden, sobald sich die Wirtschaftswissenschaftler darüber im Klaren sind, was sie bedeuten. Im 17. Jahrhundert begrenzte England als fortschrittlichste mimetische Gesellschaft der Zeit als Erste die Macht der Monarchie, und Frankreich folgte im 18. Jahrhundert. Weil die absolutistische Monarchie die Entwicklung von Wirtschaftsformen beschränkte, war sie zum Untergang verurteilt. Während des 19. Jahrhunderts traten europäische Nationen – die damals noch unterschiedliche mimetische Gesellschaften waren – als Konkurrenten gegeneinander an. Die Folgen davon waren im 20. Jahrhundert zwei Weltkriege und eine Weltwirtschaftskrise.

Am Ende des Zweiten Weltkriegs gab es noch zwei große Ideologien, Kapitalismus und Kommunismus, die miteinander in Konflikt gerieten. Am Ende breiteten sich die Meme der freien Wirtschaft schließlich bis in die UdSSR aus. Da die sowjetische Wirtschaft sich langsamer entwickelte, brach sie zusammen. Mittlerweile setzt jeder Mensch auf der Welt im Durchschnitt 2 kW/kg um. Ein Franzose setzt im Durchschnitt 6 kW/kg um, ein Amerikaner 10 kw/kg. Durch einen derartigen Energieumsatz modifiziert die Wirtschaft rapide die Umwelt (Erschöpfung der Ölreserven, Luftverschmutzung usw.), und die soziale Ungleichheit verschärft sich.

Physik und Biologie zeigen uns, wohin dies führt: zur Auslöschung von Arten und zum Ende von Zivilisationen. Die Biologie weist nach, dass unsere Gene ständig gezwungen werden, sich zu entwickeln. Inzwischen ist uns klar, dass das auch für unsere Meme gilt. Auch sie müssen sich entwickeln. Kein Individuum kann einseitig seine Energiedissipation reduzieren, ohne zu riskieren, von der natürlichen Auslese eliminiert zu werden. Und auch kein einzelnes Land, keine einzelne Zivilisation kann einseitig die wirtschaftliche Entwicklung begrenzen.

Somit bleibt nur die Hoffnung auf einen Bewusstseinswandel auf globaler Ebene – die Erkenntnis, dass wir ein neues Mem brauchen, dass wir unseren Energieverbrauch im globalen Maßstab reduzieren müssen. Ein solcher Wandel setzt gerade ein, weil die Verschlechterung der Umwelt zum allerersten Mal innerhalb der Zeitspanne einer Generation sichtbar wird – das Zeichen für eine seismische Umweltverschiebung auf globaler Ebene. Daher ist eine nachhaltige Entwicklung dringend notwendig. Während wir versuchen, einen Planeten zu retten, den das nicht im Geringsten interessiert, sind wir vielleicht in der Lage, die Menschheit zu retten.«

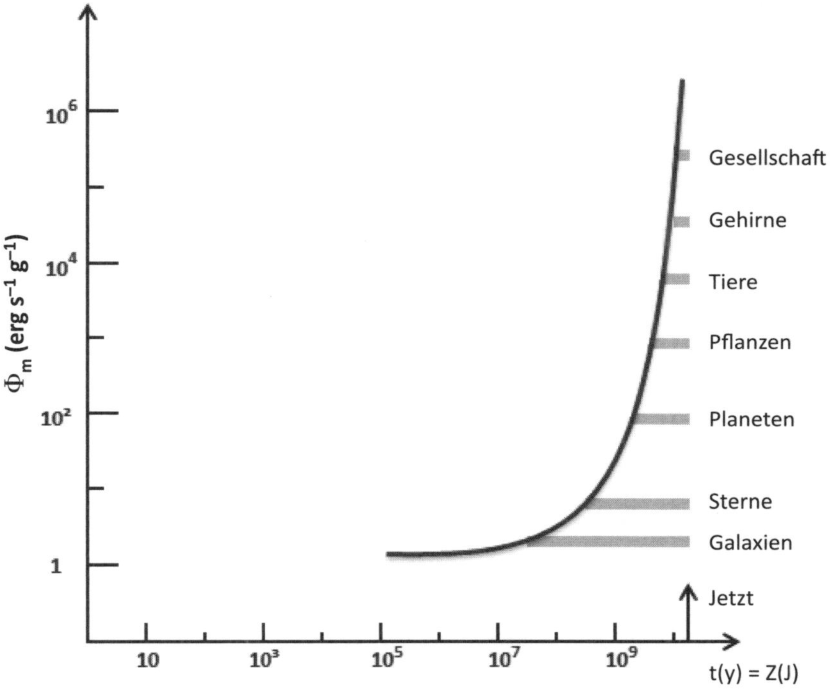

Abb. 4.3: *Wachstum des Energieumsatzes als Funktion des Alters und der Entwicklung des Universums (nach Eric Chaisson[113]).*

Abb. 4.3 zeigt die Entwicklung des effizienten Energieumsatzes im Lauf der Zeit. Energie wird in Watt gemessen. Die Effizienz des Energieumsatzes wird dann in Watt pro Kilogramm Materie gemessen. Alles beginnt mit dem »Urknall« vor rund 13,7 Milliarden Jahren. Die Materie verdichtet sich beinahe sofort. Infolge der Schwerkraft bilden sich langsam Galaxien, Wasserstoff wird in Helium umgewandelt, und Wärme wird im Rhythmus von einem

113 Eric Chaisson: »Non-Equilibrium Thermodynamics in an Energy-Rich Universe«, in: A. Kleidon und R.D. Lorenz (Hg.): *Non-Equilibrium Thermodynamics and the Production of Entropy: Life, Earth, and Beyond* (2005), S. 21–33.

Zehntel eines mW/kg (Milliwatt pro Kilogramm Materie) abgeleitet. Durch eine weitere Verdichtung entstehen Sterne, und auch für sie wird der Rhythmus der Dissipation in Zehntel mW/kg gemessen. Wenn Sterne altern und Superriesen werden, bilden sie Atome von zunehmender Komplexität, und aus Agglomeraten entstehen Planeten. Planeten absorbieren das von den Sternen ausgestrahlte Licht und geben es wieder im Infrarotbereich ab, wobei Energie im Rhythmus von 1 mW/kg umgesetzt wird. Auf manchen Planeten entsteht unter den richtigen Bedingungen Leben.

Selbst die primitivsten Lebensformen – Cyanobakterien – setzen bereits 10 mW/kg um, und im Lauf von ein paar Milliarden Jahren produzieren sie den gesamten Sauerstoff, den wir gegenwärtig einatmen. Pflanzen entwickeln sich und setzen etwa 100 mW/kg um. Im Erdzeitalter des Kambriums erscheinen Tiere und setzen über 1 W/kg um. Schließlich erscheinen wir Menschen. Ein ruhender Mensch setzt mindestens 3 W/kg um. Strengt er sich an, erhöht sich der Energieumsatz um das Zehnfache. Die Entwicklung menschlicher Gesellschaften und ihrer Wirtschaftsformen treibt gegenwärtig den Energieumsatz der Menschheit auf eine Durchschnittsrate von 2000 W/kg – eine exponentielle Erhöhung.

Roddier hat die Größenordnung und die Reichweite der Kräfte ermittelt, die den evolutionären Wandel in einem exponentiell sich beschleunigenden Rhythmus antreiben. Hat das Gesetz, nach dem Dinosaurier kleineren und agileren Säugetieren weichen mussten, absolutistische Monarchien an Bedeutung verloren oder der Kommunismus zusammenbrach, auch für unser Geldsystem Gültigkeit? Könnte es also sein, dass das vorherrschende Mem einer Monokultur des Geldes die menschliche Entwicklung und Kreativität in einem entscheidenden Zeitpunkt unserer kollektiven Reise erstickt? Falls Roddiers Behauptungen und Dewars Gesetz schlüssig sind, zwingen sie uns zu der Einsicht, dass wir diesen monetären Würgegriff lösen müssen oder als Spezies aussterben. Die nächsten beiden Abschnitte liefern die Beweise für eine derartige Behauptung.

3. Die Physik komplexer Flussnetzwerke

Die Methode der Thermodynamik, von der Roddier spricht, ist auch bei der Untersuchung komplexer *Flussnetzwerke* wie lebenden Organismen, Flusssystemen, Ökosystemen, urbanen Netzwerken, Gesellschaftssystemen und Unternehmensnetzwerken angewendet worden.[114] Die Anwendung dieser Analyse von Energienetzwerken auf die Physik von Flussnetzwerken ist das Ergebnis zahlreicher Arbeiten auf verschiedenen Gebieten und geht zugleich auf die Arbeit des Chemienobelpreisträgers Ilya Prigogine und von Erich Jantsch, dem Mitbegründer des Club of Rome, über selbstorganisierende Energieflusssysteme zurück. Tatsächlich haben, so der ökologische Ökonom Kenneth Boulding, viele frühe Ökonomen Anschauungen vertreten, die die Energie berücksichtigten. Dies änderte sich, als Ökonomen, die die Newtonsche Mechanik bevorzugten, das Paradigma der Traditionellen Ökonomie auf die Wirtschaftswissenschaft übertrugen samt seinen inzwischen vertrauten Ansichten über die Mechanik »rationaler Akteure« und die verlässliche Selbstbeschränkung auf die Theorie des allgemeinen Gleichgewichts.

Die spezifische Synthese, die wir hier vorstellen, stammt von vier Wissenschaftlern: dem Physiker und quantitativen Ökologen Robert Ulanowicz[115], der Expertin für nichtlineare dynamische Systeme Sally Goerner, dem Professor für Architektur und Stadtplanung Robert G. Dyck und der Professorin für Government and Environmental Management Dorothy Lagerroos[116].

---

114 Siehe z.B. Sally Goerner, Bernard Lietaer und Robert Ulanowicz: »Quantifying economic sustainability: Implications for free-enterprise theory, policy and practice«, in: *Ecological Economics*, 2009, Bd. 69 (1), S.76–81.

115 Siehe u.a. Robert Ulanowicz: *A Third Window: Natural Foundations for Life* (2008).

116 Goerner, Dyck und Lagerroos (2008).

Diese neue Vorgehensweise liefert eine konzise Erklärung dafür, warum wir neue Methoden anwenden müssen, um die Geld- und Wirtschaftsdynamik zu verstehen, wie sie sich tatsächlich in der realen Welt manifestiert. Bei dieser Vorgehensweise werden komplexe Systeme wie Ökosysteme, lebende Organismen und Wirtschaftsformen als Materiefluss-, Energiefluss- und Informationsflusssysteme begriffen. So ist zum Beispiel die berühmte »Nahrungskette« eigentlich ein Materie-Energie-Flussnetzwerk, das auf komplexen Beziehungen zwischen Organismen aufgebaut ist. Pflanzen fangen die Sonnenenergie mit Hilfe der Photosynthese ein, Tiere fressen die Pflanzen, verschiedene Arten fressen einander als Glieder einer Kette, die bis hinauf zum größten Raubtier führt – und dann sterben alle Organismen und zerfallen, und ihre Energie und ihre Materie werden von Bakterien recycelt.

Ein Aufsatz[117] sichtet die umfangreichen Forschungsarbeiten, wir wollen uns hier mit einem Überblick über die Befunde begnügen. Leser, die sich für die vollständigen fachlichen und mathematischen Beweise interessieren, können sie in dem genannten Aufsatz nachlesen.[118]

Jahrzehntelange Untersuchungen natürlicher Ökosysteme haben zu einem komplexen mathematischen Verständnis davon geführt, wie eine Netzwerkstruktur die langfristige Lebensfähigkeit eines Ökosystems beeinflusst. Dies hängt von einem Gleichgewicht zwischen *Effizienz* und *Resilienz* ab. Effizienz, auch Durchsatzeffizienz genannt, ist das Maß der Fähigkeit eines Systems, Mengen des relevanten Materie-, Energie- und/oder Informationsflusses zu verarbeiten. Resilienz ist das Maß der Fähigkeit eines

117 Robert E. Ulanowicz, Sally J. Goerner, Bernard Lietaer und Rocio Gomez: »Quantifying Sustainability: Resilience, Efficiency and the Return of Information Theory«, in: *Ecological Complexity*, Bd. 6 (2009), S. 27–36.

118 Anhang D bei www.money-sustainability.net enthält eine Zusammenfassung dieses Aufsatzes mit einer ausführlicheren grafischen Analyse als der hier gezeigten. Wer sich für traditionelle chinesische Philosophie interessiert, findet in Anhang E einige Parallelen zwischen unserem Konzept und der taoistischen Vorstellung von Yin-Yang-Polaritäten als universaler Dynamik.

Systems, sich von einer Störung, einem Angriff oder einer Veränderung in der Umwelt zu erholen. Anhand dieser Definitionen können wir nun die Nachhaltigkeit eines komplexen Flusssystems definieren und mit Hilfe einer einzigen Maßeinheit präzise quantifizieren.

Ganz allgemein wird die Resilienz eines Systems durch größere Vielfalt und durch mehr Pfade (oder Verbindungen) verbessert, da es in schwierigen Zeiten oder in Zeiten des Wandels auf zahlreiche Interaktionskanäle zurückgreifen kann. Ein Raubfisch etwa kann sich mit drei oder vier anderen Arten (z.B. Schildkröten und Schlangen) »verbinden« – das heißt Energie und Ressourcen gewinnen, meist durch Fressen dieser Arten – oder nur mit einer einzigen Art (z.B. Garnelen). Ein Fisch, dessen Versorgung mit Nahrung von einer einzigen anderen Art abhängt, wird es schwer haben, sich anzupassen, wenn diese eine Art in Schwierigkeiten gerät. Forscher können somit anhand der Menge an Vielfalt und des Vernetzungsgrads die Resilienz eines Systems quantifizieren.

Vielfalt und Vernetzungsgrad spielen auch eine wichtige Rolle bei der Durchsatzeffizienz, aber in entgegengesetzter Richtung: Die *Effizienz nimmt zu*, wenn Vielfalt und Vernetzungsgrad *abnehmen*. Und wenn ein Flusssystem effizienter wird, neigt es auch dazu, eine Art Selbstladeimpuls (fachlich »Autokatalyse«) aufzubauen, der die Vielfalt eliminiert, während es allmählich diesen Prozess optimiert. Allgemein formuliert: Zunehmend effiziente Systeme neigen dazu, mehr zielgerichtet, weniger vielfältig und folglich zerbrechlicher zu werden.

Das hat weitreichende Auswirkungen für alle komplexen Flusssysteme, einschließlich unserer Weltwirtschaft. Da Resilienz und Effizienz zwar zusammen notwendig sind, aber in entgegengesetzte Richtungen tendieren, neigt die Natur dazu, jene Systeme auszuwählen, in denen ein optimales Gleichgewicht von beiden herrscht. Das exakte Gleichgewicht ist je nach System unterschiedlich. Daher wollen wir hier eine Arbeitsdefinition von

Nachhaltigkeit vorschlagen: Nachhaltigkeit ist *das optimale Gleichgewicht zwischen Effizienz und Resilienz.* Ein System ist maximal nachhaltig, wenn dieses Gleichgewicht seinen optimalen Mischzustand erlangt.

Wenn wir Nachhaltigkeit grafisch darstellen wollen, müssen wir drei Variable einbeziehen: Vielfalt, wechselseitige Vernetztheit und die relative Betonung von Effizienz und Resilienz. Wir haben es hier also mit einem vierdimensionalen Objekt zu tun, was sich natürlich nur schwer in einem zweidimensionalen Graphen darstellen lässt.

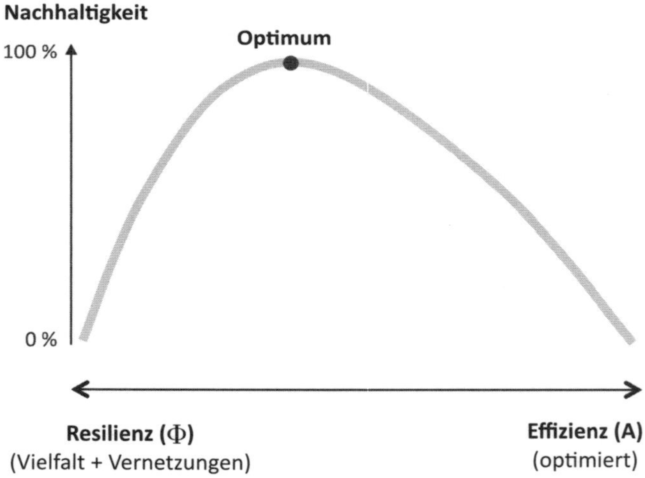

Abb. 4.4: *Die Kurve der Nachhaltigkeit zwischen den beiden Polaritäten von Effizienz und Resilienz. In der Natur wird der Resilienz mehr Bedeutung beigemessen als der Effizienz, und die Kurve ist auf dieser Seite des Graphen steiler. Dieser zweidimensionale Graph ist natürlich eine didaktische Vereinfachung eines vierdimensionalen Objekts.*

Was vielleicht noch wichtiger ist: Die Physik von Flussnetzwerken erklärt auch, warum übermäßig große und effiziente Organisationen das ganze System zum Zusammenbruch hinziehen können.

Im Wesentlichen heißt das, dass große, hoch effiziente Organisationen im Netzwerk die kleineren Organisationen »überholen«, indem immer mehr Energie, Informationen und Ressourcen in die großen Organisationen hineingezogen und den kleineren Organisationen entzogen werden. Dies bewirkt natürlich, dass die großen Organisationen noch größer werden und die kleineren absterben, genau wie es Schumpeters klassische Theorie von der »kreativen Zerstörung« vorhersagt. Leider reduziert das Abtöten zahlreicher kleinerer Organisationen die Resilienz, erhöht die Instabilität und steuert das ganze System auf den Zusammenbruch zu (d.h. Nachhaltigkeit = 0). Hier einige Beispiele: Große, zügellose Raubtiere töten alle Beutetiere, was zu einem Zusammenbruch des Ökosystems führt. Große Kanäle, die ins Delta von New Orleans gegraben wurden, spülten den Boden aus den Feuchtgebieten weg, wodurch die Stadt absank und die Feuchtgebiete abstarben. Und wenn Handelsmonopole viele kleine Konkurrenten sterben lassen, verkehrt sich der positive Rückkopplungszyklus »Je mehr du hast, desto mehr bekommst du« zu dem tödlichen Spiel »Der Sieger nimmt alles«. Dies kann zu einer ökonomischen »Blase« führen, einer schillernden Blase des Reichtums über einer schwachen, ausgeschlachteten Realwirtschaft. Dieses physikalische Gesetz erklärt, warum einst Kartellgesetze eingeführt wurden.

Abschließend lässt sich sagen: »Das Leben tendiert dazu, zu optimieren statt zu maximieren. Maximierung ist ein anderes Wort für Sucht.«[119] Tatsächlich operieren in der realen Welt alle Netzwerke, die natürlichen Ökosystemen entsprechen, um das Optimum herum, innerhalb eines bestimmten Spielraums, dem »Zeitfenster der Lebensfähigkeit«[120], das auf beiden Seiten dieses Optimums liegt, wie Abb. 4.5. zeigt.

---

119 Paul Hawken: *Blessed Unrest* (2007), S. 183.

120 In der ökologischen Literatur auch »Zeitfenster der Vitalität« genannt. Siehe Ulanowicz (2008).

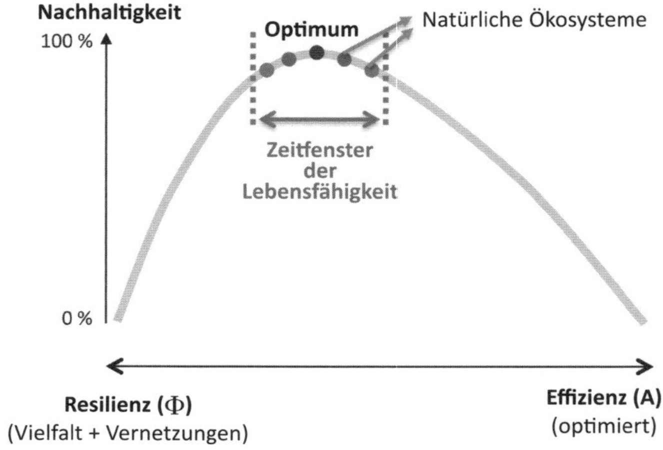

Abb. 4.5: *Alle natürlichen Ökosysteme operieren innerhalb eines »Zeitfensters der Lebensfähigkeit« um das Optimum.*

Was können wir nun aus dieser Untersuchung von Nachhaltigkeit lernen, wenn wir die Netzwerk- und Informationstheorie mit Daten aus realen Ökosystemen kombinieren?

4. Was uns die Natur lehrt

Von ganz entscheidender Bedeutung ist es, dass die Natur nicht um der maximalen Effizienz willen selektiert, sondern im Hinblick auf das optimale Gleichgewicht zwischen den beiden entgegengesetzten Polen von Durchsatzeffizienz und Resilienz. Mit anderen Worten: Nachhaltigkeit erfordert gerade genügend und nicht zu viel Effizienz wie Resilienz. In den meisten von Menschen gemachten Systemen und mit Sicherheit in der monetären Domäne interessiert uns nur die Effizienz, und daher neigen wir unangemessenerweise dazu, die Resilienz zu opfern.

Bis vor Kurzem galten absoluter Durchsatz und absolute Effizienz als Hauptmaßnahmen, um die Gesundheit von Systemen zu gewährleisten, und zwar sowohl in der Naturwissenschaft wie in der Wirtschaftswissenschaft. Inzwischen jedoch können wir unterscheiden, ob ein bestimmter Zuwachs an Größe und/oder Effizienz einer Organisation wirklich ein Zeichen von gesundem Wachstum ist oder der Beginn einer kurzfristigen Blase, die zu platzen droht.

Schließlich können wir davon ausgehen, dass die Natur viele Entwicklungsprobleme in Ökosystemen im Laufe der Zeit gelöst hat. Denn sonst würden diese Ökosysteme ja heute nicht mehr existieren. Und das sind die gleichen Probleme, mit denen sich die Menschheit in wirtschaftlicher Hinsicht noch immer abmüht. Interessant ist auch, dass alle Ökosysteme ihre wichtigsten strukturellen Parameter wie Vielfalt und Vernetzung innerhalb eines ganz spezifischen engen Spielraums haben – dem Zeitfenster der Lebensfähigkeit, wie wir das genannt haben.

Sally Goerner hat darauf hingewiesen, dass alle »Systeme, egal, wie komplex sie sind, einer von wenigen Klassen angehören. Und alle Angehörigen einer Klasse haben bestimmte gemeinsame Verhaltensmuster.«[121] Ähnlich hat es auch Predrag Cvitanović formuliert: »Das Wunderbare an dieser Universalität ist es, dass es keine große Rolle spielt, wie nahe unsere Gleichungen denen kommen, die die Natur gewählt hat, solange das Modell der gleichen Universalitätsklasse angehört ... wie das reale System. Das bedeutet, dass wir die richtige Physik aus ganz primitiven Modellen beziehen können.«[122] Mit anderen Worten: Um Erkenntnisse über das Verhalten eines Systems zu gewinnen, bedarf es keiner immer mehr verfeinerter Modelle, wie dies bei linearen Modellen der Fall ist. Vielmehr geht es schlicht darum festzustellen, welche Klasse von Modell dieses bestimmte System charakterisiert. Die Befunde aus einem Netzwerk gelten auch für jedes andere Netzwerk, das die gleiche *Struktur* aufweist, egal, ob die Komponen-

121 Goerner (1999), S. 153.
122 Predrag Cvitanović: *Introduction to Universality in Chaos* (1984), S. 11.

ten Alligatoren und Fische in einem Ökosystem sind, Elektronen in einem elektrischen Schaltkreis oder Geld in einer Wirtschaft.

So werden zum Beispiel Stromnetze seit Jahrzehnten für eine größere technische und ökonomische Effizienz optimiert. Viele Ingenieure mag es vielleicht überraschen, dass es in den technisch fortschrittlichsten Ländern wie Deutschland oder den USA zu großen Stromausfällen genau deshalb kommt, weil sich deren Stromnetze der maximalen Effizienz annähern. Eine übereffiziente Optimierung bewirkt, dass sie ihre Resilienz verlieren.

Ebenso ist es intuitiv nachzuvollziehen, dass ein Gleichgewicht zwischen Effizienz und Resilienz entscheidend für die ökonomische Nachhaltigkeit ist. So müssen zum Beispiel dynamische Unternehmen ihre Resilienz bewahren, indem sie sorgfältig konstruierte Systeme von Produktion, Marketing, Auslieferung, Buchhaltung und Ausbildung schaffen und unterhalten, die zahlreiche Vernetzungen aufweisen. Sobald diese Systeme installiert sind, müssen Unternehmen konkurrenzfähig bleiben, indem sie ihre Prozesse nach Effizienzprinzipien optimieren. Doch um Zeiten des Wandels zu überstehen, müssen Unternehmen auch in der Lage sein, ihre Geschäftsstrategien anzupassen, um auf Veränderungen in Märkten und im ökonomischen Klima zu reagieren. Eine Überbetonung der Effizienz durch Optimierung kann problematisch werden, wenn dies die Vielfalt reduziert, die für die Anpassungsfähigkeit und für die Vielzahl der Wege nötig ist. In einem Geschäftsmodell wird diese Vielfalt sichtbar als Beweglichkeit und als Wahl zwischen verschiedenen strategischen Optionen im Umgang mit unerwarteten Problemen, Ausfällen oder Chancen.

Seit den 1990er-Jahren sind Aktienoptionen für Spitzenmanager in öffentlichen Unternehmen eine weit verbreitete Praxis. Diese Vorgehensweise war erfolgreich, weil sich Vorstandsvorsitzende auf kurzfristige und sofort messbare finanzielle Ergebnisse konzentrierten. Im Hinblick auf unser Nachhaltigkeitskonzept können wir hingegen feststellen, dass ein solcher kurzsichtiger

Druck zur Profitmaximierung gefährlich ist, weil er Manager zwingt, Optimierung, rigide Kontrolle und kurzfristige Effizienz auf Kosten langfristiger Anpassungsfähigkeit und Resilienz zu übertreiben. Übertriebene Effizienz führt zu Erstarrung und Zerbrechlichkeit, sodass eine kleine Unterbrechung in der Kette einen plötzlichen Zusammenbruch auslösen kann. Somit können wir vorhersagen, dass übertrieben optimierte Unternehmen eher größere Krisen erleben werden, wenn sie vor unerwarteten Herausforderungen stehen.

Ereignisse aus jüngerer Zeit veranschaulichen die Folgen plötzlicher Störungen in Systemen, die um der Effizienz willen übermäßig optimiert wurden: »Der Ausbruch des isländischen Vulkans 2010 ließ den Luftverkehr in ganz Europa zusammenbrechen und stellte die Produktionsversorgungskette der Welt vor eine ihrer größten Bewährungsproben seit dem Aufkommen der geringen Lagerhaltung im Just-in-time-Zeitalter. Japans Vierfach-Katastrophe – Erdbeben, Tsunami, Zusammenbruch der Kernkraftwerke und Energieknappheit – hat die Versorgungskette noch weitaus größeren Belastungen ausgesetzt ... Im Lauf des letzten Jahrzehnts etwa hat das Just-in-time-Konzept, Waren in letzter Minute auszuliefern, um Lagerbestände niedrig zu halten, die globale Produktionskette bis zum Zerreißen gespannt. Nun, meinen Ökonomen bei HSBC, muss diese Kette vielleicht mit ›Just-in-case‹-Systemen verstärkt werden, um den Schaden durch Störungen zu begrenzen.«[123]

Umgekehrt können *zu viel* Vielfalt und Vernetzung zu übertriebenen Fixkosten und unzureichender Effizienz führen.

Kurzum: Schlecht vernetzte Netzwerke sind fragil, zerbrechlich und können zusammenbrechen, wenn sie mit einer unerwarteten Herausforderung konfrontiert werden, während übermäßig vernetzte Netzwerke eher stagnieren. Der Schlüssel zu einer er-

123 *The Economist*, 2. April 2011, S. 59.

folgreichen Nachhaltigkeitsstrategie ist somit das *angemessene Gleichgewicht* in allen komplexen Flusssystemen, seien es nun Unternehmen, Ökosysteme oder Wirtschaftsformen.

5. Die Anwendung auf Geldsysteme

Unser globales Geldsystem ist ein Netzwerk monopolistischer nationaler Währungen. Die Durchsetzung eines Monopols nationaler Währungen lässt sich technisch damit rechtfertigen, dass die Effizienz der Preisbildung und der Wechselkurse in nationalen Märkten optimiert werden soll. In einem bahnbrechenden Aufsatz von 1953 hat Milton Friedman die Einführung freier Wechselkurse damit gerechtfertigt, es verbessere die globale Effizienz, wenn man es freien Märkten überlasse, die Preise in jeder nationaler Währung festzulegen.[124] Diese Idee wurde tatsächlich 1971 von Präsident Nixon umgesetzt, als er die Dollar-Konvertierbarkeit in Gold aufhob. Seitdem ist eine außerordentlich komplizierte und effiziente globale Kommunikationsinfrastruktur entstanden, um diese nationalen Währungen zu verknüpfen und zu handeln. Wie bereits in Kapitel 3 erklärt, erreichte das Handelsvolumen der Devisenmärkte 2010 beachtliche vier Billionen US-Dollar pro Tag, zu denen noch weitere Billionen von Währungsderivaten hinzugefügt werden müssten. Niemand stellt die Durchsatzeffizienz dieser Märkte oder ihre Fähigkeit, derart riesige Geldmengen zu verarbeiten, infrage.

Doch die mangelnde Resilienz des Systems zeigt sich nicht etwa in den Informationstechnologien, die überall über Back-up-Systeme verfügen, sondern im Bereich der Finanzen, in dem keine Back-up-Systeme existieren. Dies beweisen die Hunderte von Systemcrashes, die es in den letzten vierzig Jahren gegeben hat. Eine derartige Krise, besonders ein kombinierter Währungs- und Ban-

124 Milton Friedman: »The Case for Flexible Exchange Rates«, in: *Essays in Positive Economics* (1953), S. 157–203.

kencrash, ist – abgesehen von einem Krieg – das Schlimmste, was einem Land widerfahren kann. Alles deutet darauf hin, dass sich monopolistische nationale Währungen zu einem übermäßig effizienten und zerbrechlichen System entwickelt haben. Diese Situation veranschaulicht Abb. 4.6.

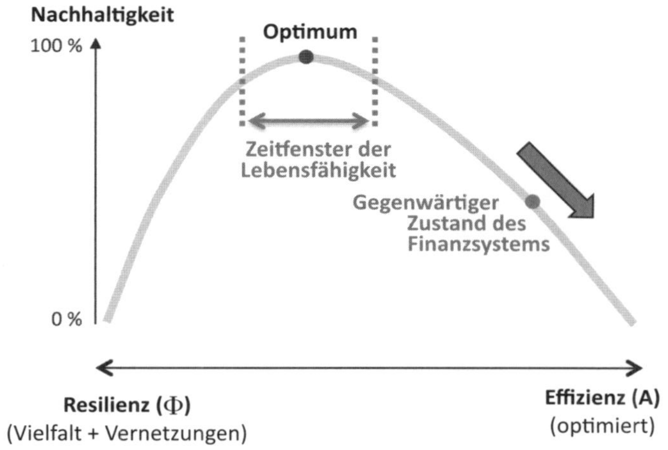

Abb. 4.6: *Das heutige globale monetäre Ökosystem überschreitet erheblich das optimale Gleichgewicht zwischen Effizienz und Resilienz. Dies liegt an einer Überbetonung der Effizienz, und damit ist das gesamte System nicht mehr genügend anpassungsfähig. Der allgemeine Glaube, alle Verbesserungen müssten weiter in diese Richtung (dunkler kräftiger Pfeil nach unten) gehen, wird uns noch weiter von Nachhaltigkeit entfernen.*

Der Weg zur monetären Nachhaltigkeit wird für das Denken der Traditionellen Ökonomie überraschend sein, das de facto Monopole nationaler Währungen für gegeben erachtet. Monetäre Nachhaltigkeit verlangt nämlich eine Vielfalt von Geldsystemen, sodass vielfache und unterschiedliche Kanäle der Verknüpfung und des Austauschs von Währungen entstehen können, wie es Abb. 4.7 veranschaulicht.

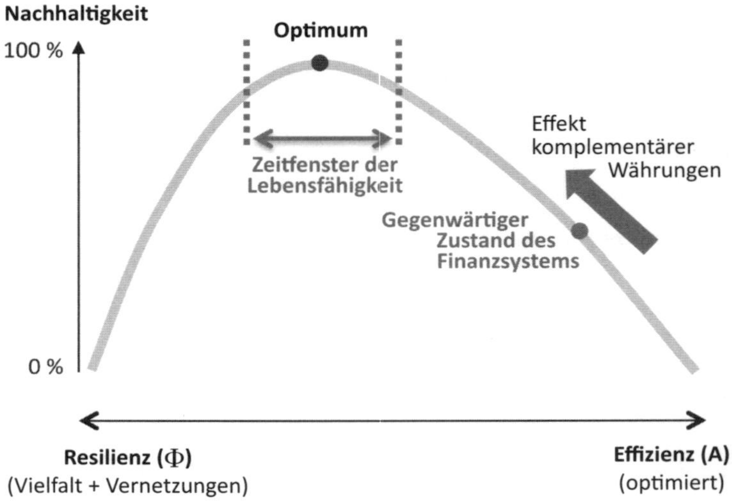

Abb. 4.7: *Der Effekt verschiedenartiger Zahlungsmittel. Unterschiedliche und vielfältige Währungen drücken die Wirtschaft zur optimalen Nachhaltigkeit zurück (dunkler kräftiger Pfeil nach oben), indem sie Transaktionen über Verknüpfungen ermöglichen, die sonst nicht existieren würden, und die ökonomische Resilienz erhöhen. Diese Verbesserung ist notwendigerweise mit einer Reduzierung der Effizienz verbunden.*

Anhänger des Paradigmas der Traditionellen Ökonomie werden einen vorhersehbaren Einwand gegen diese Idee erheben: Der Einsatz vielfältiger Zahlungsmittel innerhalb einer Volkswirtschaft reduziere die Effizienz des Preisbildungsprozesses und der Wechselbeziehungen zwischen Wirtschaftssubjekten. Doch die Lehre aus der Physik komplexer Flussnetzwerke besagt ja, dass der Drang nach größerer Effizienz, wenn ein System bereits das optimale Gleichgewicht überschritten hat, die Wahrscheinlichkeit des nächsten Crashs erhöht. Genauso gut könnte man einem Autofahrer sagen, je mehr Staus und Unfälle es auf einer Straße gibt, desto mehr solle er beschleunigen statt zu bremsen.

Wie geht die Natur mit Crashes um?

Auch natürliche Ökosysteme können einen Crash erleben: durch einen Waldbrand, ein Hochwasser, einen Kahlschlag oder sonst eine Katastrophe, die die gesamte Umwelt unter erheblichen Druck setzt. Was geschieht mit einem natürlichen Ökosystem in solchen Fällen? Das System reagiert darauf, indem es zunächst auf der Ebene der extremen Resilienz operiert, auf der die Vielfalt am höchsten, die Effizienz aber extrem niedrig ist. Dann, wenn die dem neuen Kontext am besten angepassten Arten wieder gedeihen, kehrt das System allmählich zum Zeitfenster der Lebensfähigkeit zurück (s. Abb. 4.8).

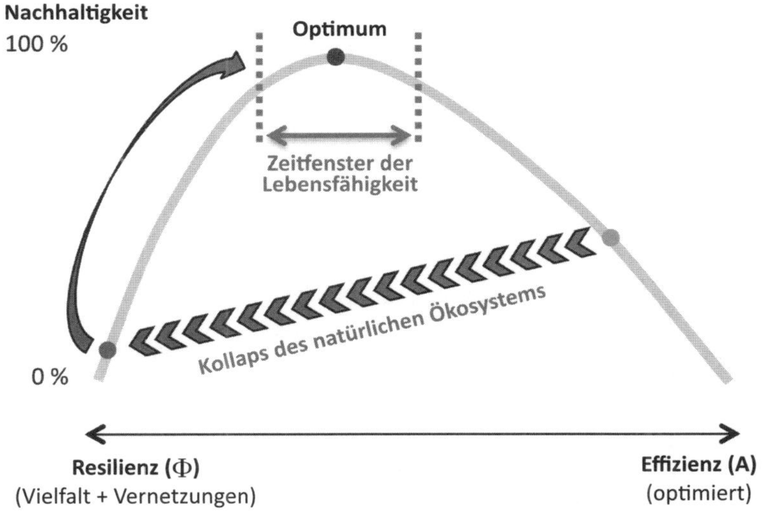

Abb. 4.8: *Der Pfad der Erholung nach dem Kollaps eines natürlichen Ökosystems.*

Was tun wir denn, wenn das Finanzsystem völlig zusammenbricht, wie dies der Fall war in Deutschland in den 1920er-Jahren oder in Argentinien Ende der 1990er-Jahre, oder wenn es möglicherweise zu einem Zusammenbruch des Euros oder des Dollars käme? Der

Anfang ist ähnlich wie im Fall eines natürlichen Ökosystems: Menschen und Unternehmen greifen auf den Tauschhandel zurück, sodass im Prinzip alle Arten von Dingen »Überlebenswährungen« werden können. Dies ist offenkundig sehr ineffizient. Bis heute wendet man daher das alte Rezept an: Das Bankensystem und das Monopol des Bankschuldengeldes werden zwangsweise so schnell wie möglich wieder eingeführt. Typischerweise werden die größten Banken, die »zu groß sind, um Bankrott zu machen«, gerettet und dabei unterstützt, die kleineren zu schlucken, was die Konzentration noch weiter vorantreibt.

Sollten wir nicht von der Natur lernen, dass ein Wachstum bis zu dem Punkt, an dem man »zu groß ist, um Bankrott zu machen«, niemals zugelassen werden dürfte? Doch stattdessen kontrollieren in den USA die zehn größten Banken inzwischen 42 Pro-

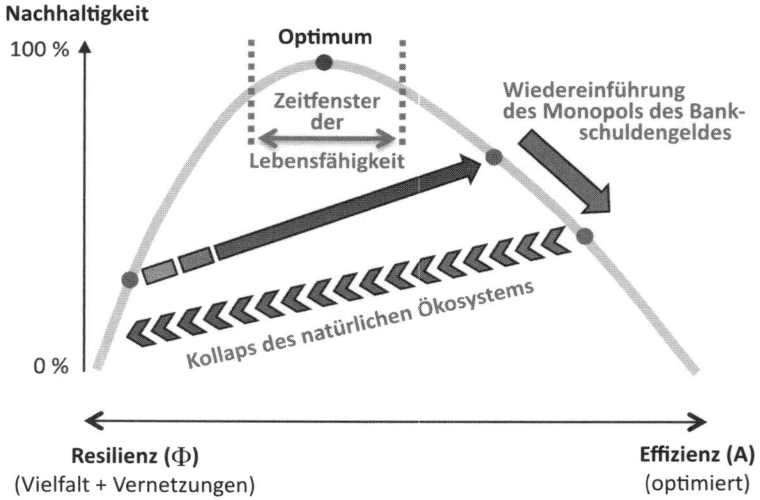

Abb. 4.9: *Nach einem Finanzcrash wird so bald wie möglich das Monopol des Bankschuldengeldes wieder eingeführt, was eine Schleife erzeugt, in der es voraussichtlich immer wieder zu Systemcrashes oder -krisen kommt.*

zent des Marktes, verglichen mit 28 Prozent vor der Krise von 2008. Dieses Muster veranschaulicht am besten, was die »autokatalytischen Kräfte« in natürlichen Ökosystemen bewirken – nämlich automatische Systemcrashes. Genau die Institute, die bereits »zu groß waren, um Bankrott zu machen«, lässt man noch größer werden. Dies fördert ein höheres Volumen und möglicherweise eine höhere Durchsatzeffizienz, aber auch eine weitere Zunahme an Zerbrechlichkeit.

Die autokatalytischen Kräfte im Unternehmensbereich nehmen heute die politische Form des Lobbyismus an, der sich im Fall des Finanzsystems als überaus effektiv erwiesen hat. Reichtum erzeugt Macht, und Macht erzeugt Gesetze, die die Interessen derer bedienen, die bezahlen. Dies erzeugt wiederum mehr Reichtum, und dieser Zyklus geht so lange weiter, bis maßlose Auswüchse ihn zusammenbrechen lassen. So kamen zum Beispiel 2010 in Washington auf jeden gewählten Volksvertreter drei hochrangige Lobbyisten, die für die Banken arbeiteten! Außerdem sind inzwischen praktisch alle Staaten stark verschuldet, was ihre Verhandlungsmacht weiter schwächt. Oder wie es US-Außenministerin Hillary Clinton laut WikiLeaks formuliert hat: »Es ist schwer, gegenüber seinem Banker hart aufzutreten …«[125] Somit kommt es zumindest auf dem Finanzsektor bemerkenswert rasch dazu, dass alles wieder seinen gewohnten Gang nimmt.

Das *Wall Street Journal* berichtet sogar, dass es den Banken besser denn je geht: Die für 2010 von den 25 größten Wall-Street-Instituten ausgeschütteten Boni beliefen sich auf 135,5 Milliarden US-Dollar und übertrafen damit sogar das Rekordhoch von 2007. So erhöhte beispielsweise der Topmanager von Goldman Sachs seinen Bonus auf 12,6 Millionen US-Dollar, während 738 Manager der

125 Hillary Clinton bezog sich in diesem Zusammenhang zwar auf China als »Banker der USA«, aber die von ihr gewählte Metapher verrät, dass dies auch für andere konkrete Banken gilt.

Citigroup jeweils über eine Million US-Dollar bekamen.[126] Noch beunruhigender sind die Informationen, die von der US-Notenbank preisgegeben wurden, nachdem sie 2009 durch den Wall Street Act gezwungen worden war, teilweise ihre Bücher zu öffnen.

Bernie Sanders, der unabhängige US-Senator aus Vermont, der diese Gesetzesinitiative eingeleitet hatte, die die beispiellose Offenlegung der relevanten Daten durch die Notenbank erzwang, erklärte hierzu: »Uns blieb der Mund buchstäblich offen, als wir dies lasen.« Einige der Rettungsprogramme der Notenbank, etwa der Term Asset-backed Loan Fund (TALF), offenbaren eine himmelschreiende Vetternwirtschaft. Dieses Programm war nach der Wahl von Präsident Obama im November 2008 eingeführt worden, um die Verbraucherkredite wieder anzukurbeln, die während der Finanzkrise versiegt waren. »Aber statt Verbrauchern, Kreditkarteninhabern oder Studenten Kredite direkt zu gewähren«, so Sanders weiter, »reichte die Notenbank eine Billion Dollar an Banken und Hedgefonds weiter.«[127]

Wir hängen seit mehreren Jahrhunderten in der Schleife fest, wie sie Abb. 4.9 zeigt – genauer seit der Zeit, als ein Monopol von Bankschuldengeld eingeführt wurde. Inzwischen können wir mit hundertprozentiger Sicherheit vorhersagen, dass es in naher Zukunft zu weiteren Crashes kommen wird, solange diese Währungsmonokultur aufrechterhalten wird.

Unabhängige Bestätigung

Nicht nur wir haben die Netzwerktheorie auf Finanz- und Bankensysteme angewendet. Längst beschäftigen sich immer mehr Bücher und Arbeiten damit, Wirtschaft und Finanzen mit Hilfe der Theorie komplexer Netzwerke zu untersuchen.[128] So wurde

126 Jerôme Fourel: »Wall Street et ses bonus: $135.500.000.000 pour 2010«, in: *Le Monde*, 7. Februar 2011.

127 »The Real Housewives of Wall Street«, in: *Rolling Stone*, 4. November 2011.

128 Siehe z.B. M. Kosfeld (2004), Y. Leitner (2005), Frank Schweitzer u.a. (2009a), Frank Schweitzer u.a. (2009b) und C. Jones (2010).

zum Beispiel mehrere Jahre nach dem Erscheinen unserer Arbeit über die Anwendung komplexer Flussnetzwerke auf das Finanzsystem ein Aufsatz mit dem Titel »Systemic Risk in Banking Ecosystems«[129] in *Nature* veröffentlicht, der meistzitierten interdisziplinären Wissenschaftszeitschrift.[130] Der Aufsatz stammt von zwei angesehenen Autoren: Andrew Haldane, Executive Director für Finanzstabilität der Bank of England, und Professor Robert May, ehemaliger Präsident der Royal Society in England. Auch sie stellen das heutige Finanzsystem mit Hilfe der Komplexitätstheorie modellhaft als Ökosystem dar. Auch wenn sie eine andere Komplexitätsmethode als wir anwenden[131], gelangen sie doch zu bemerkenswert ähnlichen Schlussfolgerungen:

- Modelle aus der Ökosystemforschung liefern wichtige und stichhaltige Erkenntnisse für das Verständnis der Resilienz des Finanzsektors. »Diese Aufgabe, die Dynamik dessen zu verstehen, was man ›Finanzökosysteme‹ nennen könnte, weist interessante Parallelen zur Ökologie auf.«[132] Das beträchtliche Wissen, das die Arbeit an natürlichen Netzwerksystemen gesammelt hat, kann und sollte bei der Evaluierung der Systemrisiken im Bankensektor genutzt werden.
- Es ist wichtig, dass für das ganze System relevante Eigenschaften des Finanzsystems statt individueller Institute berücksichtigt werden. »Bei der gegenwärtigen internationalen ordnungspolitischen Agenda geht es vor allem darum, an das Bankenkapital und an das flüssige Kapital höhere Anforderungen zu

129 Andrew Haldane und Robert May: »Systemic Risk in Banking Ecosystems«, in: *Nature*, Bd. 469 (20. Januar 2011), S. 351–355.

130 Diese Einstufung nahm 2010 die Wissenschaftsausgabe des *Journal of Citation Reports* (Thomson Reuters, 2011) vor. Siehe auch: www.nature.com/nature/about/

131 Insbesondere untersuchte das Team Haldane–May das komplexe Flussnetzwerk des Finanzsystems mit Hilfe des agentenbasierten Modellierens. Dies ist die bevorzugte Methode der Komplexitätsschule von Santa Fe. Unsere Methode hingegen basiert auf der Anwendung von Thermodynamik und Informationstheorie auf natürliche Ökosysteme.

132 Haldane und May (2011), S.351.

stellen.... Bei der Regulierung des Finanzsystems hat man sich bislang [zu] wenig bemüht, die das ganze System betreffenden Charakteristika des Netzwerks zu bewerten.«[133]

- Notwendig ist eine größere Vielfalt im gesamten Finanzsystem. »Beim Umbau und bei der Verwaltung des Finanzsystems sollte dem Ziel dieser Systemvielfalt von Seiten der Regulierungsbehörde viel größere Beachtung geschenkt werden«, weil »Homogenität Fragilität erzeugt«.[134]
- Erhöhte Konzentration im Finanzsektor ist ein Schlüsselfaktor, der zur Zerbrechlichkeit des gesamten Netzwerks beiträgt. »Vorläufig belegt dies die Tatsache, dass die fünf größten Banken der Welt im Lauf der letzten zehn Jahre eine zunehmende Konzentration der Vermögenswerte aufgewiesen haben.«[135] Da die Regierungen dazu gedrängt werden, Institute zu retten, die »zu groß sind, um Bankrott zu machen«, gelangen die Autoren zu der Schlussfolgerung: »In finanziellen Ökosystemen haben die evolutionären Kräfte oft bewirkt, dass die Fettesten und nicht die Fittesten überleben.«[136] Wir haben dieses Phänomen mit dem Begriff der »autokatalytischen Kräfte« umschrieben, die auf Kosten der Stabilität des Ganzen an Größe und Stärke zunehmen.

Wenn zwei unterschiedliche und unabhängige Teams verschiedene Komplexitätsmethoden anwenden, um zu den gleichen Schlussfolgerungen zu gelangen, dann sind diese Befunde um so robuster und glaubwürdiger. Weitere Forschungsbemühungen in diese Richtung müssten sich also offenkundig lohnen.

Es gibt aber auch Unterschiede zwischen beiden Ansätzen – vor allem bei den empfohlenen Lösungen. Weil Haldane und May beim

133 a.a.O., S. 355.
134 a.a.O., S. 355.
135 a.a.O., S. 354.
136 a.a.O., S. 351.

Paradigma einer einzigen Währung verharren, müssen sie mit dem Widerspruch leben, dass sie sich zwar einerseits für Vielfalt aussprechen, andererseits jedoch eine strengere Regulierung empfehlen.

6. Wege zu einer strukturellen Lösung?

Unsere Position bringt am besten das Zitat von William McDonough zu Beginn dieses Kapitels auf den Punkt: »Dass etwas reguliert werden muss, ist stets ein Zeichen für eine fehlerhafte Konstruktion.« Und daher bezieht sich unsere Lösung auf die Struktur des Geldsystems selbst. Wir empfehlen ein monetäres *Öko*system, in dem andere Zahlungsmittel als ein monopolistisches Bankschuldengeld eine Rolle spielen dürfen. Dies würde für größere strukturelle Vielfalt sowohl bei den Zahlungsmitteln wie bei den Instituten, die sie erschaffen, sorgen. Falls und wenn solche komplementären Systeme installiert sind, wird eine spontane Anpassung an eine ökonomische Instabilität und/oder eine plötzliche Knappheit des Bankschuldengelds möglich. Solche komplementären Arrangements würden auch den außergewöhnlichen Würgegriff lockern, in den das Bankensystem inzwischen Staaten und die gesamte Wirtschaft nimmt.

Aus einer völlig anderen Perspektive schrieb Friedrich Hayek, einer der führenden Vertreter der Österreichischen Schule der Nationalökonomie, 1976 ein Buch, das weithin unbeachtet blieb und den Titel *Entnationalisierung des Geldes* trägt.[137] Seine Prämisse lautete, dass ein Monopol das Gleichgewicht zwischen Angebot und Nachfrage von Geld nicht kompetenter regeln könne als in Bezug auf Schuhe, Autos, Lebensmittel oder Gesundheitsfürsorge. Als Lösung empfahl er den Wettbewerb zwischen den Finanzinstituten: Jede Bank solle ihr eigenes Papiergeld drucken dürfen. Ein derartiger Wettbewerb zwischen den Banken würde den Geldwert

137 Dieses Buch entstand zwei Jahre, nachdem Hayek der Preis für Wirtschaftswissenschaften der schwedischen Reichsbank im Gedenken an Alfred Nobel verliehen worden war.

stabil halten, da Geld, das an Wert verliert, den Kreditgebern schadet, während Geld, das an Wert gewinnt, den Kreditnehmern schadet. Somit würde der Markt die »besten Gelder« wählen – die, die das beste Gleichgewicht zwischen Wertverlust und Wertsteigerung erzielen würden. Während wir uns in anderen Bereichen Hayek oder der Österreichischen Schule nicht anschließen, können wir Hayeks Einschätzung des gegenwärtigen Geldsystems mit Sicherheit nur beipflichten:

»Es hat vielmehr die Mängel eines jeden Monopols: Man muss seine Produkte benutzen, selbst wenn sie unbefriedigend sind, und vor allem verhindert es die Entdeckung besserer Methoden der Bedürfnisbefriedigung, weil der Monopolist dazu keinen Anreiz hat. Wenn die Öffentlichkeit einsähe, welchen Preis sie mit der periodischen Inflation für die Bequemlichkeit zahlt, bei den gewöhnlichen Geschäftstransaktionen nur mit einer Geldart umgehen und nicht gelegentlich überlegen zu müssen, ob der Gebrauch einer anderen als der gewohnten Geldart vorteilhafter wäre, dann würde sie diesen Preis wahrscheinlich als viel zu hoch ansehen. Denn diese Bequemlichkeit ist von weitaus geringerer Bedeutung als die Möglichkeit des Gebrauchs zuverlässigen Geldes, das nicht in periodischen Abständen den glatten Wirtschaftsablauf stört – eine Möglichkeit, die der Öffentlichkeit infolge des Regierungsmonopols vorenthalten ist. Allerdings wurde den Menschen nie die Gelegenheit gegeben, diesen Vorteil zu entdecken.«[138]

Wir stimmen auch voll und ganz mit Hayeks Schlussfolgerung überein:

»Was wir nun brauchen, ist eine Freigeld-Bewegung, die der Freihandels-Bewegung des 19. Jahrhunderts vergleichbar ist … Vor uns liegt daher eine große Erziehungsaufgabe, ehe wir hoffen können, uns von der überaus ernsten Gefahr für sozialen Frieden und fortgesetzte Prosperität zu befreien, die den existierenden mo-

138 Hayek (1976), S. 7.

netären Institutionen inhärent ist. Es wird in der Tat notwendig sein, dass das Problem und die dringende Notwendigkeit einer Reform allgemein erkannt werden. Bei der Geldemission handelt es sich nicht, wie es dem Laien zunächst scheinen mag, um ein untergeordnetes technisches Detail der Geldordnung, die er nie ganz verstanden hat ... Ich wünschte, ich könnte den Rat geben, langsam vorzugehen. Aber die Zeit drängt. Was heute dringend erforderlich ist, ist nicht die Konstruktion eines neuen Systems, sondern die sofortige Beseitigung aller gesetzlichen Hindernisse, die seit zweitausend Jahren einer Entwicklung im Weg stehen, welche dazu bestimmt ist, segensreiche Ergebnisse hervorzubringen, die wir nicht voraussehen können.«[139]

Doch wie alle Ökonomen seiner Zeit und wie viele noch heute blieb Hayek ein Gefangener des Paradigmas der Traditionellen Ökonomie (s. Abb. 2.1 auf S. 54). Er war in erster Linie daran interessiert, ein angemessenes Gleichgewicht zwischen Inflation und Deflation zu finden, gewiss zwei wichtige, doch rein finanzielle Probleme. Daher ging es ihm bei seiner Lösung um die Umgestaltung des Geldschöpfungsprozesses zu einem Wettbewerb zwischen Finanzinstituten, die jeweils die gleiche Art von Bankschuldengeld in Umlauf bringen.

Aus unserer Sicht, nämlich ausgehend vom Paradigma der Ökologischen Ökonomie (s. Abb. 2.3 auf S. 58), ist das Problem, wie sich Inflation wie Deflation kontrollieren lassen, zwar auch relevant, doch es stellt nur eines von mehreren relevanten Problemen im Hinblick auf Nachhaltigkeit dar.

Die Auswirkungen von Crashes, wie wir sie in Kapitel 3 veranschaulicht haben, sind offenkundig nachteilig für viele Aspekte von Nachhaltigkeit. Doch was geschieht in Zeiten, wenn das Geldsystem sich *nicht* in einer Krise befindet, wenn es reibungs-

139 a.a.O., S. 130f. (Anm. d. Übers.: Der letzte Satz – »Was heute dringend...« – fehlt in der deutschen Übersetzung).

los funktioniert? Im nächsten Kapitel befassen wir uns mit fünf weiteren Schieflagen, die unser Geldsystem bewirkt, und zwar direkt aufgrund der Tatsache, dass Geld durch Bankschulden erschaffen wird. Hayeks Lösung ist daher zwar ein Schritt in die richtige Richtung, doch er geht nicht annähernd weit genug.

Schlussbemerkungen

Dieses Kapitel hat – gestützt auf wissenschaftliche Belege – Schritt für Schritt eine Erklärung dafür geliefert, dass hinter den in Kapitel 3 beschriebenen wiederholten Systemkrisen eine strukturelle Ursache steht. Das Konzept, die Währungs- und Finanzstabilität als komplexes Flussnetzwerk zu betrachten, ist keine Metapher, sondern hat etwas mit systemischer Biomimikry zu tun. Von Experten gelieferte theoretische und empirische Beweise belegen, dass *jedes* komplexe Flussnetzwerk nur dann aufrechterhalten wird, wenn sich Vielfalt und Vernetzung innerhalb eines spezifischen Spielraums bewegen. Eine Monokultur – in unserem Fall eine Währungsvielfalt, die durch eine einzige Art von Wirtschaftssubjekt auf eine einzige Währungsart reduziert worden ist – wird sich mit hundertprozentiger Vorhersagbarkeit als nicht hinreichend resilient erweisen.

Unsere Methode ermöglicht die quantitative Messung von Nachhaltigkeit für jedes komplexe Flussnetzwerk. Allerdings erfordert sie auch detaillierte reale Felddaten. Diese Methode ist erfolgreich auf eine große Vielfalt von natürlichen Ökosystemen von ganz unterschiedlicher Größenordnung und Komplexität angewandt worden. Theoretisch spricht nichts dagegen, sie auch auf von Menschen gemachte komplexe Flussnetzwerke anzuwenden, wobei zwei komplexe Flussnetzwerke mit der gleichen Struktur sich auch gleich verhalten werden.

Es gibt zwei ideale Kandidaten, mit denen sich unsere Behauptungen empirisch testen und beweisen lassen: Stromnetze und das

Bankensystem. In beiden Fällen befassen wir uns mit einem komplexen Flussnetzwerk, das die meiste Zeit sehr effizient funktionieren kann – aber beide sind auch weltweit Opfer wiederholter umfangreicher Systemcrashes geworden. Einer Durchführung unserer Tests steht in beiden Fällen ein praktisches Hindernis entgegen: Die Daten existieren zwar, gelten aber aus Wettbewerbsgründen als vertraulich. Es ist dringend notwendig, dass unsere Methode weiter anhand realer Finanzdaten getestet wird. Die möglichen nächsten Schritte dazu werden wir in Kapitel 9 erörtern.

Seit dreihundert Jahren erleben wir Katz-und-Maus-Spiele zwischen Aufsichtsbehörden und dem Finanzsystem, und dies beweist, dass jede noch so nützliche und notwendige Regulierung und Kontrolle zwar die Häufigkeit von Systemkrisen reduzieren mag, aber nie verhindern wird, dass sie sich wiederholen. Dazu Paul Romer, Dozent am Stanford Institute for Economic Policy Research: »Etwa alle zehn Jahre wird jedes endliche System der Finanzkontrolle zu einer systemischen Finanzkrise führen.«[140] Ist endlose Kontrolle wirklich die einzige Lösung?

Und wenn wir hoffen, die »menschliche Natur« – für Alan Greenspan die Ursache der nächsten Krise – ändern zu können, läuft das letztlich darauf hinaus, dass wir darauf verzichten, das System stabilisieren zu wollen. Solange wir in den Grenzen eines Monopols des Bankschuldengeldes verharren, besteht tatsächlich kaum eine Hoffnung.

Wir wollen dieses Kapitel mit einer Metapher schließen. Das konventionelle Geld spielt die Rolle der roten Blutkörperchen in unserem Blutkreislauf: Sie transportieren lebenswichtigen Sauerstoff zu allen Teilen des Körpers. Nun sind die roten Blutkörperchen zwar lebensnotwendig, aber sie reichen nicht aus, damit unser Körper gesund bleibt. Würden wir uns nur auf einen Zelltypus konzentrieren, dann würden wir die einander ergänzenden Rollen

140 *Institutional Investor*, Mai 2011, S. 16.

ignorieren, die weiße Blutkörperchen, Blutplättchen sowie Dutzende von spezialisierten Hormonen spielen, um unsere Gesundheit aufrechtzuerhalten. Die Existenz dieser komplementären Elemente mindert nicht die wichtige Rolle der roten Blutkörperchen oder leugnet gar ihre Existenz. Wenn wir dies nun auf den Bereich der Währung übertragen, dann besagt die entscheidende Lehre, die uns natürliche Systeme vermitteln, dass wir die Entwicklung spezialisierter Zahlungsmittel – außerhalb einer Monokultur des von Bankschulden geschaffenen konventionellen Geldes – zulassen und sogar fördern müssen, damit sie parallel zur konventionellen nationalen Währung in Umlauf kommen. Wem dieses Vorgehen unorthodox vorkommen mag, der möge bitte bedenken, dass uns ja gerade die Orthodoxie in unsere gegenwärtige Lage gebracht hat. Die Theorie der komplexen Flusssysteme beweist nämlich, dass fortgesetzte Orthodoxie diese Schwierigkeiten verschlimmern wird. Eine Vielfalt von Zahlungsmitteln hingegen würde neue Anreize und Chancen für alle Protagonisten in der globalen Wirtschaft schaffen, wie wir es im siebten und achten Kapitel belegen werden.

Im Folgenden werden wir erklären, warum eine Strategie vielfältiger Zahlungsmittel nicht nur theoretisch, sondern auch pragmatisch sinnvoll ist. Neben dem konventionellen Geld andere Zahlungsmittel beliebig einzuführen, mag nicht die beste Möglichkeit sein, um weiterzukommen. Absolut nützlich wäre es hingegen, Zahlungsmittel richtig zu konzipieren und einzuführen, um das derzeitige System zu ergänzen und Schieflagen zu kompensieren, die das konventionelle Geldsystem immanent erzeugt. Um eine derartige korrigierende und komplementäre Strategie zu starten, gilt es zunächst, alle existierenden Schieflagen und Anreize zu ermitteln, die zu nicht nachhaltigen Verhaltensmustern führen. Erst nachdem wir diese eingebaute Drift verstanden haben, können wir aus einer unendlichen Vielfalt potenzieller neuer Währungsdesigns sinnvollerweise diejenigen auswählen, die am besten diesen Tendenzen gegensteuern. Thema des nächsten Kapitels wird es also sein, diese generell uneingestandenen Schieflagen zu ermitteln.

Kapitel 5
Die Auswirkungen des heutigen Geldsystems auf die Nachhaltigkeit

> *»Die Erde liegt nicht im Sterben – sie wird gerade umgebracht. Und die Leute, die sie umbringen, haben Namen und Adressen.«*
> U. Utah Phillips[141]

Wir haben festgestellt, dass eine Diversifizierung der Arten von Zahlungsmitteln, die zusammen ein monetäres Ökosystem bilden, für eine Wirtschaft strukturell vorteilhaft wäre. Aus dieser Perspektive ist es aber nicht am vordringlichsten, das existierende Bankschuldengeldsystem zu beseitigen, wie es viele Währungsreformer fordern. Vielmehr sollten wir die Systemarten ermitteln, die das existierende Bankschuldensystem am besten *ergänzen*. In diesem Kapitel werden wir daher die Beziehung zwischen Geld und Nachhaltigkeit untersuchen, indem wir herauszufinden versuchen, welche Schieflagen ins existierende System eingebaut sind und wie sie sich auf menschliche Verhaltensmuster auswirken.

Geld gilt allgemein als passives Verrechnungsinstrument, das den Austausch effizienter ermögliche als der Tauschhandel. Geld wird als Schmiermittel für den Austauschprozess verstanden, den

141 Zitiert in Naomi Klein: *No Logo: Taking Aim at the Brand Bullies,* London 2000 (dt.: *No Logo!: der Kampf der Global Players um Marktmacht; ein Spiel mit vielen Verlierern und wenigen Gewinnern*, München 2001), S. 325.

es ansonsten aber nicht wesentlich verändere. Man nimmt somit automatisch an, dass die Art des Austauschmittels, das man verwende, nicht das Wesen des Austauschs verändere, also etwa den Zeithorizont oder die Beziehungen zwischen den Nutzern. Wir werden beweisen, warum all diese Annahmen falsch sind.

Dem modernen Geldsystem verdanken wir das Industriezeitalter mit all seinen positiven und negativen Auswirkungen. Es hat einen Quantensprung in den Wissenschaften sowie die materiell produktivste Zivilisation in der Geschichte der Menschheit ermöglicht. Überdies ist es ein außergewöhnlicher Mechanismus zur Erzeugung von Reichtum, und wir können nur hoffen, dass es diese Rolle in einem sich entwickelnden monetären Ökosystem auch weiterhin spielen wird.

Allerdings gibt es leider auch mehrere Mechanismen, die mit Nachhaltigkeit nicht zu vereinbaren sind. Insbesondere fünf Auswirkungen sind schädlich für eine Nachhaltigkeit, und wir können sie auf bestimmte Merkmale des Bankschuldengeldes zurückführen.

Diese fünf schädlichen Prozesse sind:

1. Der prozyklische Charakter des Geldschöpfungsprozesses, der sowohl Aufschwung wie Abschwung im Konjunkturzyklus verstärkt.
2. Die systematische Förderung des kurzsichtigen Denkens und Handelns, weil das Zinsmerkmal des Geldsystems »rationale« Investoren darauf programmiert, die Zukunft zu ignorieren.
3. Zwanghaftes Wachstum aufgrund der Mechanismen des Zinseszinses.
4. Konzentration von Reichtum.
5. Eine Abwertung des Sozialkapitals.

Aus einer systemischen Perspektive ist keine dieser Auswirkungen eine einfache lineare Ursache-Wirkung-Beziehung. Sie interagieren auch und verstärken einander sogar. Das Ergebnis ist eine Reihe von eingebauten Mechanismen, die bewirken, dass ein Bankschuldenmonopol mit Nachhaltigkeit langfristig unvereinbar ist. Wir werden uns zunächst mit jeder einzelnen dieser Auswirkungen befassen und am Ende des Kapitels versuchen, ihre Interaktionen zu beschreiben.

1. Der prozyklische Charakter von Geldschöpfung und -fluss: »Es regnet nie – es schüttet.«

Weil das konventionelle moderne Geld durch Bankschulden geschaffen wird, verstärkt dieser Geldschöpfungsprozess die Schwankungen des Konjunkturzyklus.[142] Banken entwickeln oft einen Herdentrieb, wenn sie bestimmten Ländern, Industriezweigen oder Einzelpersonen Kredite gewähren oder verweigern. Wenn die Geschäfte gut gehen, gewähren Banken großzügiger Kredite und neigen dazu, einen Umschwung von einer bloß guten Wirtschaftsphase zu einer inflationären Boomphase voranzutreiben. Und umgekehrt: Wenn sich das Geschäftsklima verdüstert, reduzieren Banken gleichzeitig die Verfügbarkeit von Krediten und können damit aus einer kleinen Wirtschaftsflaute eine ausgewachsene Rezession machen. Das ist mit einem »prozyklischen« Geldschöpfungsprozess gemeint. Der US-Immobilienboom der 1990er-Jahre ist ein perfektes Beispiel für diesen Prozess. Nach den Boomjahren platzte die Blase 2007/08, und seither wurde verzweifelt versucht, die Banken dazu zu bewegen, Unternehmen Geld zu leihen – ohne großen Erfolg. Früher waren die Zentralbanken noch in der Lage, einen gewissen Einfluss auszuüben, indem sie antizyklische Zinssatzsignale aussandten. Doch gegenwärtig sind wir an einem Punkt angelangt, an dem Zentralbanken

142 Siehe Anhang A bei www.money-sustainability.net: Eine für Laien verständliche Erklärung, wie Bankschulden Geld schaffen.

alles versuchen – ohne großen Erfolg. Dazu der *Economist*: »Für Zentralbanker in der reichen Welt ist das Unkonventionelle das neue Konventionelle.«[143] Zinssätze pendeln in den USA, in Europa und Japan zwar um Null herum, aber ohne großen Einfluss. Die Banken der Eurozone deponieren ihre Gelder lieber bei der Europäischen Zentralbank, als sie Unternehmen zu leihen.[144]

Wir möchten betonen, dass das Bankensystem nicht bewusst so handelt, um derartige Ergebnisse zu erzielen. Banken mögen Rezessionen genauso wenig wie andere Unternehmen. Doch sie wollen nicht als Letzte von Bord eines sinkenden Schiffes gehen. Ihre Entscheidungen gleichen dem Handeln eines Portfolioverwalters, der bei fallenden Kursen nicht als Letzter an einer Aktie festhalten will. Letzten Endes laufen diese »rationalen« Mikroentscheidungen darauf hinaus, dass der Finanzsektor *als Ganzes* dazu tendiert, den Konjunkturzyklus in beiden Richtungen – Auf- und Abschwung – zu verstärken. Für diesen Befund gibt es eindeutige theoretische Gründe[145] ebenso wie genügend empirische Belege.[146]

143 Überschrift eines Artikels im *Economist*, 7. Januar 2012, S. 58.

144 Zu dem Zeitpunkt, als dies geschrieben wurde – im Januar 2012 –, erreichten die Tagesgelder bei der EZB ein noch nie da gewesenes Niveau von über 400 Milliarden € (siehe *The Economist*, 31. Dezember 2011, S. 56).

145 Die Theoretiker der Österreichischen Schule halten die nicht nachhaltige Ausweitung von Bankkrediten durch das Mindestreserve-Bankwesen für die treibende Kraft der meisten Konjunkturzyklen. Siehe z.B. Detlev S. Schlichter (2011). Aus einer anderen Perspektive haben Irving Fisher in den 1930er-Jahren, Hyman Minsky in den 1970er-Jahren und Barry Eichengreen heutzutage ebenfalls diesen pro-zyklischen Geldschöpfungsprozess als Verstärker des Konjunkturzyklus bezeichnet. Siehe auch Milton Friedman: »The Role of Monetary Policy«, in: *American Economic Review*, Bd. 68 (1968), S. 1–17. Wir behaupten nicht, dass dieser Prozess die einzige Ursache für den Konjunkturzyklus wäre, sondern dass er ein zusätzlicher Faktor ist, der direkt dem vorherrschenden Geldsystem zuzuschreiben ist. Siehe Olivier J. Blanchard und Mark W. Watson (1987). Siehe auch »Shadow Government Statistics« bei www.shadowstats.com.

146 Siehe Milton Friedman und Anna Jacobson Schwartz (1993), J.P. Keeler (2001), Barry Eichengreen und K. Mitchener (2003) und Carmen Reinhart u.a. (2004).

Die Auswirkungen der prozyklischen Geldschöpfung

Der typische Boom-Bust-Zyklus des Konjunkturzyklus tendiert dazu, Investitionskapital und viele andere Ressourcen zu vergeuden. In einem verstärkten Konjunkturzyklus verfügen Unternehmen während der Boomphase oft über zu wenig Produktionskapazitäten, Geräte und qualifizierte Mitarbeiter, während sie beim Abschwung plötzlich zu gut ausgestattet und überbelegt sind.

Dies führt zu Arbeitslosigkeit und all den sozialen Problemen, die diese verursacht. Die meisten Sozialindikatoren (wie geistige Gesundheit, Verbrechens- oder Selbstmordraten) verschlechtern sich während einer Rezession signifikant. Politische Instabilitäten wie gewaltsame Revolutionen werden gewöhnlich durch einen Wirtschaftsabschwung ausgelöst.

Der Finanzsektor selbst ist nicht gegen den verstärkten Konjunkturzyklus isoliert, zu dessen Entstehung er beiträgt. Eine typische Ursache von Bankenkrisen ist eine Situation, in der Kreditnehmer ihre Darlehensschulden nicht zurückzahlen können, während die Kreditsicherheit, auf der diese Darlehen basieren, an Wert verliert. Diese Situation wird verständlicherweise durch einen verstärkten Konjunkturzyklus verschärft.[147]

Seit der Deregulierung des Finanzsektors in den 1980er-Jahren hat sich auch das Volumen von »heißem« Geld, das weltweit auf der Suche nach kurzfristigen Erträgen zirkuliert, signifikant erhöht. Und das verstärkt noch weiter die prozyklischen Tendenzen, wenn dieses Geld auf einen bestimmten Markt gelangt oder ihn verlässt.[148]

---

147 Adrian Blundell-Wignall und Paul Atkinson: »Thinking Beyond Basel III: Necessary Solutions for Capital and Liquidity«, in: *Financial Markets Trends*, Bd. 2 (2010), Ausgabe I, S. 9–33.

148 Siehe »The Global Economic Crisis: Assessing Vulnerability With a Poverty Lens« (2009) – http://siteresources.worldbank.org/NEWS/Resources/WBGVulnerableCountriesBrief.pdf

Die Folgen für die Nachhaltigkeit

Vermögensblasen sind ein automatisches Ergebnis dieses prozyklischen Geldschöpfungsprozesses. Wenn Vermögenspreisblasen platzen, machen im Allgemeinen zahlreiche Banken Bankrott. Die Vermögenswerte, aus denen sich diese Blasen bilden, variieren je nach Zeit und Ort. Im Holland der 1630er-Jahre ging es um Tulpen. Drei Jahrhunderte später, 1929, waren es mündelsichere US-Anleihen, Ende der 1980er-Jahre Immobilien in Japan, in den 1990er-Jahren Aktien von US-Internetunternehmen und in den ersten Jahren des 21. Jahrhunderts Immobilien in den USA. Allen gemeinsam ist der prozyklische Schuldenmechanismus, der zur Überhitzung führt. Derartige Blasen platzen stets mit zerstörerischen Folgen für die Gesellschaft im Allgemeinen und für das Bankensystem im Besonderen.[149] Diese Boom-und-Bust-Zyklen wirken sich negativ auf die Bildung und Erhaltung von Finanz-, Human- und Naturkapital aus.

2. Kurzsichtiges Denken: Warum die Zukunft ignoriert wird

Die zweite eingebaute Schieflage, mit der wir uns befassen wollen, hängt mit einer gewissen Kurzsichtigkeit zusammen – der Neigung, sich auf *kurz*fristige Gewinne zu konzentrieren, auf Kosten von Erfolg oder Stabilität auf lange Sicht. In der Geschäfts- und Finanzwelt ist diese Tendenz inzwischen weitverbreitet. Zum Teil ist dieser Prozess unabhängig vom Geldsystem: Je weiter Ereignisse in ferner Zukunft liegen, desto schwieriger ist es, genaue Vorhersagen über sie zu treffen, umso größer folglich das Risiko. Kurzsichtigkeit lässt sich somit zu Recht mit geringer Risikotoleranz assoziieren.

---

149 Richard Duncan: *The Dollar Crisis: Causes, Consequences, Cures* (2003).

Doch die Technik des Discounted Cash Flow (DCF, dt.: abgezinster Zahlungsstrom), die bei der Entscheidungsfindung im Finanzsektor angewandt wird, sollte auch einen Teil der Verantwortung übernehmen. Die Bereitschaft, langfristig zu investieren, hängt in erheblichem Maße von aktuellen und antizipierten Zinssätzen ab. Der Zins ist einer der drei Faktoren, die dazu führen, dass jeder künftige Cashflow nicht berücksichtigt wird. Die anderen beiden sind das immanente Risiko des Investmentprojekts und die Kosten des Beteiligungskapitals (siehe Kasten 5.1).

Kasten 5.1 – Zeitwahrnehmung und Zinsen kontra Demurrage

Wir wollen hier darlegen, wie Zinsen kurzfristige Zeithorizonte fördern. Abb. 5.1. veranschaulicht, wie Zinssätze den Anlageprozess beeinflussen. Zur Vereinfachung sei angenommen, dass alle Zahlen inflationsbereinigt sind und dass das Anlagerisiko unabhängig vom zeitlichen Rahmen ist. Außerdem wollen wir uns nur eine Entscheidung zwischen zwei Projekten ansehen: dem Anpflanzen eines Kiefernwalds oder eines Eichenwalds. Wir gehen hier davon aus, dass eine Kiefer nach zehn Jahren gefällt werden kann und dann einen Ertrag von 100 Dollar erbringt. Eine Eiche hingegen kann erst nach etwa hundert Jahren geerntet werden und ist dann schätzungsweise 1000 Dollar wert. Somit können beide Anlagen als gleichwertig gelten, da man eine Kiefer alle zehn Jahre fällen und wieder anpflanzen kann – also in hundert Jahren ebenfalls 1000 Dollar erzielt.

Durch die Finanzbrille betrachtet sieht das jedoch ganz anders aus. Eine Einzahlung von 61 Dollar auf ein Bankkonto bei einem garantierten Zinssatz von fünf Prozent ergibt nach zehn Jahren automatisch 100 Dollar.[150] Daher entspricht der Wert der Kiefer von 100 Dollar in zehn Jahren heute nur 61,39 Dollar.

150 Der Multiplikator in der Formel ist gleich $(1+z)(n\text{-}1)$, wobei z der Zinssatz und n die Dauer in Jahren des Anlageprojekts ist.

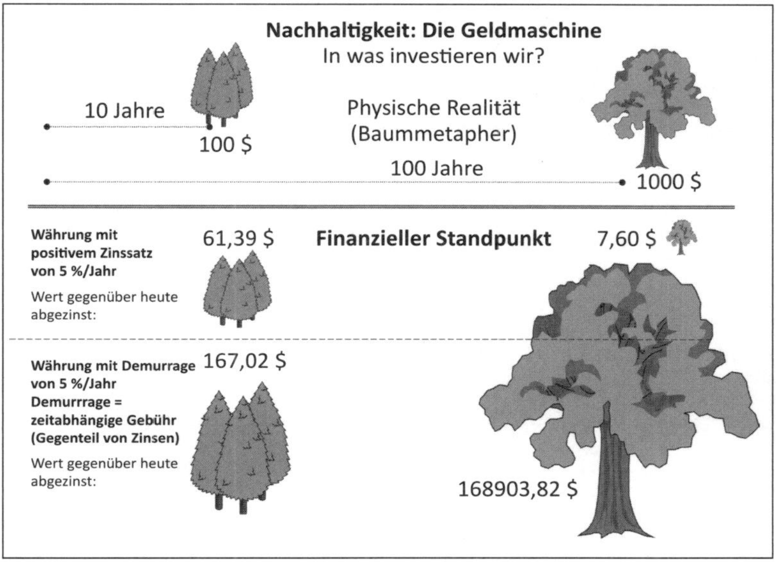

Abb. 5.1: *Anlageverhalten je nach Währungssystem. Jede Währung mit einem positiven Zinssatz ignoriert die Zukunft. Eine Währung mit einer Demurrage – was einem negativen Zinssatz entspricht – vermehrt hingegen den Wert der Zukunft.*

Wenn sich daher der Anleger fragt: »Was sind diese beiden Anlagen aus heutiger Sicht wert?«, dann hängt die Antwort vom geltenden Zinssatz ab. Wie wir gesehen haben, sind 100 Dollar bei einem Zinssatz von fünf Prozent in zehn Jahren aus heutiger Sicht 61 Dollar wert. Bei einem Zinssatz von fünf Prozent müssten nämlich nur 61 Dollar auf der Bank angelegt werden, damit man in zehn Jahren 100 Dollar bekommt. Zum gleichen Zinssatz von fünf Prozent beträgt der heutige Wert der Eiche, die in der Zukunft 1000 Dollar wert ist, bloß 7,60 Dollar. Dieser Wertunterschied basiert nur auf dem Geld, mit dem die Anlage finanziert wird. Dies erklärt, warum heutzutage ein großes kommerzielles Interesse daran besteht, alte Wälder abzuholzen, aber nur ein geringes Interesse, Bäume mit einer langen Reifezeit anzupflanzen. Dieser Unterschied erklärt auch generell, warum es unserer Gesellschaft schwerfällt, an künftige Generationen zu denken. Jeder »rationale Investor« ist durch das Zinsmerkmal unseres Geldes darauf programmiert, sich primär auf Kurzfristigkeit zu fokussieren.

Im Gegensatz dazu haben frühere Gesellschaften eine »Geldumlaufgebühr« erhoben, um das Horten einer Währung zu verhindern, was ein wenig daran erinnert, dass Bibliotheken eine »Säumnisgebühr« für ausgeliehene Bücher erheben, die nicht rechtzeitig zurückgegeben werden. Eine derartige zeitbezogene Gebühr für das Halten von Geld heißt fachlich »Demurrage«, nach dem französischen Wort *demeurer* (wohnen, bleiben) – ein Begriff, der auf eine Zeit zurückgeht, als Eisenbahngesellschaften Gebühren für herumstehende Waggons erhoben, die nicht für den Transport genutzt wurden. Aus der Sicht eines Anlegers verändern Demurrage-Währungen – oder negative Zinserträge – eindeutig die Beziehung zur Zukunft. Falls in unserem Beispiel des Anpflanzens von Bäumen eine Demurragegebühr von fünf Prozent erhoben würde, dann wäre die Eiche plötzlich über 168.000 Dollar wert, wenn sie bis heute abgezinst würde. Man würde sich also auf jeden Fall für das Anpflanzen von Eichen entscheiden, wenn eine derartige Währung angelegt würde. Kurzum: Bei demurrage-belasteten Währungen würden Anlagen mit längerfristigen Zeithorizonten an Wert gewinnen.

Diese Metapher »Kiefer kontra Eiche« zeigt, dass die Zeithorizonte von Anlagen erheblich von der Währungsart abhängen, die man finanziell analysiert und mit der man plant. Sofern alle anderen Parameter gleich sind, werden logischerweise kurzfristige Prioritäten den Vorzug genießen, wenn die verwendete Währung positive Zinssätze hat – wie unser konventionelles Bankschuldengeld. Im Gegensatz dazu würde eine demurrage-belastete Währung automatisch einen Anreiz darstellen, auf längerfristige Prioritäten zu setzen. Die Abb. 5.1 veranschaulicht dieses metaphorische Szenario und die Verbindung zwischen kurzfristiger Entscheidungsfindung und dem gegebenen Geldsystem.

Die Hypothese, Anlageentscheidungen seien nur von Risikoprofilen abhängig, gilt daher nicht. Auch die Art des verwendeten Geldes beeinflusst signifikant, worin eine Gesellschaft als Ganzes investieren will. Das ist nicht nur eine theoretische Aussage: Gesellschaften, die Demurrage-Währungen verwendeten – wie im alten Ägypten über ein Jahrtausend lang oder in Westeuropa vom 10. bis zum 13. Jahrhundert –, investierten in die Infrastruktur und in Bauwerke, die für die Ewigkeit gebaut wurden, wie es ägyptische Pyramiden und Tempel sowie europäische Kathedralen belegen, die noch heute stehen.[151]

Was das für die Nachhaltigkeit bedeutet

Konventionelles Bankschuldengeld verstärkt eine bestimmte Art der Zeitwahrnehmung: Es führt zu kurzfristigen Prioritäten. Würde eine andere Währungsart verwendet – mit einem negativen Zinssatz –, dann würden Gesellschaft und Wirtschaft ermutigt, längerfristige Chancen und Kosten zu bevorzugen. Diese Veränderung würde das gesamte Spektrum ökonomischen und ökologischen Handelns beeinflussen und direkt langfristige Nachhaltigkeit fördern. Dann gäbe es ein größeres Interesse an nachhaltigen Strategien in Bezug auf nichterneuerbare Ressourcen und am Verhältnis der Menschheit zur übrigen Biosphäre. Diese Lehren fließen in das Design der TRC (siehe Kapitel 7) ein, einer Währung, die langfristiges Denken für Konzerne profitabel machen würde.

151 Mehr über diese historischen Fallstudien findet sich bei Lietaer (2000) und bei Lietaer und Belgin (2011).

3. Der Zwang zum Wachstum: Über Schulden und Zinseszinsen

> *»Ich bin entsetzt, dass ich mich so naiv gegenüber exponentiellen Funktionen verhalten habe ... Während ich mir durchaus bewusst gewesen bin, dass die miteinander verknüpften Probleme wie Verlust der biologischen Vielfalt, Abholzung des tropischen Regenwaldes, Waldsterben und Klimawandel exponentiell zunehmen, glaube ich, dass mir eigentlich erst in diesem Jahr so richtig klar geworden ist, wie rasch sich diese Gefährdungen tatsächlich beschleunigen.«*
> Thomas E. Lovejoy[152], Chefberater zum Thema Biovielfalt für den Präsidenten der Weltbank

Die dritte strukturelle Schieflage, von der nun die Rede sein soll, ist der auf dem Zinseszins basierende Zwang zum Wachstum. Zu oft wird Wachstum mit Fortschritt verwechselt. Wachstum ist die quantitative Zunahme der Größe oder des Durchsatzes einer Einheit. Im Gegensatz dazu ist Fortschritt die Vorstellung, die Welt könne zunehmend besser werden. Wachstum ist rein quantitativ, Fortschritt in erster Linie qualitativ. Man darf also nicht automatisch davon ausgehen, jedes Wachstum führe zu Fortschritt. Daher konnte der amerikanische Essayist Edward Abbey behaupten: »Wachstum um des Wachstums willen ist die Ideologie der Krebszelle.«[153]

Wachstum ist zwar ein natürlicher Prozess, doch manche Arten von Wachstum sind an und für sich nachhaltig, andere hingegen nicht. Abb. 5.2 veranschaulicht drei klassische Arten von Wachstum.[154]

---

152 Zitiert in Meadows u.a. (2004), S. 17.
153 Edward Abbey: *The Second Rape of the West* (1975), S. 183.
154 Margrit Kennedy: *Interest- and Inflation-Free Money* (1995).

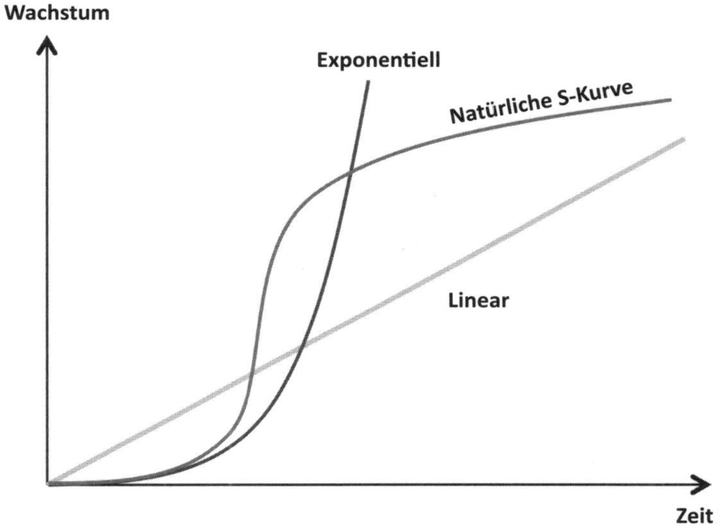

Abb. 5.2: *Drei verschiedene Arten von Wachstum: Linear, exponentiell, natürliche S-Kurve.*

Die erste Art, das lineare Wachstum, lässt sich am leichtesten verstehen. Die zweite Art, das exponentielle Wachstum, wird zu irgendeinem Zeitpunkt nicht nachhaltig, wenn es in einer endlichen Welt stattfindet. Nach der Systemtheorie kommt es dazu, wenn eine positive Rückkopplungsschleife ungehindert operieren darf. Die Natur verkörpert die dritte Art von Wachstum, die fast immer eine S-Kurve aufweist: Alle biologischen Systeme wie Zellen, Bäume, Tiere und Populationen wachsen am Anfang rasch und laufen schließlich asymptotisch auf einen Stabilitätspunkt zu. Systemisch gesehen spiegelt dieses Zulaufen den zunehmenden Druck seitens einer negativen Rückkopplungsschleife wider, die stabilisierend auf die anfangs positive Rückkopplungsschleife einwirkt. Dies ist ein nachhaltiger, natürlicher Wachstumsprozess. Ein bekanntes Beispiel aus der Natur ist die Beziehung zwischen Raubtieren und Beutetieren. Wenn Raubtiere – zum Beispiel Füchse – sich zu rasch vermehren, eliminieren sie die Population, die sie als Beute jagen – zum Beispiel Kaninchen. Da alle Lebewesen gleichwertig sind, wird die unzureichende Zahl an Beutetieren das Wachstum der Raubtierpopulation begrenzen, bis sich die Beutetierpopulation genügend erholt hat. Zu irgendeinem Zeitpunkt ist ein Zustand des relativen Gleichgewichts erreicht.

Da Bankschuldengeld in unserem gegenwärtigen System mit Zinsen geschaffen wird, generiert es Zinseszinsen, was automatisch ein exponentielles Wachstum impliziert. In einer endlichen Welt ist exponentielles Wachstum mit Nachhaltigkeit mathematisch unvereinbar.[155] Ja, allen exponentiellen Wachstumsprozessen gemeinsam ist der Umstand, dass die betreffenden Mengen im Laufe der Zeit *mit zunehmender Geschwindigkeit* größer werden. Damit ein komplexes dynamisches System nachhaltig ist, müssen Rückkopplungsmechanismen ein exponentielles, unkontrollierbares Wachstum verhindern. Die im Kasten 5.2 dargestellten Beispiele beweisen, dass exponentielles Wachstum mathematisch gesehen unmöglich ist.

Kasten 5.2 – Zwei Beispiele von exponentiellem Wachstum

Wasserlilien, die sich auf einem Teich ausbreiten
Nehmen wir an, die Wasserlilien verdoppeln an jedem Tag die Oberfläche, die sie auf einem Teich bedecken. Anfangs mag ihr Wachstum ganz angemessen erscheinen. Wenn ein Viertel des Teichs in 50 Tagen bedeckt ist, wie lange dauert es dann noch, bis die Lilien den gesamten Teich bedecken? Wäre das Wachstum linear, würde dies noch weitere 150 Tage dauern. Doch wenn das Wachstum exponentiell ist, dann dauert es einen Tag, bis ein weiteres Viertel des Teiches bedeckt ist, und am 52. Tag ist der Teich vollständig bedeckt!

155 Hazel Henderson: *The Politics of the Solar Age: Alternatives to Economics* (1981), S. 228, und P.F. Henshaw: »Linking Economics and Natural System Physics«, 20. März 2009.

Cäsars Schulden von einem Cent
Wenn Cäsar sich bei einer Bank einen Cent zu vier Prozent Zinsen (plus Zinseszinsen) geliehen hätte, als er Rom verließ, um Gallien zu erobern (52 v. Chr.), dann würden sich heute die angesammelten Zinsen und Zinseszinsen auf rund 2000 Goldkugeln belaufen, die jeweils so viel wie die Erde wiegen, wenn man den gegenwärtigen Goldpreis zugrunde legt! Hätten die Zinsen fünf statt vier Prozent betragen, wären mehrere Milliarden Goldkugeln erforderlich, um Cäsars Schulden zwei Jahrtausende später zurückzuzahlen. In der realen Welt wäre Cäsar in dieser Zeit viele Male zahlungsunfähig gewesen. Wären die angesammelten Schulden im Augenblick seiner Zahlungsunfähigkeit groß genug gewesen, hätte er die Bank und womöglich das gesamten Bankensystem zugrunde gerichtet.
Kurzum: Ohne stabilisierende Gegenkräfte wären exponentielle Wachstumsraten mathematisch gesehen auf Dauer unmöglich. In der Sprache der allgemeinen Systemtheorie sind Zinseszinsen ein perfektes Beispiel für eine positive Rückkopplungsschleife, die nicht von einer entsprechend starken negativen Rückkopplungsschleife stabilisiert wird. Wegen des Zinsmerkmals von Bankschuldengeld und insbesondere wegen der Zinseszinsen treibt das Geldsystem unsere Wirtschaft in ein zwanghaftes rücksichtsloses Wachstum hinein.

Die Kernfrage lautet somit: Welche Art von Wachstum benötigt das Finanzsystem von der Realwirtschaft? Kurze Antwort: Der Zinseszins erfordert ein exponentielles Wachstum. Doch auf einem endlichen Planeten ist der Zinseszins mathematisch gesehen unmöglich.[156]

Die Vorstellung von einer eingebauten exponentiellen Kurve im Finanz- und Währungsbereich ist nicht bloß theoretisch, son-

156 Tatsächlich weist der Druck nach permanentem Wachstum in unserem heutigen System mindestens drei Aspekte auf: erstens Marketingstrategien, die sich ständig wandelnde Wünsche auslösen, zweitens eine geplante Obsoleszenz, dank der Objekte, Dienstleistungen oder Praktiken nicht mehr erwünscht oder brauchbar sind, obwohl sie es sogar noch sein könnten, und drittens das Kreditsystem, mit dessen Auswirkungen wir uns in diesem Buch speziell befassen. Siehe auch Serge Latouche (2004) und (2005).

dern hat bemerkenswerte Folgen in der realen Welt. Die Abbildungen 5.3 und 5.4 veranschaulichen das Wachstum der Geldmenge in den USA und in Indien.

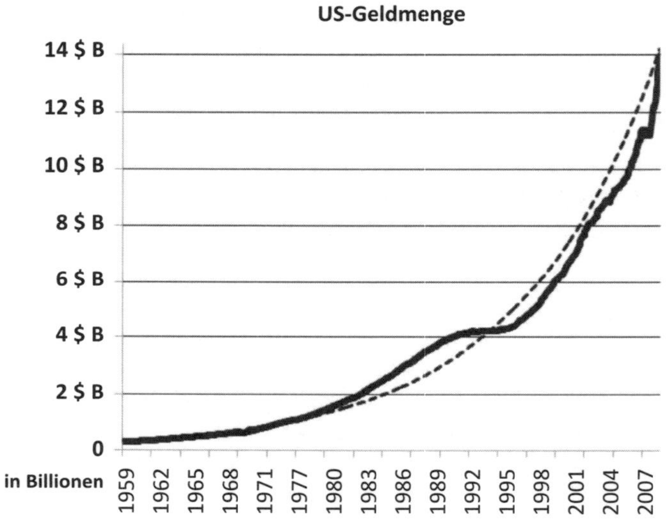

Abb. 5.3: *US-Geldmenge, in Billionen US-Dollar (1959–2010). Man beachte, wie eng die Wachstumskurve dem exponentiellen Wachstum folgt.*

Wir nähern uns heute rasch Ann Pettifors Vorhersage in ihrem Buch von 2006, *The Coming First-World Debt Crisis*, auf dessen Schutzumschlag eine unheilvolle Zeitbombe tickt.[157] Dieser Effekt des exponentiellen Wachstums ist nicht nur für die Industriestaaten relevant.

157 Ann Pettifor: *The Coming First-World Debt Crisis* (2006).

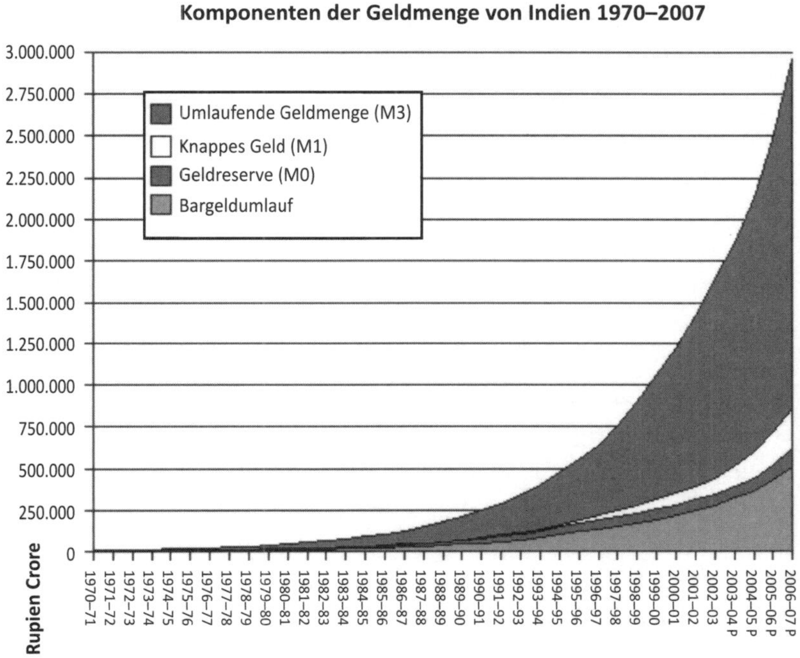

Abb. 5.4: *Indiens Geldmenge (1970–2007) und ihre verschiedenen Komponenten, deren größten Anteil die umlaufende Geldmenge (M3) bildet. Die Tatsache, dass bei der Geldmenge ein exponentielles Wachstum nicht nur in den USA vorherrscht, sondern auch in Entwicklungsländern wie Indien, veranschaulicht die systemische Natur des Prozesses.*

Das Gleiche gilt für die Auslandsverschuldung eines Entwicklungslandes. Nach dem G8-Gipfel in Okinawa im Jahr 2000 gab Präsident Obasanjo von Nigeria folgenden Kommentar zur Auslandsverschuldung seines Landes ab: »Bis 1985 oder 1986 haben wir gerade rund fünf Milliarden US-Dollar geliehen, und bislang haben wir rund 16 Milliarden US-Dollar zurückgezahlt. Doch man erklärt uns, wir würden noch immer etwa 28 Milliarden US-Dollar schulden. Diese 28 Milliarden US-Dollar entstanden aufgrund der Zinssätze der ausländischen Kreditgeber. Wenn Sie mich fragen, was das Schlimmste auf der Welt sei, dann würde ich sagen: die Zinseszinsen.« Zu der Zeit, als Obasanjo dies äußerte, gaben die Entwicklungsländer 13 Dollar für die Schuldentilgung für jeden Dollar aus, den sie in Form von Entwicklungshilfe und Zuschüssen bekommen hatten. Für die 60 ärmsten Länder der Welt wurden im Laufe der letzten drei Jahrzehnte 550 Milliarden US-Dollar an Kapital und Zinsen für Anleihen im Wert von insgesamt 540 Milliarden US-Dollar bezahlt – und dennoch beträgt die noch immer ausstehende Schuldenlast 523 Milliarden US-Dollar.

Was das für die Nachhaltigkeit bedeutet

Die Schuldentretmühle ist am gefährlichsten, wenn die Schulden in einer ausländischen Währung zurückgezahlt werden müssen. Bei Entwicklungsländern ist dies immer der Fall, und das zwingt sie, Devisen einzunehmen. Die Folgen können drastisch sein: Wenn die Schuldenlast zunimmt, beuten viele Entwicklungsländer rücksichtslos ihre natürlichen Ressourcen und/oder ihre Menschen aus. Die Regierungen sind dann gezwungen, ihre heimische Wirtschaft zu vernachlässigen, da es für sie keine Alternative dazu gibt, als einen immer größeren Anteil ihrer Ressourcen zu exportieren, um ihre Schulden zu bedienen. Manchmal müssen sie sich sogar auf Strategien einlassen, die ihre künftigen Chancen vorhersehbar mindern, die Schulden zu bedienen. So haben beispielsweise von Kreditgebern auferlegte »Strukturanpassungsstrategien« diese Länder dazu verpflichtet, die Finanzierung von Bildung, öffentlichen Dienstleistungen und vom Unterhalt der Verkehrsinfrastruktur zu kürzen, nur damit sie überhaupt Kredite bekommen. Zusammenfassend lässt sich somit sagen, dass unsere gegenwärtigen Währungsmechanismen keine langfristige finanzielle Nachhaltigkeit fördern, selbst wenn man sie noch so eng definiert.

Ganz allgemein lässt sich feststellen, dass der Währungssektor verschuldete Organisationen und Individuen zu zwanghaftem

Wachstum nötigt, unabhängig von den Umwelt- und Sozialkosten, die dabei entstehen.[158] Hoch verschuldete Protagonisten geraten somit in die Falle übereilter, kurzfristiger Wachstumswege. Ein solcher Druck ist zum Teil verantwortlich für die Erosion nicht erneuerbarer natürlicher Ressourcen, die Verschmutzung von Luft und Wasser und die steigende Belastung durch negative soziale und ökologische Folgen.

Der ökologische Ökonom Herman Daly hat dies einmal als »unökonomisches Wachstum« bezeichnet, dessen kurzfristige Vorteile gering erscheinen gegenüber den nicht ausreichend realistisch erfassten künftigen Kosten.[159] Unökonomisches Wachstum kann laut Daly nur dann weiterhin »ökonomisches Wachstum« genannt werden, wenn einige der damit verbundenen Kosten nicht berücksichtigt oder verschleiert werden. Und genau dies tut unser gegenwärtiges Geldsystem, indem es auf Geld Zinseszinsen erhebt. Kurzsichtiges Denken und Handeln ist somit in unserem gegenwärtigen Geldsystem allgegenwärtig.

4. Eine unerbittliche Konzentration von Reichtum: die Armen und die Superreichen

»Die schwerwiegendste Gefahr für den Weltfrieden wird in den kommenden Jahren nicht von den irrationalen Handlungen von Staaten oder Individuen ausgehen, sondern von den legitimen Forderungen der Besitzlosen dieser Welt.«
Erklärung von 100 Nobelpreisträgern, Januar 2002[160]

158 H.C. Binswanger geht erheblich weiter, wenn er Gründe für ein erzwungenes Wachstum nennt. Siehe H.C. Binswanger: *Geld und Natur. Das wirtschaftliche Wachstum zwischen Ökonomie und Ökologie* (1991).

159 Siehe z.B. Daly (1996).

160 http://www.lovearth.net/100NobelLaureatesWarnOurPlanet.htm

Der vierte eingebaute Mechanismus, der bewirkt, dass unser gegenwärtiges Geldsystem nicht nachhaltig ist, ist die Tendenz, dass sich Reichtum im Lauf der Zeit konzentriert. Der bedeutende Historiker Arnold Toynbee gelangte zu der Schlussfolgerung, dass sich der Zusammenbruch von 21 verschiedenen Zivilisationen auf nur zwei Ursachen zurückführen lasse:

- die übermäßige Konzentration von Reichtum in den Händen Weniger,
- die Unfähigkeit, angesichts sich wandelnder Umstände bedeutende Veränderungen herbeizuführen.

Eine Marktwirtschaft muss Anreize bieten, damit Menschen als Unternehmer die Initiative ergreifen. Die bemerkenswerten Neuerungen des Industriezeitalters waren von dem Verlangen ausgelöst worden, über die einfachen Bedürfnisse des Überlebens hinaus etwas zu leisten und zu schaffen. Diese Logik hat aber auch die Existenz von Ungleichheiten im Hinblick auf Einkommen und Reichtum im Laufe der letzten 150 Jahre gerechtfertigt.

Dazu der Wirtschaftsnobelpreisträger Joseph E. Stiglitz:

»Ökonomen haben vor langer Zeit versucht, die enormen Ungleichheiten zu rechtfertigen, die um die Mitte des 19. Jahrhunderts so beunruhigend zu sein schienen – die aber gegen das, was wir heute in Amerika erleben, einfach verblassen. Die Rechtfertigung, die ihnen einfiel, nannten sie ›Grenzproduktivitätstheorie‹. Kurz gesagt, verband diese Theorie höhere Einkommen mit höherer Produktivität und einem größeren Beitrag für die Gesellschaft. Diese Theorie wurde und wird immer von den Reichen geschätzt. Doch die Beweise für ihre Gültigkeit bleiben dünn. Die Führungskräfte großer Unternehmen, die die Rezession der letzten drei Jahre mit herbeigeführt haben – deren Beitrag für unsere Gesellschaft wie für ihre eigenen Unternehmen also ausgesprochen negativ gewesen ist –, bekommen weiterhin große Boni. In manchen Fällen war es den Unternehmen so peinlich, solche Belohnungen ›Leistungsboni‹ zu nennen, dass sie sich genötigt fühlten, sie in ›Bleibeboni‹ umzubenennen (selbst wenn als Einziges nur die schlechte Leistung geblieben war). Diejenigen aber, die wirklich großartige positive Neuerungen für unsere Gesellschaft beigesteuert haben, von den Pionieren der Genetik bis zu den Pionieren des Informationszeitalters, haben im Vergleich zu denen, die für die neuen Finanzprodukte verantwortlich sind, die unsere globale Wirtschaft an den Rand des Ruins brachten, nur ein Almosen bekommen.«[161]

Entwicklungen in den Vergütungsgewohnheiten der letzten beiden Jahrzehnte haben zu einer Verteilung von Vermögenswerten geführt, die immer weniger mit individueller Leistung oder der Bereitschaft zu tun hat, persönliche finanzielle Risiken einzugehen.

Was bedeutet nun die übermäßige Konzentration von Reichtum für die Nachhaltigkeit insgesamt? Kompromisslose geopolitische Denker wie Zbigniew Brzezinski, der Sicherheitsberater von US-Präsident Carter, sind stets auf krude Machtverhältnisse fixiert:

»Globaler Aufruhr offenbart sich auf vielfältige Weise. Er wird durch permanente Massenarmut und soziale Ungerechtigkeit verstärkt, wenn auch nicht gänzlich verursacht … Er eignet sich nicht zur Bildung von Slogans und rüttelt das amerikanische Volk nicht so emotional wach wie der Terrorismus. Er lässt sich schwerer personalisieren ohne eine dämonische Gestalt wie Osama bin Laden. Und er passt auch nicht zu selbstzufriedenen Erklärungen über eine epische Konfrontation zwischen Gut und Böse nach dem Vorbild der titanischen Kämpfe mit Nazismus und Kommunismus. Doch sich nicht auf den globalen Aufruhr zu konzentrieren, heißt, eine zentrale Realität unserer Zeit zu ignorieren: das

161 Joseph E. Stiglitz: »Of the 1%, by the 1%, for the 1%«, in: *Vanity Fair,* Mai 2011.

gewaltige weltweite politische Erwachen der Menschheit und ihr immer stärker werdendes Bewusstsein der unerträglichen Ungleichheiten im Menschsein.«[162]

Wir haben in den letzten Jahrzehnten eine beachtliche Konzentration von Reichtum und eine daraus resultierende Zunahme der ungleichen Verteilung von Reichtum erlebt. Je nachdem, wie man Armut definiert, macht man sich ein unterschiedliches Bild von dieser ungleichen Verteilung. Doch soziale Spannungen entstehen eher aus dem relativen als dem absolut minimalen Level von Armut in Bezug auf die *übermäßige Konzentration von Reichtum.*

Ökonomische Auswirkungen der Konzentration von Reichtum

Ökonomische Gleichheit hat nicht nur etwas mit Gerechtigkeit zu tun. Die Entwicklung der Wirtschaft an sich beruht auf einem Minimum an Gleichheit. Neuere Belege deuten darauf hin, dass eine erfolgreiche wirtschaftliche Entwicklung nicht bei zu viel oder zu wenig ökonomischer Gleichheit stattfindet. Der Kommunismus mit seinem Versuch, zu viel Gleichheit durchzusetzen, musste ökonomisch scheitern. Doch zu wenig Gleichheit in einer kapitalistischen Gesellschaft ist in ökonomischer Hinsicht ebenso wenig von Vorteil. So beruht zum Beispiel der Unterschied in der Entwicklung zwischen Lateinamerika und den asiatischen »Tigerstaaten« in Ostasien und im Pazifikraum entscheidend darauf, dass die ungleiche Verteilung von Reichtum in Lateinamerika zu hoch ist.[163]

---

162 Zbigniew Brzezinski: *The Choice: Global Domination or Global Leadership* (2004), S. 217.

163 Nach dem von Franz Joseph Radermacher entwickelten Aktienindex, der empirisch den Grad der Einkommensverteilung in einem Land misst, steht Brasilien bei 0,27 und Mexiko bei 0,28. (Theoretisch läge dann der Kommunismus, der für jeden das exakt gleiche Einkommen vorsähe, bei 1,0.) Im Gegensatz dazu erreicht dieser Index für China 0,65, für Korea 0,55 und für Japan 0,62. (Die USA liegen nach dieser Skala bei 0,47, die Europäische Union liegt bei 0,54.) Anscheinend ist das ökonomische Wachstum beschädigt, wenn der Index etwa unter 0,45 oder über 0,65 liegt. Mehr dazu siehe Franz J. Radermacher (2004), S. 85–120.

Auswirkungen der Konzentration von Reichtum auf die Gleichheit

In seinem Werk *Eine Theorie der Gerechtigkeit* formuliert der amerikanische Philosoph John Rawls zwei Bedingungen für soziale Gerechtigkeit, nach denen eine ungleiche Verteilung von Einkommen und Vermögen langfristig gesehen in akzeptabler Weise gerecht ist.[164]

Kasten 5.3 – Was ist gerecht? Was ist ungerecht?
John Rawls über Ungleichheit

Anhand seiner Untersuchungen zur liberal-egalitären politischen Philosophie gelangt Rawls zu zwei praktischen Geboten: Soziale und ökonomische Ungleichheiten müssen so kontrolliert werden, dass sie a) den am wenigsten Begünstigten die bestmöglichen Aussichten gewähren und b) allen den Zugang zu Ämtern und Positionen ermöglichen und somit allen die gleichen Chancen einräumen.

Rawls rechtfertigt selbst relativ beträchtliche Vermögens- und Einkommensunterschiede, aber eben unter den oben genannten Bedingungen. Nach Bedingung a) sei es moralisch inakzeptabel, dass die Ärmsten nicht am Wirtschaftswachstum beteiligt sind. Und nach Bedingung b) müsse es hinreichende soziale Beweglichkeit geben, damit die Wohlhabenden nicht permanent ihre Positionen besetzen. Daher sei Kritik zu üben an sozioökonomischen Systemen mit fest verankerten *strukturell ungleichen* Einkommensverteilungsmechanismen, die im Lauf der Zeit *komplexe Schieflagen* erzeugen.

Kurzum: Rawls behauptet, Freiheit könne nicht existieren, wenn es nicht genügend Gleichheit gebe. Der Kommunismus entwickelte sich in Richtung von zu viel Gleichheit und erwies sich als erfolglos. Nach den jüngeren historischen Erfahrungen mit dem Kapitalismus warnen inzwischen viele davor, dass der Marktfundamentalismus uns zu weit in die entgegengesetzte Richtung drängen könnte.

164 John Rawls: *A Theory of Justice*, 1971 (dt.: *Eine Theorie der Gerechtigkeit*).

Reichtumskonzentration: Die Verbindung zum Geld- und Finanzsystem

Das gegenwärtige Wirtschaftssystem ist somit keine »steigende Flut, die alle Boote flottmacht«. Mit einer Erfolgsgeschichte wie der gerade dargestellten hat die »Trickle-down-Wirtschaft« – der Glaube, die Armen würden schon irgendwie ihren fairen Anteil bekommen, wenn die Reichen reicher werden – ihre Glaubwürdigkeit verloren. In den folgenden Abschnitten werden drei Mechanismen beschrieben, die ins gegenwärtige Geldsystem eingebaut sind und zur Konzentration von Reichtum führen: die Zinsen, der Geldschöpfungsprozess und die Rolle des Lobbyismus.

1. Zinsen

Die Zinsen sind der erste eingebaute Mechanismus oder die Schieflage, die zur ungleichen Verteilung von Reichtum führt. Zinsen sind per definitionem eine Gebühr oder eine Bezahlung für die Nutzung von Geld. Zinsen sind somit ein Geldtransfer von denen, die nicht genügend Geld haben, zu jenen, die überschüssiges Geld haben. Im alten Griechenland verurteilte Aristoteles entschieden die »chrematistische« Lebensweise, die darin bestand, Geld mit Geld zu verdienen. In Judentum, Christentum und Islam gibt es jeweils strenge Regeln gegen den »Wucher«, das Erheben von Zinsen auf Geld. Heutzutage erinnert nur noch der Islam die Menschen daran, dass Zinsen als ein Problem für die Gerechtigkeit oder eher als Ungerechtigkeit galten.

Wir haben nur eine Studie über den Transfer von Reichtum über Zinsen gefunden. Sie wurde 1982 in Deutschland durchgeführt, als der Zinssatz bei 5,5 Prozent lag.[165] Die deutsche Bevölkerung wurde in zehn Einkommenskategorien von jeweils 2,5 Millionen Haushalten eingeteilt. Im Laufe eines Zeitraums von einem Jahr beliefen sich die Transferleistungen zwischen diesen

165 Kennedy (1995), S. 26.

zehn Gruppen auf insgesamt 270 Milliarden D-Mark an Zinsen, die gezahlt beziehungsweise genommen wurden. Die grafische Darstellung der Nettozinstransferleistungen (genommene Zinsen minus gezahlte Zinsen) für jede dieser zehn Haushaltskategorien zeigt uns das Nettoergebnis (s. Abb. 5.5).

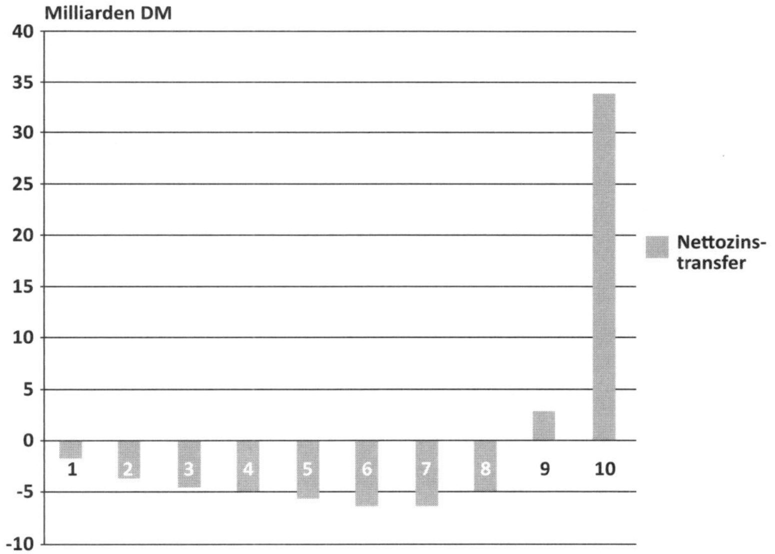

Abb. 5.5: *Nettozinstransfer (in Milliarden DM) für 10 Haushaltsgruppen zu je 2,5 Millionen Einwohner (Deutschland 1982).*

An dieser Grafik erkennen wir, dass die höchsten Zinstransferleistungen von der Mittelschicht ausgingen. Die Kategorien 3 bis 8 transferierten annähernd fünf Milliarden DM an die 10 Prozent der Spitzenhaushalte in Kategorie 10. Die Kategorie 1, die Haushalte mit dem geringsten Einkommen, transferierten 1,8 Milliarden DM an Zinsen pro Jahr an die höchste Gruppe. Im Endergebnis heißt das, dass die 10 Prozent der Spitzenhaushalte in diesem einen Jahr einen Nettozinstransfer von 34,2 Milliarden DM vom Rest der Gesellschaft einnahmen.

Die Abb. 5.5 veranschaulicht eindeutig den systematischen Transfer von Reichtum von den unteren 80 Prozent der Bevölkerung an die obersten 10 Prozent. Dieser Transfer verdankte sich ausschließlich dem geltenden Geldsystem. Er ist unabhängig von Intelligenz oder Fleiß der Beteiligten, worauf man üblicherweise verweist, um große Einkommensunterschiede zu rechtfertigen.

2. Der Geldschöpfungsprozess

Der zweite eingebaute Mechanismus oder die Schieflage, die zur ungleichen Verteilung von Reichtum führt, ist der Geldschöpfungsprozess selbst. Üblicherweise glaubt man, Kapital werde durch Ersparnisse finanziert. In Wirklichkeit wird Kapital durch *Kredite* generiert. Der Haken daran ist allerdings, dass Kredite nur Menschen gewährt werden, die *bereits Ersparnisse haben.*[166] Die übliche Bankenpraxis schreibt vor, dass Kredite nur gegen gute Sicherheiten gewährt werden. Das Bonmot von Bob Hope: »Eine Bank ist eine Institution, die jemandem Geld leiht, der nachweisen kann, dass er eigentlich keines braucht« enthält mehr als nur ein Körnchen Wahrheit. In einer Gesellschaft, die eine Monopolwährung durchsetzt, die durch Bankschulden geschaffen wurde, wird es aller Voraussicht nach zu einer automatischen Schieflage in Richtung einer Konzentration von Reichtum kommen.

3. »Lobbykratie«

Der dritte eingebaute Mechanismus, der zur ungleichen Verteilung von Reichtum führt, hängt mit speziellen Interessengruppen und Lobbyarbeit zusammen. Lobbyisten können in einer Demokratie eine positive Rolle spielen. Sie stellen eine Rückkopplung her zwischen dem Zweig der Regierung, der Gesetze erlässt, und

---

166 Louis und Patricio Kelso: *Two Factor Economy: How to turn a million workers into capitalists on borrowed money* (1967), zitiert in Hazel Henderson (2006), S. 164.

den Bürgern und Organisationen, die von diesen Gesetzen betroffen sind. Gute Lobbyisten sind teuer. Individuen und Unternehmen, die sie sich leisten können, haben einen Vorteil gegenüber denen, die das nicht können. Basisdemokratische Organisationen, manche Nichtregierungsorganisationen und normale Menschen, die von den gleichen Gesetzen betroffen sind, sind meist nicht in der Lage, diese teuren Lobbyisten zu bezahlen.

Somit erzeugt Geld Macht, und Macht erzeugt politischen Einfluss, der wiederum Gesetze erzeugt, die es den Mächtigen ermöglichen, mehr Geld einzunehmen. Diese positive Rückkopplungsschleife ist in der Politik gut bekannt. Sie erklärt, warum so viele unserer Gesetze mächtige Interessen begünstigen statt die normaler Menschen, die die Demokratie eigentlich schützen sollte. An einem gewissen Punkt kann die Grenze zwischen Lobbyarbeit und kapitalistischer Filzokratie unscharf werden. Wenn das Geld mächtiger spricht als das Volk, wird die Demokratie von der Plutokratie abgelöst, die heute die Form einer »Lobbykratie« annimmt.[167] Die Art und Weise, wie Geld gegenwärtig geschaffen wird, fördert diese problematische Schieflage, indem sie eine strukturelle Konzentration von Reichtum generiert.

Was bedeutet die ungleiche Verteilung von Reichtum für die Nachhaltigkeit?

Deutlich ungleich verteilter Reichtum tendiert dazu, dass sich die Kaufkraft in den Händen der Menschen konzentriert, die sich die konsumintensivste und damit ressourcenintensivste Lebensweise angewöhnt haben. Aber hier steht mehr auf dem Spiel als Lebensmittel oder Lebensbedürfnisse der Durchschnittsverdiener, ja mehr noch als Gerechtigkeit und Wirtschaftsleistung. Oder wie es Louis Brandeis, Richter am US Supreme Court, formulierte: »Wir können in diesem Land entweder eine Demokratie ha-

167 Siehe z.B. Belén Balanya u.a. (2003) und Greg Palast (2003).

ben oder wir können großen Wohlstand haben, der in den Händen weniger konzentriert liegt, aber wir können nicht beides haben.«[168] Und der Dalai Lama hat einmal gesagt: »Eine Gesellschaft, in der die Reichen zu reich und die Armen zu arm sind, erzeugt Gewalt, Verbrechen und innere Unruhen. Agitatoren können die Massen leicht glauben machen, sie würden für sie kämpfen.«[169] Gewalt und Krieg sind das genaue Gegenteil von Nachhaltigkeit, da sie zu einer Lose-Lose-Situation für alle Segmente der Gesellschaft führen – auch für die Reichen. Oder wie es US-Präsident John F. Kennedy in einer Rede im Weißen Haus 1962 formulierte: »Diejenigen, die eine friedliche Revolution unmöglich machen, werden eine gewaltsame Revolution unvermeidlich machen.«

5. Die Abwertung des Sozialkapitals – warum Konkurrenzverhalten stärker sein kann als Kooperation

> *Regionen, Länder und Gruppen, die sich zurückgelassen fühlen, werden mit verstärkter wirtschaftlicher Stagnation, politischer Instabilität und kultureller Entfremdung konfrontiert. Sie werden Brutstätten für politischen, ethnischen, ideologischen und religiösen Extremismus, samt der Gewalt, die oft damit einhergeht.*
> Central Intelligence Agency (CIA), April 2007[170]

Der fünfte und letzte Mechanismus, der in unserem gegenwärtigen Geldsystem zu Nichtnachhaltigkeit führt, hängt mit der Art und Weise zusammen, wie es Sozialkapital abwertet und aufzehrt.

168 http://de.wikipedia.org/wiki/Louis_Brandeis
169 http://www.commondreams.org/headlines/122000-02.htm
170 *Global Trends 2015* (Central Intelligence Agency, April 2007).

Was ist Sozialkapital?

Der Soziologe Robert Putnam definiert Sozialkapital als »Merkmale der sozialen Organisation wie Vertrauen, Normen und Netzwerke, die die Effizienz der Gesellschaft verbessern können, indem sie koordiniertes Handeln ermöglichen«.[171] Der Inhalt dieses Begriffs hat sich seit fast einem Jahrhundert nicht weiterentwickelt, wie es die Definition von Lyda Judson Hanifan aus dem Jahr 1916 veranschaulicht: »Die ganze Gemeinschaft wird von der Kooperation ihrer Teile profitieren, und dem Einzelnen, als einem Ergebnis der geschmiedeten Glieder, werden Vorteile zuteil wie Hilfe, Mitgefühl und Gemeinschaftsgeist von Seiten seiner Nachbarn ... Wenn Menschen in einer Gemeinschaft einander vertrauen und wenn es üblich geworden ist, zum Zweck der Unterhaltung, zum Austausch von Ansichten oder zum Privatvergnügen zusammenzukommen, können geschickte Führer dieses Sozialkapital leicht für die allgemeine Verbesserung oder den Wohlstand in der Gemeinschaft als Ganzer einsetzen.« Und all das bringt Hazel Henderson auf den kurzen, aber effektvollen Begriff »Liebesökonomie«.[172]

Zusammenhalt in einer Gesellschaft entsteht nicht aufgrund von räumlicher Nähe, einer gemeinsamen Sprache, religiösen Glaubensvorstellungen oder Beziehungen, sondern durch die Fähigkeit dieser Gesellschaft, Mechanismen, Rituale und Verhaltensmuster zu schaffen, die einen Geist von Kooperation, Vertrauen und gemeinsamer Verantwortung erzeugen.[173] Diese Verhaltensmuster werden durch Sozialisation erlernt und kontinuierlich

---

171 Robert Putnam u.a.: *Making Democracy Work: Civic Traditions in Modern Italy* (1994), S. 167. Eine von Putnams neueren Definitionen liegt noch ganz auf dieser Linie: »Sozialkapital bezeichnet Verbindungen zwischen Individuen – soziale Netzwerke und Normen der Gegenseitigkeit, die aus ihnen entstehen.« Putnam (2000), S. 19.

172 Hazel Henderson: *Building a Win-Win World: Life beyond Economic Warfare* (1996), S. 212.

173 Marcel Maus (1920), Claude Lévi-Strauss (1949), Lewis Hyde (1983) und Charles Eisenstein (2011).

verstärkt. Studien haben nachgewiesen, dass die Akte von Geben und Nehmen dieselben Gehirnregionen aktivieren und dass Geben meist zu größerem Glück führt als Nehmen.[174] Sozialkapital kann privat oder öffentlich sein, nach Form und Organisation variieren, hat aber stets einen Aspekt des sozialen Engagements. Es definiert auch die Arten von Institutionen und Regeln, die einer Gesellschaft ihre Identität verleihen. »Ein besonderes Merkmal des Sozialkapitals besteht darin, dass es nicht durch einen Standardmechanismus von individuellen Investitionen angesammelt wird, da sich die meisten seiner Vorteile nicht privat anwenden lassen. Vielmehr oder zumindest in einem viel größeren Ausmaß wird es durch soziale Teilnahme an Gruppenaktivitäten angesammelt.« Sozialkapital ist somit nicht bloß ein Nebenprodukt der Gesellschaft. Es ist der »Leim«, der aus einer Ansammlung von Individuen eine menschliche Gesellschaft macht. Es ist die Vorbedingung für eine funktionsfähige Demokratie[175] und für die Sicherung wirtschaftlichen Wohlstands.[176] Ja, politisches Handeln und effiziente Märkte sind ohne ein Mindestmaß an Sozialkapital undenkbar.

Demokratie und wirtschaftlicher Wohlstand werden nur dann möglich sein, wenn eine Gesellschaft über einen hinreichenden Sinn für Verantwortung, wechselseitiges Vertrauen, Solidarität und Kooperation verfügt. Steigende Kriminalitätsraten[177], Armut und der Ausschluss immer größerer Gruppen aus der Gesellschaft[178] sind die ersten Anzeichen einer Erosion von Sozialkapital. Mehrere Studien haben nachgewiesen, dass das Sozialkapital

174 Elizabeth W. Dunn u.a.: »Spending Money on Others Promotes Happiness«, in: *Science* 319 (21. März 2008), S. 1687f.

175 Putnam u.a. (1994).

176 Francis Fukuyama: *Trust: Social Virtues and the Creation of Prosperity* (1995).

177 Manuel Castells: *Das Informationszeitalter*, Bd. II (2002), S. 275ff., und Bd. III (2003), 3. Kapitel.

178 Gerry Rodgers, Charles G. Gore und Jose B. Figueiredo (Hg.): *Social Exclusion: Rhetoric, Reality, Responses* (1995) und Enzo Minigione: *Urban Poverty and the Underclass – A Reader* (1996).

nicht nur in den meisten Teilen der Welt abnimmt, sondern sich auch seinem Wesen nach wandelt.[179] Eine seiner Dimensionen ist das Gleichgewicht zwischen Konkurrenz und Kooperation.

Die Förderung von Wettbewerb

Die folgende Geschichte (Kasten 5.4) veranschaulicht, wie die Zinsen in das Gewebe unseres Geldes verwoben sind und wie sie den Wettbewerb zwischen den Benutzern dieser Währung anregen.

Kasten 5.4 – Die elfte Scheibe

Es war einmal ein kleines, abgelegenes Dorf, in dem elf Familien bei all ihren Geschäften Tauschhandel betrieben. An jedem Markttag gingen die Menschen herum mit Hühnern, Eiern, Schinken und Broten und pflegten ausgiebig miteinander zu handeln, um einzutauschen, was sie brauchten. In wichtigen Zeiten des Jahres, etwa während der Ernte oder wenn die Scheune von jemandem nach einem Unwetter stark beschädigt war, erinnerten sich die Menschen an die Tradition, einander zu helfen, wie sie vom alten Land überliefert war. Sie wussten, wenn sie eines Tages ein Problem hatten, dann würden wiederum andere ihnen helfen.

An einem Markttag kam ein Fremder mit glatt gewienerten schwarzen Schuhen und einem eleganten weißen Hut vorbei und beobachtete das ganze Treiben mit einem hämischen Grinsen. Als er sah, wie ein Bauer herumlief, um die sechs Hühner einzufangen, die er gegen einen großen Schinken eintauschen wollte, musste er laut lachen. »Diese armen Leute«, murmelte er, »sie sind so primitiv.« Die Frau des Bauern vernahm dies und fuhr den Fremden an: »Versteht Ihr Euch denn besser darauf, mit Hühnern zu handeln?« – »Mit Hühnern nicht«, erwiderte der Fremde. »Aber es gibt eine viel bessere Möglichkeit, auf diesen ganzen Aufwand zu verzichten.« – »Ach ja? Was denn?«, wollte die Frau wissen. – »Siehst du diesen Baum dort?«, erwiderte der Fremde. »Nun, ich werde dort darauf warten, dass mir einer von euch eine große Kuhhaut bringt. Dann sollen mich alle elf Familien aufsuchen. Denen werde ich die bessere Möglichkeit erklären.«

179 James Coleman (1990), insbesondere 12. Kapitel, und Putnam (2000).

Und so geschah es. Er nahm die Kuhhaut, schnitt vollkommen runde Lederscheiben daraus und drückte auf jede Scheibe einen kunstvollen und eleganten kleinen Stempel. Dann gab er jeder Familie zehn Scheiben und erklärte, jede von ihnen stelle den Wert eines Huhns dar. »Und nun könnt ihr mit den Scheiben statt mit den unhandlichen Hühnern handeln und Geschäfte machen«, sagte er.
Das erschien den Dorfbewohner sinnvoll. Alle waren beeindruckt von dem Mann mit den glatt gewienerten Schuhen und dem beeindruckenden Hut.
»Ach, übrigens«, fügte er hinzu, nachdem jede Familie ihre zehn Scheiben bekommen hatte, »in einem Jahr werde ich wiederkommen und unter diesem Baum sitzen. Ich möchte, dass jeder von euch mir elf Scheiben zurückgibt. Diese elfte Scheibe ist ein Zeichen der Anerkennung für die technische Verbesserung, die ich gerade in eurem Leben ermöglicht habe.« – »Aber woher soll die elfte Scheibe kommen?«, wollte der Bauer mit den sechs Hühnern wissen. – »Das werdet ihr dann schon sehen«, sagte der Mann mit einem beruhigenden Lächeln.

* * *

Nehmen wir einmal an, die Zahl der Dorfbewohner und ihre jährliche Produktion bleiben im folgenden Jahr genau gleich, was müsste dann geschehen? *Schließlich wurde diese elfte Scheibe nie geschaffen*. Am Ende wird eine der elf Familien ihre zehn Scheiben verlieren, damit die zehn anderen ihre elfte Scheibe bekommen. Und das wird selbst dann geschehen, wenn alle bei ihren Geschäften gut klarkommen.
Als dann ein Unwetter die Ernte von einer der Familien bedrohte, nahmen sich die Menschen weniger großzügig Zeit, um der Familie zu helfen, die Ernte rechtzeitig einzubringen. Während es einerseits viel praktischer war, an Markttagen mit den Scheiben als mit Hühnern zu tauschen, hatte das neue Spiel auch die ungewollte Nebenwirkung, dass es die spontane Kooperation, die traditionell im Dorf vorherrschte, aktiv unterband. Das neue Geldspiel *erzeugte einen systematischen Sog zum Wettbewerb unter allen Mitspielern*.

Und genauso spielt das heutige Geldsystem die Teilnehmer am Wirtschaftsleben gegeneinander aus. Diese Geschichte hebt die Rolle der Zinsen – der elften Scheibe – als Teil des Geldschöpfungsprozesses und ihre Wirkung auf die Teilnehmer hervor.[180] Die Pointe der Geschichte von der elften Scheibe ist einfach: Der Wettbewerb, um das Geld zu bekommen, das zur Zahlung der Zinsen benötigt wird, die zunächst nicht zusammen mit dem Grundkapital geschaffen werden, ist in unser gegenwärtiges System strukturell eingebettet. Wie wirkt sich ein solcher permanenter Konkurrenzsog auf das Sozialkapital aus? Können wir eine solche Wirkung messen? Kann Sozialkapital überhaupt gemessen werden?

Wie man Sozialkapital misst

Auch wenn die Definition von Sozialkapital relativ gesichert ist, hat sich die Fähigkeit, es zu messen, im Lauf der Zeit nicht gerade verbessert. Ein Grund dafür ist es wohl, dass »der Gedanke an Sozialkapital dem gegenwärtigen ökonomischen Denken unangenehm ist. Auch wenn es einen starken, intuitiven Reiz ausübt, hat es sich doch als schwer erwiesen, es als Wirtschaftsgut festzumachen. Dass es sich so schwer messen lässt, liegt nicht an einem anerkannten Mangel an Daten, sondern weil man nicht so recht weiß, was da gemessen werden soll. Die vielen Komponenten von Sozialkapital bestehen aus verschiedenartigen Beziehungen und Engagements und sind daher so vielfältig und in vielen Fällen nicht greifbar.«[181] Die Grundelemente von Sozialkapital sind Formen von Wohlwollen, die durch allgemeine Formen von sozialem Austausch vermittelt werden[182], wie soziale Netzwerke, das Ge-

180 Die Geschichte von der elften Scheibe ist dem Buch *The Future of Money* (Bernard Lietaer, 2001) entnommen. Sie veranschaulicht vereinfacht für Nichtwirtschaftswissenschaftler, wie sich Zinsen auf Geld auf das System auswirken. Um diese eine Variable isoliert zu betrachten, wird von der Hypothese einer Null-Wachstum-Gesellschaft ausgegangen: kein Bevölkerungswachstum, keine Produktionszuwächse und keine Zuwächse der Geldmenge. In der Praxis können natürlich alle drei Variablen im Lauf der Zeit wachsen – und verschleiern damit noch mehr die Auswirkungen von Zinsen.

181 Partha Dasgupta: »Social Capital and Economic Performance: Analytics, in: *Ostrom und Ahn* (2003).

182 Putnam (2000), Paul S. Adler und Seok-Woo Kwon (2002) und Yaojun Li u.a. (2003).

fühl der Zugehörigkeit zum eigenen Viertel oder zur Gemeinschaft und gesellschaftliche Teilhabe.

Dass Sozialkapital sich so schwer quantifizieren lässt, liegt vielleicht daran, dass der Begriff an sich eine ökonomische Projektion auf einen nichtökonomischen Bereich darstellt. Er steht für eine reduktionistische Anschauung, weil er den menschlichen Geist und die erhabensten menschlichen Fähigkeiten nur als weiteren Input in die materielle Produktion objektiviert. Implizit unterstellt er, dass die materielle Produktion das einzig relevante Kriterium für Wohlfahrt und Wohlbefinden einer Gesellschaft sei.

Um das Sozialkapital zu messen, hat man viele indirekte Indizes herangezogen. Sie reichen von Bildung und Einkommen bis zum Prozentsatz der berufstätigen Frauen, von Formen der Unternehmensorganisation und den sozialen Sicherheitsnetzen bis zu dem Ausmaß, in dem wir uns an der Führung unserer Gesellschaft beteiligen können, von der Pressefreiheit bis zur Verfassung von Staaten. Das Angebot an Jobs und die Qualität der Arbeitsbedingungen haben entscheidenden Einfluss auf die Bildung von Sozialkapital. Unabhängig von der Definition oder den herangezogenen Daten lässt sich seit einigen Jahrzehnten eine tendenzielle Abnahme des Sozialkapitals in den meisten Industrienationen feststellen.

Eine entscheidende Frage ist nach wie vor nicht beantwortet: Welche Rolle spielt bei diesen Prozessen das Geldsystem? Die Belege dafür stammen aus drei verschiedenen Quellen: der Spieltheorie, dem Neuroimaging und den empirischen Verhaltenstests.

1. Der Beitrag der Spieltheorie

Die ersten Belege liefert die Spieltheorie. Die »Tit-for-tat-Strategie« in nichtkooperativen Spielen lässt sich mit folgenden Worten umschreiben: »Ich werde dir zuerst etwas geben, und du wirst mir etwas geben, wenn ich es in Zukunft brauche. Solltest du aber beschließen, mir nichts zurückzugeben, werde ich unsere Zusammenarbeit beenden.« Das Werk von Robert Axelrod und Elinor

Ostrom weist nach, dass diese Strategie (eine im Wesentlichen kooperative Strategie) als kulturelle Norm besser ist als eine Haltung des egoistischen Konkurrenzdenkens. Beim egoistischen Konkurrenzdenken übermitteln die Teilnehmer einander stillschweigend die Botschaft: »Ich werde bei jeder Interaktion mein Eigeninteresse verfolgen, egal, ob es dir etwas nutzt oder nicht. Jeder von uns sollte ausschließlich an sich selbst denken.« Doch nach fünfzehn Wiederholungen solcher Spiele beginnen kooperative und altruistische Verhaltensweisen gegenüber dem Konkurrenzdenken zu dominieren. Sie sind erfolgreicher und ziehen mehr Teilnehmer an.[183]

Die oben erzählte Geschichte von der elften Scheibe verweist darauf, dass unser Geldsystem eine eingebaute Schieflage enthält, die Konkurrenz zwischen seinen Nutzern erzeugt. Im Gegensatz dazu setzt sich die evolutionäre Spieltheorie umfassend für den Vorrang der Kooperation vor der Konkurrenz ein. Im weiteren Sinne ist Nachhaltigkeit nur bei hinreichender sozialer Kooperation und geringer sozial zerstörerischer Konkurrenz und Rivalität möglich. Abschließend lässt sich sagen: Weil unser Geldsystem Konkurrenz statt Kooperation erzeugt, drängt es uns in eine Richtung, die nach der Spieltheorie nachweislich das Gegenteil dessen ist, was wünschenswert wäre.

2. Belege aus dem Neuroimaging

Die zweite Quelle, die belegt, welche Rolle Geld bei der Erosion von Sozialkapital spielt, stammt aus der klinischen Psychologie. Mit Hilfe der bildgebenden Verfahren zur Untersuchung der Hirnstruktur lässt sich nachweisen, dass allein die Gegenwart von konventionellem Geld das Sozialverhalten verändern kann. Gier sowie andere negative Emotionen wie Angst, Zorn, Intoleranz, Schuldzuweisung und Panik werden immer dann verstärkt, wenn

183 Siehe z.B. Martin A. Novak u.a. (2004). Zu den bahnbrechenden Beiträgen zu diesem riesigen Gebiet der evolutionären Spieltheorie zählen die Werke von Robert Axelrod (1984) und Elinor Ostrom (1990).

Geld präsent ist. Es mindert sogar die Leistung des Gehirns, wenn es um rationale Entscheidungen geht![184]

Den Befunden der Neurowissenschaft zufolge sind bei diesen Prozessen zwei gegensätzliche Hirnregionen beteiligt. Die eine ist der Impulsschaltkreis[185], der auf Reize reagiert und unmittelbare Belohnung anstrebt, die andere ist der präfrontale Cortex, der zu rationalisieren, zu kontrollieren und Verhaltensweisen zu antizipieren versucht. Bei allen Suchtstörungen ist der Impulsschaltkreis überaktiv, ebenso bei finanziellen Anreizen, die mit konventionellem Geld verbunden sind. Er wird sogar stärker von konventionellem Geld als von Sex oder Verbrechen aktiviert![186]

3. Belege aus der klinischen Psychologie

2006 veröffentlichten Kathleen Vohs und ihre Kollegen in der Zeitschrift *Science* empirische Belege dafür, wie das Geldsystem Verhaltensmuster beeinflusst.[187] Sie führten eine randomisierte Kontrollstudie durch, um die Wirkung von Geld auf soziale Verhaltensweisen zu beweisen. Bei dieser Studie wurden die Teilnehmer beliebig in zwei Gruppen eingeteilt und aufgefordert, identische Fragebögen zu beantworten. Während der Studie wurden der einen Gruppe optische Symbole von Geld, etwa ein Kunstwerk mit einer Dollarnote an der Wand, der anderen hingegen neutrale Symbole, etwa eine Muschel, gezeigt.

Im Vergleich zu der Teilnehmergruppe, die neutralen Bildreizen ausgesetzt war, waren die Teilnehmer der Gruppe, die Geld-

184 George Loewenstein, Scott Rick und Jonathan D. Cohen: »Neuroeconomics«, in: *Annual Review of Psychology*, Bd. 59 (2008), S. 647–672, Dan Ariely: *Predictably Irrational: The Hidden Forces That Shape Our Decisions* (2009).

185 Er umfasst den Nucleus Accumbens, die Amygdala und das ventrale Pallidum.

186 Alain Dagher: »Shopping Centers in the Brain«, in: *Neuron*, Bd. 53 (2007), S. 7–8, Brooks King-Casa u. a.: »Getting to Know You: Reputation and Trusting in Two-Person Economic Exchange«, in: *Science*, 308 (1. April 2005), S. 78–83.

187 Kathleen D. Vohs u. a.: »The Psychological Consequences of Money«, in: *Science* 314 (17. November 2006), S. 1154ff., Carole B. Burgoyne und Stephen E.G. Lea: »Money is Material«, in: *Science* 314 (17. November 2006), S. 1091f.

symbole zu sehen bekamen, in signifikant höherem Maße darauf aus, allein zu spielen, allein zu arbeiten und sich physisch mehr von ihren Nachbarn zu distanzieren. Diese Gruppe zögerte auch, andere um Hilfe zu bitten, und neigte dazu, auf Bitten um Hilfe so zu reagieren, als ob sie sich für die Belange anderer nicht interessierte. Sie zogen auch das Streben nach individualistischen Zielen und individueller Freiheit dem nach Zusammenarbeit vor. Die Ergebnisse dieser und ähnlicher Studien stützen entschieden unsere Hypothese, dass Geld in Bezug auf menschliche Interaktionen und Verhaltensmuster nicht neutral ist. Ja, es verstärkt die soziale Isolation und damit den Niedergang des menschlichen Sozialkapitals.

Dies könnte der erste »harte« wissenschaftliche Beweis dafür sein, dass konventionelles Geld als ein unbewusst programmierendes Medium fungiert, das menschliche Werte und Verhaltensweisen negativ beeinflusst. Wie in Kapitel 4 erwähnt, werden der »menschlichen Natur« oft finanzielle Torheiten und Krisen zugeschrieben. Wir können uns nun diesem Gedanken anschließen – mit einer Einschränkung: Diese Probleme werden ausgelöst von der *»menschlichen Natur, wenn sie von einem Monopol des Bankschuldengeldes programmiert wird«*. Dieses Monopol des Bankschuldengeldes bringt eine spezifische menschliche Kultur hervor, die mit problematischen *Verhaltensmustern* verbunden ist. Die Verwendung von Zahlungsmitteln, die nicht durch Bankschuldengeld geschaffen wurden, führt zu andersartigen Verhaltensmustern. Mehrere Beispiele solcher Systeme werden wir im siebten und achten Kapitel darstellen.[188]

188 S.G. Lea, R.M. Tarpy und P. Webley: *The Individual in the Economy: A Textbook for Economic Psychology* (1987), und G. Seyfang und K. Smith: *The Time of our Lives: Using time banking for neighbourhood renewal and community capacity building* (2002).

Was bedeutet das Sozialkapital für die Nachhaltigkeit?

Wenn ein Geldsystem, das Konkurrenzdenken, Furcht, Misstrauen und Angst nährt, als einziges legal akzeptables Zahlungsmittel durchgesetzt wird, wie kann man dann von den Beteiligten erwarten, dass sie Kooperation, Vertrauen, Verantwortungsbewusstsein und Zuversicht entwickeln?

Sozialkapital vermittelt zwischen verschiedenen sozialen Variablen. Dies lässt sich am Vorherrschen stressbedingter psychosomatischer Syndrome ermessen, das mit dem wahrgenommenen Sozialkapital umgekehrt korreliert.[189] Die Erosion des Sozialkapitals geht auch mit großer Ungleichheit bei den Einkommen sowie mit höheren Sterblichkeitsraten einher.[190] Solche Befunde verweisen auf eine Verbindung zwischen Sozialkapital, Geld, Reichtumsverteilung und Gesundheitsparametern. Ein Motivationssystem, das primär auf monetären Anreizen zur Förderung des unbewussten Wettbewerbs zwischen seinen Nutzern basiert, ist gegenwärtig vielleicht nicht die beste Möglichkeit, um voranzukommen. Wie oben bereits erklärt, wissen wir, dass kooperative Ansätze langfristig überragende Ergebnisse für alle Beteiligten liefern. Angesichts der Herausforderungen, vor denen wir im Hinblick auf Nachhaltigkeit im 21. Jahrhundert stehen (siehe Kapitel 1), werden gewaltige Verhaltensänderungen erforderlich sein. Ist es dann nicht an der Zeit, die Benutzung von Motivationsinstrumenten zu überdenken, die primär auf Anreizen beruhen, welche auf konventionellem Geld – und damit auf Konkurrenzdenken – basieren?

189 Cecilia Åslund, Bengt Starrin und Kent W. Nilsson: »Social Capital in Relation to Depression, Musculoskeletal Pain, and Psychosomatic Symptoms: A Cross-Sectional Study of a Large Population-Based Cohort of Swedish Adolscents«, in: *BMS Public Health*, Bd. 10 (2010), Ausgabe 715 (10 Seiten).

190 Siehe I. Kawachi, B.P. Kennedy, K. Lochner und D. Prothrow-Stith: »Social Capital, Income Inequality and Mortality«, in: *American Journal of Public Health*, Bd. 87 (1997), Nr. 9, S. 1491–1498.

6. Geld als Attraktor

Wir haben eine große Vielfalt theoretischer und empirischer Belege herangezogen, die alle bestätigen, dass von Bankschulden erzeugtes Geld in Bezug auf unser Verhalten nicht neutral ist. Wir haben fünf systemische Auswirkungen des konventionellen Geldsystems beschrieben, die Belastungen erzeugen, die nicht nachhaltig sind: prozyklische Geldschöpfung, kurzsichtiges Denken, zwanghaftes Wachstum, erhöhte Einkommensunterschiede und Minderung des Sozialkapitals. Alle beeinflussen erheblich die Art der tagtäglichen ökonomischen Aktivitäten, auf die wir uns einlassen. Während diese Faktoren unterschiedlich erzeugt und miteinander verbunden sind, spielen alle eine entscheidende Rolle dabei, wie das menschliche Gehirn in Bezug auf Geld konditioniert wird. Unser Geldsystem wirkt als ein Attraktor, zu dem alle anderen in diesem Kapitel genannten Variablen hingezogen werden. Abb. 5.6 veranschaulicht dies auf schematische Weise.

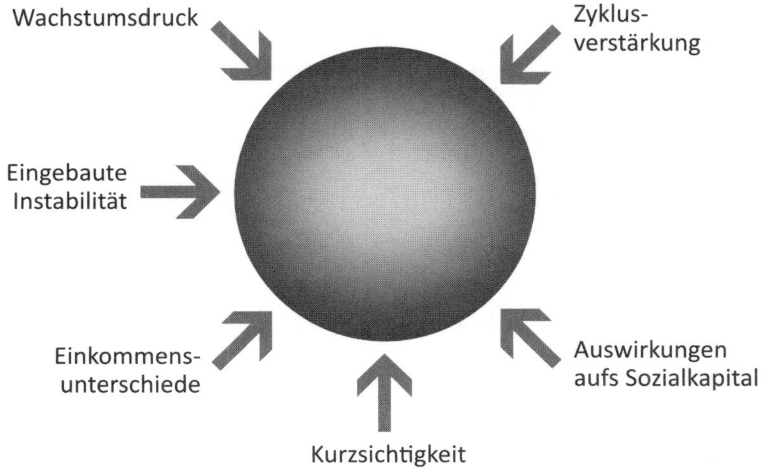

Abb. 5.6: *Das offizielle Geldsystem als Attraktor.*

Ein Attraktor ist ein dynamischer Prozess, in dem eine Vielzahl von Variablen im Lauf der Zeit konvergieren. James Buchan hat sich in seinem Buch *Unsere gefrorenen Begierden*[191] mit dieser universalen Anziehungskraft des Geldes befasst. Geld ist für ihn das notwendige Mittel, das jeden irdischen Zweck, unseren persönlichen Traum erfüllt. Dieser Traum mag zwar für jeden von uns ein anderer sein, doch Geld ist sein gemeinsamer Nenner. Dies macht Geld so schwer fassbar und damit auch verführerisch. Abb. 5.7 veranschaulicht diese Verführungskraft.

Abb. 5.7: *Geld – die gefrorenen Begierden von uns allen.*[192]

Wie wir in Kapitel 3 und 4 gesehen haben, ist das offizielle Geldsystem systemisch gesehen instabil. In diesem Kapitel haben wir nachgewiesen, dass es auch verhaltensbezogen nicht neutral ist.

191 James Buchan: *Frozen Desire: the Meaning of Money* (1997; dt.: *Unsere gefrorenen Begierden. Was das Geld will*, 1999).

192 Aus: Margrit Kennedy und Bernard Lietaer: *Regionalwährungen. Neue Wege zu nachhaltigem Wohlstand*, 2004, S. 30.

Außerdem ist das Gehirn des Homo sapiens für verschiedene Arten von Anreizen empfänglich, was dann zu einer unbewussten Programmierung führt. Jedes Mal, wenn Menschen mittels konventionellem Geld miteinander interagieren, werden die hier untersuchten fünf negativen Mechanismen weiter in Gang gehalten und wechselseitig verstärkt. Diese Mechanismen konterkarieren die mühevollen Anstrengungen, eine gemeinsame nachhaltige Zukunft zu sichern, und sind damit vielleicht das bedeutendste, nicht anerkannte Hindernis, dies zu erreichen.

Schlussbemerkung

Das konventionelle Geldsystem ist alles andere als das verhaltensbezogen neutrale und rein ermöglichende Zahlungsmittel, wie das Paradigma der Traditionellen Ökonomie unterstellt, sondern wirkt wie eine groß angelegte, aber unbewusste Programmierung. Es erzeugt fünf Prozesse, die direkt im Widerspruch zu verschiedenen Dimensionen von Nachhaltigkeit stehen. Das heutige Geldsystem kombiniert eine prozyklische Geldmenge mit deregulierten Kapitalströmen und unkontrollierten spekulativen Anreizen. Außerdem macht der in dieses Geld eingebaute Zinseszins Wachstum obligatorisch und automatisiert die Konzentration von Reichtum. Keines dieser Merkmale ist ein Naturgesetz. Sie sind nichts weiter als Konventionen, die sich durch andere Systeme ausgleichen lassen, um diese Auswirkungen zu neutralisieren.

Bevor wir uns mit solchen anderen Systemen befassen können, müssen wir noch das vielleicht heikelste Thema überhaupt angehen: die Rolle von Macht in Bezug auf Geld. Dies ist das Thema des nächsten Kapitels.

Kapitel 6 Das institutionelle System der Macht

»Mehr als bei anderen Zweigen der Wirtschaftswissenschaften haben wir es beim Geldwesen mit einer Disziplin zu tun, in der die Komplexität häufig nur dazu dient, die Wahrheit zu verschleiern statt sie für jedermann verständlich darzustellen.«
John Kenneth Galbraith[193]

Der letzte Aspekt, mit dem wir uns befassen müssen, ist der Zusammenhang von Macht und Geld. Dazu wollen wir zunächst die jeweiligen Rollen von Staat und Finanzsystem im monetären Bereich untersuchen. Historisch gesehen hat es zwischen Regierungen und Banken immer schon eine komplexe und zuweilen zwiespältige Beziehung gegeben. Dieses Kapitel untersucht einige Aspekte dieser Beziehung.

Semantische Fallen

Der Bereich des Geldes und die Beziehung zwischen Staaten und Bankensystem stecken voller semantischer Fallen. So lautet zum Beispiel die übliche Bezeichnung für konventionelles Geld »nationale

193 John Kenneth Galbraith: *Money: Whence It Came, Where It Went,* 1975 (dt.: *Geld. Woher es kommt, wohin es geht,* 1967), S. 5.

Währung«, womit suggeriert wird, dass die Landesregierung bei der Erschaffung und Verbreitung von Geld eine Schlüsselrolle spielt. Tatsächlich besteht die Geldmenge in erster Linie aus privat ausgegebenem Bankschuldengeld. Dieser private Anteil liegt in den meisten Ländern mittlerweile irgendwo zwischen 95 und 97 Prozent.

Außerdem wird immer wieder betont, Zentralbanken seien »unabhängig«, was so viel bedeute wie »unabhängig von jeder politischen Einflussnahme«. Das bedeutet jedoch nicht »unabhängig von der Einflussnahme seitens des Bankensystems« – allerdings bleibt dies unausgesprochen. So sind beispielsweise die Aufsichtsratsmitglieder der US Federal Reserve in der Mehrheit Banker.

Die meisten wirtschaftswissenschaftlichen Lehrbücher definieren Geld als Rechnungseinheit, als Tauschmittel und als Wertspeicher. Weil dies drei *Funktionen* von Geld sind, charakterisieren diese Definitionen nur das, was Geld *macht*. Das ist aber etwas anderes als eine Definition dessen, was Geld *ist*. Da diese funktionalen Definitionen allgemein akzeptiert sind, wird das *Wesen* von Geld tatsächlich kaum untersucht. Unsere Arbeitsdefinition von Geld lautet damit folgendermaßen: »Geld ist eine *Übereinkunft* in einer *Gemeinschaft*, etwas Standardisiertes als *Tauschmittel* zu verwenden«. Im Gegensatz zur traditionellen funktionalen Definition besagt dies: Wenn eine Übereinkunft nicht funktioniert, kann man sich zumindest vorstellen, sie zu ändern. Man könnte sich auch vorstellen, dass andere Instrumente einige – aber nicht unbedingt alle drei – Funktionen ausüben könnten.[194]

Es gibt noch weitere Beispiele für sprachliche Fallen.[195] Wenn eine Person oder ein Unternehmen Geld geliehen bekommt, ver-

194 So wäre z.B. das im Kapitel 7 dargestellte Instrument der Natural Savings hauptsächlich ein Sparinstrument und weder ein Tauschmittel noch eine Rechnungseinheit. In vielen Zivilisationen unterschied sich auch die Rechnungseinheit vom Tauschmittel. Ein typischer Fall ist das alte Griechenland, wo die Rechnungseinheit der Ochse war, aber aus Bequemlichkeitsgründen erfolgten Tauschhandel oft mit Hilfe von Bronzeblöcken oder anderen Rohstoffen.

195 Zu den Argumenten in diesem Absatz siehe auch Philippe Derudder und André-Jacques Holbecq (2008), S. 17.

wendet man dafür den Begriff »Kredit«. Bei Regierungen jedoch lautet der entsprechende Begriff jedoch immer »Schuld«. Beide Vorgänge sind identisch. Aber »Kredit« hat positive Konnotationen – jemand vertraut Ihnen und hält Sie für »kreditwürdig«, während »Schuld« negative Konnotationen hat (Sie stehen in jemandes Schuld). Außerdem zahlen Einzelpersonen »Zinsen an die Bank«, während Regierungen »ihre Schulden bedienen«. Auch hier bezeichnen zwei verschiedene Begriffe ein und denselben Vorgang. Doch eine Schuld zu bedienen ist ein anonymer Vorgang ohne einen erkennbaren Empfänger. Viele Länder, darunter Frankreich, haben nicht einmal eine Statistik, die separat die Zinsen aufführt, die sie für ihre Staatsschulden bezahlen. Tatsächlich wird nur die Gesamtschuld (Kapital plus angefallene Zinsen) veröffentlicht, sodass weder die Summen noch die Empfänger dieses »Schuldendienstes« erscheinen.

Man beachte, dass all diese semantischen Signale in sich stimmig sind: Stets belegen sie, was wir später als das »Offizielle Paradigma« von Geld und Finanzen bezeichnen werden. Diese Signale sind nicht zufällig, und einige von ihnen lassen sich sogar mehrere Jahrhunderte zurückverfolgen. Wir können daher davon ausgehen, dass sie eine kohärente Machtstrategie offenbaren, die mit der Frage von Kontrolle und Macht zusammenhängt. Regierungen haben das Recht, Macht über ihre Bürger wie über die Unternehmen auszuüben, die auf ihrem Territorium aktiv sind. Wer also Regierungen kontrollieren kann, der kann Macht über die ganze Welt ausüben.

Der Zusammenhang von Macht und Geld

Macht, wie sie hier verstanden wird, ist »Macht über«: die Fähigkeit, Mittel zu mobilisieren und das Verhalten von Bevölkerungen zu kontrollieren. Mächtiger ist somit ein Land oder eine Person, das oder die mehr Mittel mobilisieren und eine größere Zahl von

Menschen motivieren oder kontrollieren kann als ein anderes Land oder eine andere Person. Es gibt viele Instrumente, um Macht zu erlangen und auszuüben: die Errichtung spezialisierter Institutionen (z.B. Zentralbanken, Armeen usw.), das Verleihen von hierarchischen oder Ehrenbezeichnungen, die Fähigkeit, Belohnungen zu gewähren oder Strafen zu verhängen, in Verbindung mit einem effektiven Vollstreckungsmechanismus (z.B. Polizei, Gefängnisse). Zu den extremsten Formen von Macht zählt die Fähigkeit eines Landes, Zwang auszuüben – nach Innen (z.B. die Zahlung von Steuern zu verlangen oder jemanden fürs Militär zu rekrutieren) oder nach Außen (durch Krieg oder die Androhung eines Krieges).

Friedrich Nietzsche bezeichnete Geld als »das Brecheisen der Macht«[196]. Napoleon behauptete, drei Dinge seien erforderlich, um erfolgreich Krieg zu führen: »Geld, Geld und nochmals Geld.« Dabei war Napoleons Einsicht in die unbestrittene Verbindung von Geld und Krieg alles andere als neu. Zwei Jahrtausende zuvor folgerte der römische Staatsmann und Rhetor Cicero: »Die Nerven des Krieges sind unbegrenzte Geldmittel.«[197]

Der Politik- und Wirtschaftshistoriker Niall Ferguson hat die Verbindung zwischen Geld und Macht in der Neuzeit in seinem Buch *The Cash Nexus* scharfsinnig analysiert. Er weist nach, dass sich die meisten bedeutsamen finanziellen und fiskalischen Neuerungen der letzten dreihundert Jahre aus der Notwendigkeit, Kriege zu finanzieren, entwickelt haben. Dabei »haben die Kosten des Krieges im Verlauf der Geschichte beträchtliche Fluktuationen durchgemacht. Diese Schwankungen haben sich als Antriebskräfte finanzpolitischer Innovationen erwiesen.«[198] Das heutige mone-

196 Friedrich Nietzsche: *Also sprach Zarathustra,* in: *Sämtliche Werke. Kritische Studienausgabe in 13 Bänden,* Bd. 4, S. 63.

197 »Nervi belli, pecuniam infinitam«, aus: Cicero, *Philippica* V.

198 Niall Ferguson: *The Cash Nexus: Money and Power in the Modern World, 1700–2000* (2001; dt.: *Politik ohne Macht. Das fatale Vertrauen in die Wirtschaft,* Stuttgart, München 2001), S. 32.

täre System ist somit eine Institutionalisierung von Arrangements zwischen Staat und Finanzsystem, die historisch gesehen im Zusammenhang mit Kriegen ausgehandelt wurden.

Fergusons »Machtquadrat« hebt zwei Schlüsselinstitutionen hervor, die auf Staatsseite besonders relevant sind: das Parlament (d. h. die repräsentative Demokratie) und eine professionelle Steuerbürokratie. Und innerhalb des Finanzsystems weist er die entsprechenden Rollen der Zentralbank und der Staatsschuld zu (s. Abb. 6.1).

Laut Ferguson erklärt die Dynamik zwischen diesen vier Institutionen die Entwicklung des Zusammenhangs zwischen Macht und dem modernen Geld. Eine besonders effektive Synergie zwischen diesen vier Institutionen entstand zum ersten Mal in Großbritannien während des 18. Jahrhunderts. Diese Synergie ermöglichte es dem Land, die Industrialisierung einzuleiten, Napoleon zu besiegen und sein Weltreich zu errichten. Wir wollen kurz die spezifische Rolle darstellen, die jede dieser Institutionen spielt.

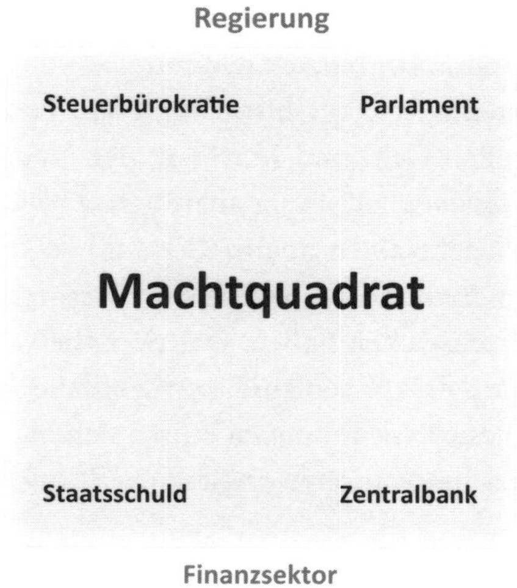

Abb. 6.1: *Niall Fergusons »Machtquadrat«.*[199]

199 a.a.O., S. 24.

Eine professionelle Steuerbürokratie wurde erstmals im frühen 18. Jahrhundert in England eingeführt. Sie erwies sich als weitaus effektiver beim Erheben des Staatseinkommens als die privaten »Steuerpächter«, die im Auftrag des Königs Steuern einsammelten, wie es damals noch in Frankreich üblich war.

Heute könnten wir das Vorgehen der Franzosen als privates Steuererhebungssystem bezeichnen. Schätzungsweise erreichte die Hälfte der Einnahmen durch die französischen Steuerpächter nie das Staatssäckel, weil sie sie einfach für sich behielten.[200] Dagegen gelang es der neuen Finanzbürokratie in England zwischen 1650 und 1715, die Staatseinkünfte um das Achtfache zu mehren und ein Jahrhundert später um das 36-Fache.[201] Wie wichtig eine professionelle Steuerbürokratie ist, erleben wir noch heute: Wenn sich diese Institution als zu schwach erweist, wie dies während der griechischen Staatsschuldenkrise von 2011 der Fall war, neigen die Finanzmärkte dazu, höhere Zinssätze zu verlangen, was das Bedienen der Staatsschulden unerträglich belasten kann.

Die zweiten Mitspieler im Machtquadrat sind die parlamentarischen Institutionen, die geschaffen wurden, um die Steuerzahler politisch zu vertreten. Die Parlamente legitimierten das Haushaltsverfahren, und damit konnte eine Regierung besser Einnahmen erheben. »Im Laufe der Geschichte konnten direkte Steuern meist nur unter Mitarbeit der wohlhabenderen Schichten der Gesellschaft kassiert werden. Aus diesem Grunde war die Vergrößerung der direkten Steuer›basis‹ sehr oft mit der Erweiterung der politischen Repräsentation verbunden. Steuerzahler haben Teile ihres Einkommens für die Teilnahme am politischen Prozess hergegeben. Ein wichtiger Teil dieses Tauschgeschäfts bildet die gesetzliche Fassung von Steuervorschriften … Das Schlagwort ›Kei-

200 Donald Winch: »Political Economy of Public Finance in the ›Long‹ Eighteenth Century«, in: *Maloney* (1998), S. 8–26.
201 Patrick O'Brien und Philip Hunt: »The Rise of the Fiscal State in England, 1485–1815«, in: *Historical Research*, Bd. 66 (1993), S. 129–176.

ne Steuern ohne politische Vertretung‹ formuliert elegant den Ausgangspunkt dieses Prozesses.«[202] Als die Zulassung zum Wahlverfahren vom Privileg einer reichen Grundbesitzerelite zum allgemeinen Wahlrecht erweitert wurde, war dies ein Meilenstein in der politischen Entwicklung des 19. Jahrhunderts. Der letzte Schritt zum allgemeinen Wahlrecht erfolgte im frühen 20. Jahrhundert, als Frauen in den meisten Ländern wählen durften.

Auf dem Finanzsektor machte es die Entwicklung eines *Marktes für Staatsschulden* möglich, dass man eine plötzliche Zunahme der Staatsausgaben bewältigen konnte, die typischerweise durch Kriege ausgelöst wurde. Für eine Regierung bestand der Vorteil des Leihens darin, dass sie die Kosten eines Krieges zeitlich strecken und die anschließend notwendigen Steuererhöhungen auf viele Jahre verteilen konnte. Während es eine über 5000-jährige Geschichte der privaten Verschuldung gibt, kam die öffentliche Verschuldung erst in sehr viel jüngerer Zeit auf. Die früheste Staatsverschuldung reicht bis ins Venedig des 12. Jahrhunderts zurück. Damals wurde die öffentliche Verschuldung durch ein staatliches Steuermonopol auf Salz gesichert, dessen Einnahmen für Schuldendienst und Tilgung zweckgebunden waren. Der moderne Markt für Staatsschulden wurde erst nach dem englischen Consolidating Act von 1751 eröffnet, nämlich mit den britischen »Konsols«, den Vorläufern der heutigen Staatsanleihen und anderer Schuldverschreibungen. Das Vertrauen darauf, dass auf solche Schulden Zinsen bezahlt werden, hängt entscheidend von der Fähigkeit der Regierung ab, ihre Bürger zu besteuern.

Schließlich wurde eine *Zentralbank* als »Hüterin« des monetären Paradigmas eingerichtet, die die Aufgabe hat, das Monopol einer einzigen, durch Bankschulden geschaffenen Währung aufrechtzuerhalten. Den Zentralbanken wurde auch die Verantwortung übertragen, das gesamte System während einer Wäh-

202 Ferguson (2001), S. 83.

rungs- oder Bankenkrise zu stabilisieren – es notfalls sogar vor seinen eigenen Torheiten zu bewahren. Auf diese Weise wurde den Zentralbanken auch die Rolle des letztinstanzlichen Kreditgebers anvertraut, sozusagen einer systemischen Feuerwehr. Ob die Zentralbanken bereit sind oder es ihnen gestattet wird, diese Rolle zu spielen, kann für Regierungen wie Banken eine Menge bedeuten.[203]

Jede dieser vier Institutionen hat in den verschiedenen Ländern ihre spezifischen historischen Wurzeln und ihren eigenen Werdegang. Die beiden strategischen Fragen, die die Entwicklung des Quadrats der Macht aufwirft, lauten:

- Warum sollten wir davon ausgehen, dass ein Synergieeffekt, der wirksam war, als Geld die Form von Edelmetallen annahm – während des frühen Industriezeitalters, also in einer Zeit des entschiedenen Nationalismus und der Errichtung von Weltreichen, in denen Umweltbelange ignoriert werden konnten – noch immer für eine postindustrielle Gesellschaft angemessen ist? Seit den 1970er-Jahren und nach der offiziellen Aufgabe des Goldstandards hat Geld offiziell die Form von reinem »Fiatgeld« angenommen, sprich: reiner Information. Außerdem ist im 21. Jahrhundert die Vorstellung von der Errichtung von Weltreichen obsolet geworden, und unsere Gesellschaft steht vor einigen noch nie da gewesenen Herausforderungen.
- Warum haben drei der vier Ecken von Fergusons Machtquadrat – Parlament, Steuerbürokratie und Staatsschuld – als gemeinsamen Nenner das Kernproblem der Steuern? Wir werden im Lauf dieses Kapitels noch auf die entscheidende Rolle von Steuern eingehen, nämlich bei der Definition der Beziehungen zwischen Staat und Finanzsystem.

203 Griechenland, Irland, Portugal und andere Länder der Eurozone bekommen nun die Konsequenzen der Entscheidung zu spüren, dass die Europäische Zentralbank (EZB) diese Rolle des »letztinstanzlichen Kreditgebers« nur für das Bankensystem spielen darf, aber ausdrücklich nicht für Regierungen.

Wie kam es dazu?

Aristoteles gilt als Urheber der »Wissenschaft vom Geld«. So behauptete er, Geld habe »seinen Wert nicht von Natur ..., sondern durch ... das Gesetz«.[204] Somit ist Geld nicht etwas, das von einem Bauernhof, aus einem Bergwerk, einer Münzanstalt, ja, nicht einmal aus einer Druckerpresse oder aus einem Computer kommt. Gesetze werden von denen geschaffen, die Herrschaft ausüben. Wie konnte dann die Erschaffung von Geld vorwiegend privatisiert werden, wenn es nur durch das Gesetz existiert? Während diese Frage in jedem Land anders beantwortet wird und der zeitliche Ablauf unterschiedlich ist, gibt es doch überall die gleiche Abfolge, die Heinrich Rittershausen einleuchtend dargestellt hat[205]:

1. Im Austausch gegen die Finanzierung eines Kriegs erhält eine Privatbank das ausschließliche Recht, Papiernoten auszugeben, wodurch sie eine Zentralbank wird.
2. Die staatlichen Steuerbehörden akzeptieren diese Papiernoten für Steuerzahlungen, in Ergänzung zu Metallgeld.
3. Die Zentralbank wird eine Kreditquelle.
4. Ein Notfall tritt ein – meist ein weiterer Krieg oder eine größere politische Krise –, und es kommt zu einem Machtwechsel zwischen der Regierung und der Bank.
5. Es wird mehr Papiergeld ausgegeben, als es entsprechende Metallreserven gibt. Um einen Sturm auf die Bank zu vermeiden, wird die Konvertierbarkeit zum Metallgeld gesetzlich abgeschafft, und die Annahme der Noten wird obligatorisch.
6. Die Papierwährung wird der einzige Wertmaßstab.

Die älteste Vereinbarung, die diese Abfolge zum Prototyp erhob, lässt sich bis ins Jahr 1668 in Schweden zurückverfolgen, als die

204 Aristotels: *Nikomachische Ethik*, V, 1133a, in: *Philosophische Schriften*, Bd. 3, Hamburg 1995.

205 Heinrich Rittershausen: *Die Zentralnotenbank* (1962), S. 18f., zitiert in: Greco (2009), S. 40.

Stockholms-Bank von Johan Palmstruch nach einer Überemission von Banknoten in Konkurs ging und vom schwedischen Reichstag übernommen wurde. Die Geburt der schwedischen *Riksbank* (der heutigen Zentralbank Schwedens) geschah zu einer Zeit, als die schwedische Krone einen Krieg gegen Dänemark finanzieren musste. Auch der 1688 gegründeten Bank of England wurde von König Wilhelm von Oranien 1694 das Monopol zur Emission von Papiergeld gewährt, um einen Krieg gegen Frankreich mit 1,2 Millionen Pfund zu finanzieren. Und von England aus verbreitete sich diese Methode der Geldschöpfung auf der ganzen Welt.

Die Old Lady of Threadneedle Street, wie die britische Zentralbank in der City of London noch immer genannt wird, »ist in jeder Hinsicht für das Geld, was der Petersdom für den christlichen Glauben darstellt. Und der Ruf ist wohlverdient, denn der größte Teil des Umgangs mit Geld, einschließlich aller ihrer geheimnisvollen Elemente, nahm von hier seinen Ausgang«.[206] Und die gleiche Abfolge wurde in den USA mit dem Federal Reserve Act von 1913 abgeschlossen.[207]

Man nimmt zwar oft an, dass sich die Beziehung zwischen dem Bankensystem und den Regierungen im Lauf der Jahrhunderte nicht verändert habe, doch dem ist nicht unbedingt so. Die Fallstudie über die Banque de France und das französische »Gesetz vom 3. Januar 1973« veranschaulicht, wie eine konfliktreichere Beziehung zwischen Regierungen und dem Finanzsystem entstehen kann. Diese Spannungen manifestieren sich derzeit in der anhaltenden Staatsschuldenkrise von 2011/12.[208]

206 Galbraith (1975), S. 39

207 Die Verschwörungstheorie, wie dieses Gesetz in den USA an Heiligabend 1913, also nicht lange vor dem Ersten Weltkrieg, verabschiedet wurde, ist das Thema von Edward Griffin: *The Creature From Jekyll Island: A Second Look at the Federal Reserve* (1994).

208 Die Darstellung im Kasten folgt großenteils der Internetseite der Banque de France: http://www.banque-france.fr/404/

Kasten 6.1 – Chronik einer vorhersehbaren Schuldenkrise

DIE FALLSTUDIE ÜBER FRANKREICH

Die Entstehung der französischen Zentralbank, der »Banque de France«, geht bis zum 18. Januar 1800 zurück und entspricht der von Rittershausen geschilderten Abfolge. Sie war anfangs eine private Aktiengesellschaft mit einem Stammkapital von 30 Millionen Francs. Napoleon Bonaparte, damals noch Konsul, besaß ebenso Aktienanteile wie mehrere Angehörige seiner Entourage. Zu den alljährlichen Hauptversammlungen erschienen die »*deux-cents familles*«, wie Frankreichs zweihundert reichste Aktionäre genannt wurden. Fünfzehn »Regenten« wurden in den Generalrat berufen, der die Bank verwaltete, und drei »Zensoren« beaufsichtigten das Management der Bank.

Die Banque de France geriet in den ersten Jahren immer wieder in Schwierigkeiten (u. a. Krise der Staatsfinanzen und Niedergang der Goldreserven). Dies führte zu einer beschränkten Rücknahme von Banknoten. Daraufhin setzte Napoleon Reformen durch, die ihm einen größeren Einfluss auf das Management der Bank verschafften. Am 22. April 1806 wurde der geschäftsführende Ausschuss per Gesetz durch einen Gouverneur und zwei Stellvertretende Gouverneure abgelöst, und alle drei wurden von Kaiser Bonaparte berufen. Zwei Jahre später wurden per kaiserlichem Dekret vom 16. Januar 1808 die Grundstatuten erlassen, die den Bankbetrieb bis 1936 regelten.

Die politischen Umwälzungen von 1848 führten zur Auferlegung einer »Zwangswährung«, die die Bank von der Verpflichtung befreite, ihre eigenen Noten gegen Metall zurückzunehmen (Schritt 5 in Rittershausens Abfolge). Die Noten der Bank wurden gesetzliches Zahlungsmittel, und Einzelpersonen waren verpflichtet, sie bei allen Zahlungen anzunehmen. Zwangswährung und gesetzliches Zahlungsmittel wurden zwar durch das Gesetz vom 6. August 1850 wieder abgeschafft, doch im Deutsch-Französischen Krieg 1870/71 erneut eingesetzt. Danach wurde der Status des Papiergelds der Bank als gesetzliches Zahlungsmittel nicht mehr in Frage gestellt.

Nach dem Wahlsieg der Volksfront im Jahr 1936 entschied die französische Regierung, es sei nicht mehr im öffentlichen Interesse, dass die Bank nach privatem Unternehmensrecht geführt werde. Das Gesetz vom 24. Juli 1936 erteilte der Regierung die Befugnis, direkter ins Management der Bank einzugreifen. Die meisten Ratsmitglieder wurden von der Regierung berufen, um die ökonomischen und sozialen Interessen wie das allgemeine Interesse der Nation zu repräsentieren. Dies war nur der Auftakt zur Verstaatlichung der Bank, die per Gesetz vom 2. Dezember 1945 beschlossen wurde, nicht lange nach der Befreiung von der deutschen Besetzung. Dieses Gesetz legte fest, dass das Kapital der Bank am 1. Januar 1946 dem Staat übertragen wurde. Die Aktionäre erhielten pro Aktie vier Staatsanleihen, die in 20 Jahresraten getilgt wurden. Die letzten drei Prozent der Anleihen der Banque de France wurden am 1. Januar 1965 eingelöst.

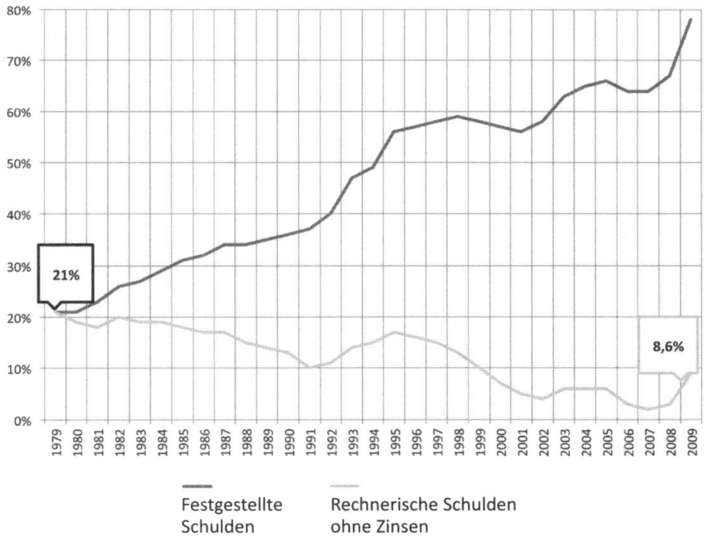

Abb. 6.2: *Französische Staatsschulden in Prozent vom BIP: Offiziell angegebene Schulden gegenüber rechnerischen Schulden ohne Zinsen, 1979–2009.*[209] *Die untere Linie zeigt den Verlauf der französischen Staatsverschuldung nach den Vorschriften vor 1973 an: ein Absinken von 21 Prozent auf 8,6 Prozent heute. Doch nach den neuen Vorschriften stieg die Staatsverschuldung von 21 auf 78 Prozent. In diesem Fall liegt es nicht an einer »verschwenderischen Regierung« ... Die Zinseszinsen erklären alles!*

209 Nach Dérudder und Holbecq (2008), S. 68.

Während ihrer gesamten Geschichte betrieb die Banque de France die Bargeschäfte der Staatskasse gebührenfrei und gewährte der Regierung zinslose Vorschüsse für ihren Finanzbedarf. Dies änderte sich per Gesetz vom 3. Januar 1973.[210] In Artikel 25 dieses Gesetzes heißt es kurz und bündig: »Die Staatskasse darf nicht ihre eigenen Instrumente zur Abzinsung bei der Banque de France präsentieren.«[211] Mit anderen Worten: Zum ersten Mal seit 1800 musste die französische Regierung ausschließlich Geld vom privaten Sektor leihen und damit für jede neue Schuldverschreibung Zinsen zahlen. Abb. 6.2 zeigt, was dies in der Praxis bedeutete.

Ende 1979[212] betrugen die französischen Staatsschulden 239 Milliarden € oder 21 Prozent des damaligen BIP. 30 Jahre später, Ende 2009, hatte sich diese Summe fast vervierfacht und betrug 1088 Milliarden € oder 78 Prozent des BIP. Wäre Artikel 25 des Gesetzes vom 3. Januar 1973 nicht in Kraft gewesen, hätte die französische Regierung 2009 1306 Milliarden € an Zinsen gespart, und die Staatsverschuldung betrüge derzeit nur 8,6 Prozent des BIP. Diese Zahlen sollten eigentlich die oft wiederholte Behauptung widerlegen, dass an der Zunahme der Staatsverschuldung ausschließlich »verschwenderische« Regierungen schuld seien. Für Frankreich belaufen sich die Kosten für diese zusätzlichen Zinsen auf »45 Milliarden € pro Jahr, was den Kosten für den Bau von drei Flugzeugträgern ›Charles de Gaulle‹ oder für den Kauf von 600 Airbus A320, der Wärmedämmung von rund 4,5 Millionen Häusern (bei je 10000 € pro Haushalt) oder dem Gehalt von 2,5 Millionen Menschen (bei einem Durchschnittsgehalt von 18000 €) entspricht!«[213] Sollten Verbindlichkeiten in diesem Umfang nicht demokratisch diskutiert werden, bevor sie eingegangen werden? Erfordert die Finanzierung selbst von nur einem zusätzlichen Flugzeugträger nicht irgendeine Form von parlamentarischer Debatte und Zustimmung?

210 http://fr.wikipedia.org/wiki/Loi_n°73-7_du_3_janvier_1973_sur_la_Banque_de_France

211 Hier der lakonische französische Originalwortlaut: »Article 25. – Le Trésor public ne peut être présentateur des ses propres effets à l'escompte de la Banque de France«.

212 Diese Reihe sollte eigentlich 1973 einsetzen, doch da Frankreich keine Datenstatistik hat, die die auf die Staatsschulden bezahlten Zinsen separat ausweist, mussten die Zinsdaten rekonstruiert werden. Für die Berechnung der Zinszahlungen vor 1979 fehlten entsprechende Daten. Der Unterschied müsste 2009 somit noch größer sein, als dies die Grafik anzeigt.

213 Derudder und Holbecq (2008), S. 65.

Eine Version des französischen Artikels 25 ist in den EU-Vertrag von Maastricht als Artikel 104 und in den Vertrag von Lissabon als Artikel 128 eingegangen. Diese Entscheidungen sind anscheinend ohne eine größere offene Debatte oder eine Erklärung über ihre Folgen für die künftigen europäischen Staatsfinanzen getroffen worden. Dazu der französische Wirtschaftswissenschaftler Jacques Sapir: »Die einzige [europäische] Währung ist ein Vektor des Schuldenanstiegs, weil sie die Länder dazu verpflichtet, sich auf den Finanzmärkten zu finanzieren. Die Einführung der einzigen Währung, vom Maastricht-Vertrag bis zum Vertrag von Lissabon, verbot es den Staaten doch, entweder die Rediskontfazilität der Zentralbank direkt zu nutzen oder den Banken den Kauf von Staatsschulden im Verhältnis zu ihrem Anlagevermögen aufzuzwingen ... In Frankreich wurde dies 1973 per Gesetz verboten. Aber was ein Gesetz angeordnet hat, kann ein anderes Gesetz auch widerrufen ... Die Finanzmärkte wurden die einzig mögliche Quelle der Staatsfinanzierung. Dies hat unter anderem zur Folge, dass sie sowohl die Höhe der [Staats]Schulden wie die schwachen Wachstumsaussichten bestrafen.«[214]

Welche Veränderungen sind in Europa möglich, die die Auswirkungen der heutigen monetären Arrangements umkehren oder abmildern? Die radikalste vorgeschlagene Strategieoption wurde früher »Chicago-Plan« genannt und reicht bis in die 1930er-Jahre zurück. Das wäre zwar ein wirklich weitreichender Strategiewandel, doch diese Option wollen wir eigentlich nicht empfehlen, aus Gründen, die wir am Ende dieses Kapitels darlegen werden.

Der »Chicago-Plan«

»Wenn das amerikanische Volk es Privatbanken jemals gestatten würde, die Ausgabe seiner Währung zu kontrollieren, zuerst durch Inflation, dann durch Deflation, würden die Banken und die Unternehmen, die um sie herum entstehen, die Men-

214 Jaques Sapir: *Faut il sortir de l'Euro?* (2011), S. 16 und Fußnote 1.

schen jedes Besitzes berauben, bis ihre Kinder obdachlos auf dem Kontinent erwachen, den ihre Väter eroberten. Die Macht zur Ausgabe sollte den Banken weggenommen und dem Volk zurückgegeben werden, dem sie rechtmäßig zusteht.«
Bericht des US-Kongress-Subkomitees, 1937
Thomas Jefferson zugeschrieben[215]

Nach der Weltwirtschaftskrise von 1929 wurden in den USA zwei Bankenreformen vorgeschlagen, um dafür zu sorgen, dass »es nie wieder passieren würde«. Die eine war der Banking Act von 1933, auch Glass-Steagall Act genannt. Sie zog einen strikten Trennungsstrich zwischen den Banktätigkeiten der Investmentbanken an der Wall Street und denen der Großbanken. Doch die bekanntesten damaligen Wissenschaftler bevorzugten einen anderen Vorschlag, den so genannten »Chicago-Plan«. Zu seinen Befürwortern zählten die meisten führenden amerikanischen Ökonomen der 1930er-Jahre: Henry Simons und Paul Douglas von der Chicago University, Irving Fisher von Yale (der ein Buch darüber veröffentlichte[216]), Frank Graham und Charles Whittlesley von Princeton und Earl Hamilton von der Duke University. Einer der Befürworter war auch ein junger Wirtschaftswissenschaftler namens Milton Friedman, der später für ganz andere monetäre Anschauungen bekannt wurde.

Auf den Punkt gebracht, lautet der Chicago-Plan: Bankschuldengeld müsste verboten werden. Die Regierung selbst würde eine Währung herausgeben, die zur Zahlung aller öffentlichen wie pri-

215 Zwar bestätigen viele Briefe von Thomas Jefferson, dem 3. Präsidenten der USA (1743–1826), dass er gegenüber Banken höchst misstrauisch war, doch die Zuschreibung dieses Zitats dürfte als zweifelhaft gelten. Der erste gedruckte Nachweis dieses Zitats findet sich im Bericht des US-Kongress-Subkomitees von 1937.

216 Irving Fisher: 100 % Money (1935), Neuausgabe 2011.

vaten Schulden verwendet werden sollte.[217] Banken würden somit einfache Vermittler werden, Dienstleister, die Einzahlungen annehmen, einen Bruchteil als Reserve halten und den Rest verleihen würden. Es wäre ihnen verboten, *mehr* als die Einzahlungen zu verleihen, die sie angenommen haben. Mit anderen Worten: Banken würden sich an hundertprozentige Mindestreserveverpflichtungen halten müssen, und da überhaupt kein Bankschuldengeld geschaffen werden könnte, wären Banken de facto auf die Rolle von Geldmaklern beschränkt. Ironischerweise glauben genau das diejenigen, die an das offizielle Paradigma glauben!

Unter starkem und effektivem Druck seitens der Bankenlobby wurde der Chicago-Plan verworfen und der Glass-Steagall Act erlassen. Die Banken zogen diese Lösung vermutlich vor, da sie die Auswirkungen auf ihr Kerngeschäftsmodell abmildern würde. Vielleicht haben sie auch gedacht, es wäre einfacher, Glass-Steagall irgendwann zu widerrufen, als die Geldschöpfung zu reprivatisieren, sobald die Regierungen einmal die Vorteile des Chicago-Plans erkannt hätten. Und sie hatten Recht: Das zweite Glass-Steagall-Gesetz wurde 1999 mit dem Gramm-Leach-Bliley Act aufgehoben, den Präsident Clinton unterzeichnete. Seither macht man es dieser Gesetzesaufhebung zum Vorwurf, die Hypothekenkrise und den Zusammenbruch von Lehman Brothers im September 2008 ausgelöst zu haben, der das globale Bankengerangel beschleunigte und so viele Staaten überschuldet zurückließ.

Inzwischen diskutiert man wieder die Wiedereinführung irgendeiner Form des Glass-Steagall Act oder die Implementierung einer Version des Chicago-Plans. Voraussichtlich wird Ersterer

217 Man beachte, dass vom Chicago-Plan oder seinen neuesten Versionen (etwa die in Huber und Robertson [2001] vorgestellte) zwar vorgeschlagen wird, den *Geldschöpfungsprozess* zu verstaatlichen, aber keineswegs das Bankensystem selbst. Banken würden weiterhin miteinander konkurrieren und Finanzmittel verteilen, genau wie heute. Der einzige – aber signifikante – Unterschied besteht darin, dass ihr Betrieb auf hundertprozentigen Reserven basieren würde und sie daher nicht in der Lage wären, Schuldengeld aus dem Nichts zu erschaffen.

mehr Beifall seitens der Banker und der Gesetzgeber finden. In Großbritannien wurde das Gegenstück zum Glass-Steagall Act 2011 verabschiedet. In den USA ist Paul Volcker, Ex-Vorsitzender der Federal Reserve, dabei, eine Version von Glass-Steagall zu pushen. Dagegen schlägt der Kongressabgeordnete Dennis Kucinich den American Monetary Act vor[218], ein Pendant zum Chicago-Plan. Am 26. Juli 2011 lud Kucinich Professor Kaoru Yamaguchi von der University of California in Berkeley und von der Doshisha Universität in Japan ein, im Kongress diese Idee vorzutragen. Yamaguchi weist in seinem Aufsatz[219] mittels eines systemischen Ansatzes nach, dass die Schuldenliquidierung unter dem gegenwärtigen monetären Regime vielfache Rezessionen und hohe Arbeitslosigkeit in den USA auslösen und die Wirtschaft in anderen Ländern infizieren werde. Dagegen könne nach dem American Monetary Act ein Schuldenabbau und sogar eine Schuldenliquidation eingeleitet werden, ohne dass dies Rezessionen, Arbeitslosigkeit und Inflation verursachen würde, weder in den USA noch in anderen Ländern.

Ein realistischer Schuldenabbau ist nicht das einzige Argument, das für eine Verstaatlichung des Geldschöpfungsprozesses spricht. James Robertson[220] weist darauf hin, dass diese Veränderung der Regierung signifikante zusätzliche Einnahmen bescheren würde, die sie für wichtige Dinge ausgeben könnte. Im Falle Großbritanniens wäre beides möglich:

---

218 Siehe http://www.monetary.org/wp-content/uploads/2010/11/32pageexplanation.pdf

219 Der Aufsatz »Workings of a Public Monetary System of Open Macroeconomics« wurde auf der 29. Internationalen Konferenz der System Dynamics Society am 25. Juli 2011 in Washington D.C. vorgetragen. Siehe http://monetary.org/wp-content/uploads/2011/11/DesignOpenMacro.pdf

220 James Robertson: *Future Money: Breakdown or Breakthrough* (in Vorbereitung). Das 3. Kapitel dieses Textes ist nachzulesen bei http://www.jamesrobertson.com/book/managingthenationalmoneysupply.pdf. Siehe auch James Robertson und John Bunzl: *Monetary Reform: Making It Happen* (2003) sowie Huber und Robertson (2001).

- ein jährlicher Gesamtnachlass für alle Steuerzahler in Höhe von etwa 75 Milliarden Pfund;
- eine einmalige Einnahme für das Staatssäckel von insgesamt rund 1,5 Billionen Pfund, verteilt über eine dreijährige Übergangszeit von der existierenden Geldschöpfung durch kommerzielle Banken zur neuen schuldenfreien Geldmenge.

Professor L. Randall Wray von der University of Missouri in Kansas City wartet noch mit einem weiteren starken Argument auf: Das Vorhandensein einer staatlich ausgegebenen Währung würde es ermöglichen, Null-Arbeitslosigkeit[221] ohne Inflation zu garantieren.[222] In der konventionellen ökonomischen Theorie oder Praxis gilt ein solches Ergebnis als unmöglich – das wäre so etwas wie die Quadratur des Kreises. Trotz all dieser positiven Argumente für den Chicago-Plan und seine zeitgenössischen Varianten ist dies nicht die Lösung, die wir in diesem Bericht empfehlen, und zwar aus den folgenden Gründen.

Fünf Gründe, den Chicago-Plan nicht zu empfehlen

Wir wissen zwar die Stärken der Vorstellung, den Geldschöpfungsprozess zu verstaatlichen, zu schätzen, doch diese Lösung wollen wir aus folgenden Gründen nicht empfehlen.

1. Vielfalt in den Tauschmedien entsteht nicht dadurch, dass man eine Monokultur durch eine andere ersetzt. Wie wir in Kapitel 4 sahen, führt jede Monokultur zu struktureller Instabilität. Und ersetzt man ein privates Monopol durch ein öffentliches,

---

221 Null-Arbeitslosigkeit entspräche einer viel höheren Beschäftigungsquote als die mit einer konstanten Inflationsrate verbundene Arbeitslosenquote, die fachlich als NAIRU (»non-accelerating inflation rate of unemployment«, dt.: inflationsstabile Arbeitslosenquote) definiert wird. Doch Null-Arbeitslosigkeit hieße nicht unbedingt, dass alle, die gern arbeiten würden, auch wirklich arbeiten. Es könnte noch immer eine »fluktuationsbedingte« Arbeitslosigkeit (also Menschen, die gerade ihren Job wechseln) oder eine freiwillige Arbeitslosigkeit geben.

222 Siehe L. Randall Wray: *Understanding Modern Money: The Key to Full Employment and Price Stability* (1998).

würde man damit nicht das Problem der strukturellen Zerbrechlichkeit lösen.

2. Eine Reform nach dem Chicago-Plan würde zwar das Risiko verbreiteter Bankencrashes und von Staatsschuldenkrisen beseitigen, aber dennoch würde es noch monetäre Krisen geben. Mit anderen Worten: Wie wir in Kapitel 3 gezeigt haben, hätten die 145 Bankenkrisen und die 76 Staatsschuldenkrisen, die die Welt seit 1970 getroffen haben, vermieden werden können, wenn eine derartige Reform stattgefunden hätte. Die 208 monetären Krisen wären damit jedoch nicht unbedingt zu vermeiden gewesen.
3. Wenn nur Regierungen für die Geldschöpfung zuständig wären, könnte es ein höheres Inflationsrisiko als zuvor geben. Ein derartiges Risiko ist durchaus real, wie es erst 2009 die Hyperinflation bewies, die dem Simbabwe-Dollar stark zusetzte, nachdem Präsident Mugabe die Zentralbank angewiesen hatte, die Währung in Billionenhöhe zu drucken.
4. Der vierte Grund lässt sich mit dem Begriff »politischer Realismus« zusammenfassen. Jede Version des Chicago-Plans würde erbittert vom Bankensystem bekämpft werden, weil sie sowohl seine Machtbasis wie sein Geschäftsmodell gefährdet. Selbst nach den Exzessen, die den Zusammenbruch von 2007/08 auslösten, oder mitten in der Weltwirtschaftskrise der 1930er-Jahre schaffte es die Bankenlobby, die Umsetzung aller signifikanten Veränderungen abzuwenden. Und wir erinnern daran, dass 2010 auf jeden gewählten Abgeordneten in Washington drei hochrangige Lobbyisten entfielen, die ausschließlich für das Bankensystem tätig waren. Thomas Friedman schrieb in der New York Times: »Unser Kongress ist heutzutage ein Forum für legalisierte Bestechung. Eine Verbrauchergruppe hat anhand der Informationen von *Opensecrets.com* berechnet, dass die Finanzdienstleistungsindustrie, einschließlich der Immobilienbranche, von 1990 bis 2010 2,3 Milliarden US-Dollar an

Wahlkampfspenden aufbrachte – mehr als die Industriezweige von Gesundheitsfürsorge, Energie, Verteidigung, Landwirtschaft und Verkehr zusammen. Warum hat das House Committee on Financial Services 61 Mitglieder? So viele Kongressabgeordnete wollen in einer Position sein, in der sie Wählerstimmen an die Wall Street verkaufen können.«[223] In Europa ist man sich dieses Problems nicht bewusst, weil es kein Gesetz gibt, nach dem sich Lobbyisten auf europäischer Ebene registrieren lassen müssen. Wie stehen die Chancen, dass etwas so Radikales wie der Chicago-Plan umgesetzt wird, wenn die Gesetzgeber selbst Teil einer Armee von Banklobbyisten sind?

5. Beim letzten Argument geht es um Risiken. Die Verstaatlichung des Geldschöpfungsprozesses kann nicht in Form eines kleinen Pilotprojektes erfolgen. Sie muss auf nationaler oder wie im Falle des Euro auf multinationaler Ebene umgesetzt werden. Jede Veränderung ist mit dem Risiko ungewollter Konsequenzen verbunden. Logischerweise gibt es bei einer so umfassenden Veränderung auch ein größeres Risiko. Und mit Sicherheit ist dies ein höheres Risiko, als das, das mit den in den nächsten Kapiteln vorgestellten Optionen verbunden wäre.

Wenn es also nicht der Chicago-Plan sein soll, was können Regierungen dann zu diesem Zeitpunkt tun? Hier gibt es zwei Paradigmen. Das, mit dem die meisten Menschen vertraut sind, bezeichnen wir als das »Offizielle Paradigma«, weil es in der Mehrheit der Finanzmedien und der Lehrbücher der Mainstreamökonomie tief verwurzelt ist.[224] Es bietet den Regierungen nicht viele Möglichkeiten, außer dass sie sich den Diktaten der »Finanzmärkte«

223 Thomas Friedman: »Did you hear one about the bankers?«, in: *The New Vork Times*, 21. Oktober 2011.

224 Eine konventionelle Beschreibung des heutigen Systems enthalten beispielsweise Gregory Mankiw (2003), McConnel und Bruce (2008) oder Mishkin (2007). Diese Lehrbücher verzichten auf eine kritische Analyse der Grenzen des vorherrschenden Systems und insbesondere auf einen Vergleich mit alternativen Systemen.

unterwerfen sollten. Das zweite Paradigma ist das »Paradigma der Fiatwährung«, das eine ganz andere Reihe von Möglichkeiten eröffnet.[225]

Das Offizielle Paradigma

Regierungen müssen, wie jeder Haushalt, das Geld aufbringen, das sie brauchen, um das, was sie tun, zu bezahlen, und zwar entweder durch Einnahmen (Erheben von Steuereinkünften) oder durch Schulden (Ausgabe von Staatsschuldverschreibungen). Banken sind vermittelnde Dienstleister, die Einlagen annehmen, einen kleinen Bruchteil als Reserven halten und den Rest kreditwürdigen Privatunternehmen oder staatlichen Organisationen leihen, die solche Kredite benötigen.

Wenn Ihnen diese Ausführungen bekannt vorkommen, dann deshalb, weil sie den impliziten und/oder expliziten Background für die meisten Finanzkommentare in den Medien wie für viele bank- und finanzwirtschaftliche Kurse bilden. Es ist die Story, der sich die Ratingagenturen bedienen, was nicht weiter überrascht, da sie meist Banken gehören. Nach dieser offiziellen Story sprechen manche Politiker von »soliden Staatsfinanzen«, insbesondere wenn Sparmaßnahmen eingeführt werden sollen. Und laut dieser Story sind Regierungen undurchsichtigen »Finanzmärkten« auf Gedeih und Verderb ausgeliefert. In diesem Sinne ist der Scherz von James Carville zu verstehen, des Direktors der Wahlkampagne von Präsident Clinton im Jahr 1992: »Früher dachte ich, wenn es so etwas wie Reinkarnation gäbe, würde ich gern als

225 Für eine kritische Analyse der Grenzen des heutigen monetären Systems siehe beispielsweise: Wray (1990) und (1998) sowie Moore (1988). Eines der lesenswertesten Bücher für das allgemeine Publikum ist der fast humoristische Text von Warren Mosler: *Seven Deadly Innocent Frauds of Economic Policy und Soft Currency Economics,* zugänglich bei www.warrenmosler.com. An späterer Stelle dieses Kapitels steht eine ausführlichere Liste bedeutender heterodoxer Ökonomen und ihrer Publikationen.

Präsident oder Papst wiederkommen. Aber jetzt will ich der Finanzmarkt werden: Da kannst du alle erschrecken!«[226]

Vor langer Zeit spiegelte diese offizielle Story tatsächlich die Wirklichkeit wider. Etwa als das Byzantinische Reich den Byzantiner herausgab, eine Goldmünze mit einem Gewicht von 4,55 Gramm und einer Reinheit von 98 Prozent, die 700 Jahre lang gültig war.[227] Die durchgängige Herstellung dieser Münzen erforderte eine kontinuierliche Versorgung mit dem Edelmetall, das durch Bergbau, Eroberungen, Handel und Steuern gewonnen wurde.

Doch seit dem späten 19. Jahrhundert stimmt die offizielle Story immer weniger. Während der letzten Tage des Goldstandards wurden die tatsächlichen Goldreserven der Bank of England als Staatsgeheimnis behandelt, da die Goldmenge zur Stützung des Pfunds viel geringer war, als öffentlich behauptet wurde.[228] Präsident Nixon beseitigte im August 1971 die letzten Spuren des Goldstandards, als er die Konvertierbarkeit zwischen dem US-Dollar und Gold aussetzte und damit das letzte Bindeglied zwischen dem Geldsystem und jeder physischen Realität oder Ware zerschlug.

Der entscheidende Punkt ist hier: Was auch immer Regierungen als Zahlungsmittel für Steuern akzeptieren, verleiht denen automatisch ungeheure Macht, die dieses bestimmte Mittel produzieren oder kontrollieren. Wollten Herrscher in Weizen bezahlt werden, wie in Mesopotamien, handelte jeder direkt oder indirekt mit Weizenproduzenten, und daher spielten Bauern in so einer Gesellschaft eine Schlüsselrolle. Wollten Regierungen in Gold be-

226 *Financial Times*, 4. Februar 1998.

227 Der offizielle Name lautete Solidus. Er wurde zuerst von Kaiser Konstantin (306 bis 337) herausgegeben und war bis ins Mittelalter hinein weit verbreitet, sogar über das Byzantinische Reich hinaus in Europa und Asien.

228 Ein Gouverneur der Bank of England (damals noch ein Privatunternehmen) wurde vom britischen Parlament befragt: Können Sie uns bitte mitteilen, wie viel Gold es etwa in der Bank of England gibt? – Eine hinreichende Menge, Sir. – Können Sie das genauer angeben? – Nein, Sir.

zahlt werden, hatten Golderzeuger und Goldhorter die Macht inne. Falls sich Regierungen für eine durch Bankschulden geschaffene Fiatwährung entscheiden, werden die Banken die Macht innehaben. Und wenn die Regierung selbst die Währung herausgibt, wird die Regierung die Macht haben.

Das Paradigma der Fiatwährung

Offiziell seit 1971 sind alle nationalen Währungen reine »Fiatwährungen«, das heißt Geld, das aus dem Nichts (»ex nihilo«) geschaffen wurde, durch einfache Buchhaltungsvorgänge. Dieses Paradigma der Fiatwährung hat James Galbraith auf den Punkt gebracht: »Wenn die Regierung Geld ausgibt oder verleiht, dann fügt sie einfach Zahlen auf privaten Bankkonten hinzu. Wenn sie Steuern erhebt, zieht sie von diesen Konten Zahlen ab. Wenn sie selbst Geld leiht, verlagert sie Anleihen von einem Kontokorrentkonto (Rücklagenkonto genannt) auf ein Sparkonto (Depotkonto genannt). Und aus praktischen Gründen ist das schon alles.«[229] Mit anderen Worten: Unabhängige Regierungen sind eben *nicht* wie jeder Haushalt, wie im Offiziellen Paradigma behauptet wird.

»Die Regierung besteuert uns und nimmt uns unser Geld aus einem einzigen Grund – damit wir um so viel weniger auszugeben haben, was die Währung wiederum um so viel verknappt und wertvoller macht. Uns unser Geld zu nehmen kann auch dazu dienen, der Regierung mehr Raum für Ausgaben zu lassen, ohne eine Inflation zu verursachen.«[230] Das bedeutet indes nicht, dass es keine Folgen hat, wenn eine unabhängige Regierung zu viel ausgibt, indem sie zu viel Gebrauch von diesen Buchhaltungsvorgängen macht. Solche Folgen nehmen die Form einer Inflation und/oder einer Wertminderung der Währung auf den internationalen Märkten an.

229 James Galbraith im Vorwort zu Mosler (2010), S. 2.
230 Mosler (2010), S. 27.

Welche Rolle spielt nun das Bankensystem bei alldem? Vereinfacht gesagt: Die Banken verwalten das gigantische Buchhaltungssystem, das die Geldbewegungen verfolgt. Sie betreiben auch das Geschäft der Schaffung von Bankschuldengeld, natürlich mit der Erwartung, Gewinn zu machen. Und indem die Banken »Darlehen gewähren«, kaufen sie Schuldscheine von den Kreditnehmern im Austausch dafür, dass sie ihnen einen Kredit in Fiatgeld einräumen.

Im Prinzip können Banken nur in dem Umfang Darlehen gewähren, wie sie genügend Reserven haben.[231] In der Praxis allerdings »warten Banken nicht auf überschüssige Reserven, bevor sie Darlehen gewähren und Einlagen schaffen. Denn wenn die Bank es mit einem kreditwürdigen Kunden zu tun hat, der ein Darlehen benötigt, gewährt sie dieses Darlehen. Dann operiert sie so, dass sie die nötigen Reserven bekommt, um den gesetzlichen Anforderungen zu genügen. Falls die Banken insgesamt knapp an den erforderlichen Reserven sind, *muss* die Zentralbank sie automatisch damit versorgen.[232] Trotz aller rhetorischen Beteuerungen, dass die Zentralbank die Politik verfolge, die Banken von solchen Darlehen abzubringen, ist es einfach unmöglich, dass sich die Zentralbank weigern könnte, das System mit den benötigten Reserven zu versorgen.«[233] Es ist für eine Zentralbank sogar noch schwerer, Banken dazu zu bringen, mehr Darlehen zu gewähren, wenn sie nicht dazu gewillt sind. Wenn Zentralbanken Banken dazu drängen wollen, Geld zu verleihen, wie dies nach dem Crash von 2007/08 der Fall war, ist das genau so, als wolle

231 So wird üblicherweise der Prozess erklärt, durch den Bankschuldengeld geschaffen wird. In der Praxis jedoch ist das Reservelimit im Grunde nicht bindend.

232 Wenn eine Bank knapp an Reserven ist, ist diese »Knappheit« tatsächlich ein Überziehen ihres Reservekontos bei der Zentralbank. Dieses Überziehen ist praktisch ein Darlehen von seiten der Zentralbank. Eine Zentralbank hat also keine Möglichkeit, einer Bank einen Kredit zu verweigern.

233 Wray (1998), S. 118.

man versuchen, »eine Schnur zusammenzudrücken«.[234] Bei allen vier großen Zentralbanken der reichen Welt – der USA, Großbritanniens, Japans und der Europäischen Zentralbank – liegen die Lombardsätze nahe Null. Japans Zentralbank verharrt dort im Grunde seit den 1990er-Jahren, ohne dass ihr ein Aufschwung der japanischen Wirtschaft gelang.[235]

Anders als oft behauptet, ist das Ausmaß der Kontrolle, die Zentralbanken über die Erschaffung von Bankschuldengeld ausüben, eher theoretisch als praktisch. Zentralbanken sind auf die Rolle beschränkt, die Grenzkosten der Reservefonds für das Bankensystem zu berechnen. Sie legen nur die Kosten für das Beziehen zusätzlicher Reserven von der Zentralbank fest, Kosten, die die Banken an ihre Kunden mit einem zusätzlichen Aufschlag weitergeben. Sie legen jedoch nicht die Menge oder den richtigen Zeitpunkt für das von den Banken geschaffene Bankschuldengeld fest. Die Entwicklung des riesigen Zwischenbankmarkts zwingt die Banken noch weniger, die Rediskontfazilität der Zentralbank in Anspruch zu nehmen. Damit wird der Einfluss der Zentralbanken noch weiter marginalisiert. Die Zentralbanken haben also eine noch beschränktere Kontrolle über den Geldschöpfungsprozess des Bankensystems, als allgemein angenommen wird.

Ihnen fällt anscheinend auch die Vorstellung schwer, dass sich in einer Welt der flexiblen Wechselkurse die Inflation, die dadurch entsteht, dass ein Land wie die USA Billionen zusätzlicher Dollars

234 Das ist einer der Gründe, warum Zentralbanken eine Deflation sogar noch mehr Sorgen bereitet als eine Inflation. Um den Druck in Richtung Inflation zu verringern, können sie Darlehen teurer machen, indem sie die Zinssätze anheben. Doch wenn Zentralbanken vor einer Deflation stehen, können die Zinssätze nur bis auf Null gesenkt werden, um die Menschen dazu zu bewegen, sich Geld zu leihen – obwohl die Bank von Japan sogar noch weiter ging und den Banken einen negativen Zinssatz berechnete, um die Deflation zu stoppen, wenn auch ohne großen Erfolg.

235 Die Zentralbanken wurden wegen ihrer Politik im Januar 2012 mit »frei herumlaufenden verrückten Tanten« verglichen, als sie verzweifelt versuchten, die quantitative Lockerung anzuwenden, ein Instrument, das »am besten in einem Schließfach mit der Aufschrift ›Nur für den Notfall‹ aufbewahrt wird, wie es Charlie Bean, Stellvertretender Gouverneur der Bank of England, 2010 formulierte«. *The Economist*, 7. Januar 2012, S. 58.

in seine Wirtschaft pumpt, auch auf der anderen Seite der Welt manifestiert. So könnten diese zusätzlichen Dollarbillionen beispielsweise von reichen Russen für Immobilien an der französischen Riviera ausgegeben werden, egal, was die französische oder Europäische Zentralbank vielleicht dagegen unternehmen will.

Hingegen sind Regierungen nicht so machtlos, wie es scheint, zumindest in der Theorie. *Regierungen werden weiterhin dazu benötigt, jeder Fiatwährung einen Wert zu verleihen.* Doch nach ihrem Handeln zu urteilen, machen Regierungen nicht von der Macht Gebrauch, die sie über das Privatbankensystem haben.

Wenn Regierungen Steuerzahlungen in einem spezifischen Tauschmittel verlangen, erhöhen sie automatisch dessen Knappheit. Infolgedessen bekommt dieses Mittel mehr Wert. Eine unabhängige Regierung kann somit *das Zahlungsinstrument wählen, dem es einen Wert beimessen will. Damit kann sie die Art von Anstrengung festlegen, die ihre Bürger auf sich nehmen müssen, oder die Verhaltensweisen, die sie an den Tag legen müssen, um diese Instrumente zu bekommen.* Diese Schlussfolgerung wird ganz entscheidend sein für das Design der staatlich initiierten monetären Lösungen, wie sie im achten Kapitel erörtert werden.

Es gilt, noch einen letzten Schleier im monetären Bereich zu lüften. Das Finanzsystem übt Macht über Regierungen aus, indem es gewisse Glaubensvorstellungen beeinflusst. George Soros hat mit seiner Theorie der Reflexivität[236] darauf hingewiesen, dass *Glaube Realität schafft.* Es ist eine Welt der sich selbst erfüllenden Prophezeiungen. Im Hinblick auf die Finanzen heißt das: Falls genügend Menschen glauben, Gold werde sich der Schwerkraft widersetzen und der Goldpreis werde sich verdoppeln, dann wird sich der Goldpreis tatsächlich verdoppeln! Auch wenn der Glaube nicht fest genug sein mag, um den Goldpreis auf dieser Höhe zu

236 George Soros: *The Alchemy of Finance* (1987).

halten, wenn sich Angebot und Nachfrage im realen Leben einpendeln, wird es doch bis dahin eine große Preisbewegung geben. Und wenn genügend Menschen glauben, eine bestimmte Regierung werde ihre Schulden nicht bezahlen, werden die Anleger genügend Schuldverschreibungen abstoßen und so für einen erheblichen realen Druck auf diese Regierung sorgen. Dieser Druck kann den Zahlungsverzug sogar direkt provozieren.

Kasten 6.1 – Wissenschaftliche Rückendeckung für das Paradigma der Fiatwährung

Die Ideen, die aus dem Paradigma der Fiatwährung resultieren, sind nicht neu und keinesfalls von uns entwickelt worden. Sie lassen sich sogar bis zu Adam Smith und der Glanzzeit des Goldstandards zurückverfolgen.

Smith war sich durchaus der Rolle der Besteuerung bei der Wertschöpfung für eine Währung, einschließlich des Goldes, bewusst. Er nennt ein Beispiel, bei dem ein von einer Bank ausgegebenes nicht einlösbares Papiergeld sogar mit einem Aufschlag über seinem Nennwert in Goldmünzen verbunden sein kann.

»Wenn ein Fürst ein Gesetz erlässt, dass ein bestimmter Teil seiner Steuern in Papiergeld einer bestimmten Art entrichtet werden soll, so kann er damit diesem Papiergeld einen bestimmten Wert verleihen – sogar wenn die Zahlungsfrist der schließlichen Einlösung dieses Papiergeldes ganz und gar vom Willen des Fürsten abhängen sollte. Achtet die Bank, welche dieses Papiergeld ausgibt, sorgfältig darauf, dass seine Menge stets etwas unter derjenigen bleibt, die auf diese Weise mit Leichtigkeit verwendet werden kann, so ist die Nachfrage dennoch unter Umständen so stark, dass es sogar ein Aufgeld trägt oder auf dem Markt etwas teurer verkauft wird als jene Menge an Gold- und Silbergeld, für die es emittiert wurde.«[237]

Schon Smith also wusste, dass der Schlüssel zum Wert einer Papierwährung weder in ihrer Konvertierbarkeit in Gold noch in irgendwelchen »gesetzlichen Zahlungsmitteln« zu sehen ist. Vielmehr bekam dieses Papiergeld seinen Wert erst, als es bei der Bezahlung von Steuern akzeptiert wurde.

237 Adam Smith: *The Wealth of Nations;* deutsche Ausgabe Bd. 2, S. 70.

Auch viele andere Ökonomen haben diese Ideen vorgetragen. Hier einige der wichtigeren Autoren; eine Auswahl ihrer Ideen und die Quellen sind in den Fußnoten enthalten.

Die Hauptbefürworter des Paradigmas der Fiatwährung sind in grober chronologischer Reihenfolge Mitchell Innes[238], Georg Friedrich Knapp[239], Irving Fisher[240], Abba Lerner[241] und John Maynard Keynes[242]. Fiatwährungsökonomen, die ähnliche Ansichten teilen, werden zu einer ökonomischen Schule zusammengefasst, mit so unterschiedlichen Bezeichnungen wie Chartalisten, Neo-Chartalisten[243], Endogenous Money School oder State Money School. Ihr gehören Wirtschaftswissenschaftler wie Paul Davidson[244], Nicholas Kaldor[245], Hyman Minsky[246], Stephen Rousseas[247], Warren Mosler[248], Charles Goodhart[249], Wynn Godley[250] und Randall Wray[251] an.

---

238 Mitchell Innes: »What is Money?«, in: *Banking Law Journal*, Bd. 30 (1913), Nr. 5, S. 377–408.

239 Georg Friedrich Knapp behauptet: »Zum staatlichen Geldsystem gehören… alle Zahlungsmittel, mit denen man Zahlungen an den Staat leisten kann. Hiernach ist nicht die Emission entscheidend, sondern die Akzeptation, wie wir es nennen wollen.« (Georg Friedrich Knapp, *Staatliche Theorie des Geldes*, Leipzig 1905, S. 95).

240 Fisher (1935).

241 Lerner entwickelte ein Konzept, das er die »funktionale Finanztheorie« nannte, die von der Prämisse ausgeht, dass »Geld ein Geschöpf des Staates ist. Seine allgemeine Akzeptabilität, sein allerwichtigstes Attribut, steht oder fällt mit seiner Akzeptabilität durch den Staat.« (Abba Lerner: »Money as a Creature of the State«, in: *American Economic Review*, Bd. 37 [1947], Nr. 2, S. 313). Siehe auch Abba Lerner: »Functional Finance and the Federal Debt«, in: *Social Research*, Bd. 10 (1943), S. 38–51.

242 Keynes war sich bewusst, dass der Wert von Geld nicht durch seine immanenten Eigenschaften generiert wird: »Geld ist das Maß von Wert, doch zu unterstellen, dass es an sich einen Wert hat, ist ein Relikt der Vorstellung, der Wert von Geld werde durch den Wert der Substanz geregelt, aus der es besteht – das ist etwa so, als würde man ein Theaterbillet mit der Vorstellung verwechseln.« (John Maynard Keynes: *The Collected Writings, Bd. XI: Economic Articles and Academic Correspondence*, hrsg. von Donald Moggridge [1983], S. 402).

243 Unseres Wissens nach hat zum ersten Mal der *Economist* eine vier Seiten umfassende Darstellung der »Heterodoxen Ökonomie« gebracht, in der Warren Mosler als Angehöriger einer »neo-chartalistischen« Schule erwähnt wird. (*The Economist*, 31. Dezember 2011, S. 49–52).

244 Paul Davidson: *Money and the Real World* (1978).

245 Nicholas Kaldor: *The Scourge of Monetarism* (1985).

246 Hyman Minsky: *Stabilizing an Unstable Economy* (1986).

247 Stephen Rousseas: *Post-Keynesian Monetary Economics* (1986).

248 Warren Mosler (1995), (1997/98) und (2010).

249 Charles E. Goodhart: *Money, Information and Uncertainty* (1996).

250 Wynn Godley und Marc Lavoie: *Monetary Economics: An Integrated Approach to Credit, Money, Income, Production and Wealth* (2007), Wynne Godley und T. Francis Cripps: *Macroeconomics* (1983).

251 Wray (1990) und (1998).

Während sich diese Wissenschaftler bei vielen Themen nicht unbedingt einig sind, erklären alle übereinstimmend, dass *Steuern innerhalb des Systems einer Währung einen Wert verleihen, die im Falle der Fiatwährung ansonsten überhaupt keinen immanenten Wert hätte*. Wenn diese Ideen neu oder merkwürdig wirken, dann deshalb, weil sie in der Praxis systematisch ignoriert werden, und nicht etwa, weil sie sich als falsch erwiesen hätten.

Ein Vergleich der beiden Paradigmen

Den gleichen Komponenten wie in Fergusons »Machtquadrat« (s. Abb. 6.1) begegnen wir in beiden Paradigmen: Staat und Finanzsektor, Staatsschulden, Steuern und Zentralbanken. Sie gehören auf unterschiedliche Weise zusammen, je nachdem, für welche der beiden Storys man sich entscheidet.

Das Offizielle Paradigma hat den Vorteil, dass es kürzer und leichter zu verstehen ist sowie der Alltagserfahrung normaler Menschen entspricht. Die meisten Menschen erleben aus erster Hand die Beschränkungen von Haushaltsbudgets. Jedem, der ein Sparkonto eröffnet oder einen Kredit bekommt, ist die Vorstellung vertraut, dass Banken gegen Zinsen Einlagen entgegennehmen und Geld verleihen. Doch wird diese offizielle Story auf unser gegenwärtiges System angewandt, wird klar, dass Regierungen keine andere Wahl haben, als das zu tun, was das Finanzsystem verlangt. Darüber hinaus wird das Bankensystem als passiver Vermittler und Dienstleister dargestellt und nicht als Hauptdarsteller, der Fiatgeld durch Bankschulden erschafft.

Das Paradigma der Fiatwährung hingegen ist abstrakter und entspricht nicht der Alltagserfahrung normaler Menschen. Dieses Paradigma beschreibt ein erheblich anderes Machtverhältnis zwischen einer unabhängigen Regierung und dem Bankensystem. Nach dieser Version ist das Bankensystem absolut und für immer davon abhängig, dass Regierungen dem Bankschuldengeld einen

Wert verleihen. Die Regierung wiederum hat stets die Macht, die Bezahlung von Steuerschulden in einer Währung zu verlangen, die kein Bankschuldengeld ist oder dieses ergänzt.

Schlussbemerkungen

Eine öffentliche Debatte über eine monetäre Reform, die den Chicago-Plan und/oder andere ordnungspolitische Initiativen einbeziehen könnte, ist überfällig. Würde eine Initiative umgesetzt, die dem Chicago-Plan entspricht, müsste noch immer die Vielfalt der Tauschmitteln erhöht werden, da eine solche Vielfalt eine wesentliche Bedingung für die strukturelle Stabilisierung unseres Wirtschaftssystems ist. Würde man dem öffentlichen Sektor die Zuständigkeit für das System übertragen und ihn zum Hauptnutznießer des Fiatgeldmechanismus machen – statt den privaten Sektor –, dann wäre dieses strukturelle Problem nicht gelöst. Strukturell gesehen würde damit einfach nur ein privates Monopol durch ein öffentliches ersetzt.

Wie wir in Kapitel 4 gezeigt haben, erfordert eine strukturelle Lösung, dass ein monetäres Ökosystem geschaffen wird, mit einer Vielfalt in den Tauschmitteln und in den Arten der ausgebenden Institutionen, einschließlich der Regierung. Wenn das Ziel darin besteht, Vielfalt zu erzeugen, dann ist es gerade nicht der logischste Schritt, das eine bereits existierende große System abzuschaffen. Logisch wäre es, sich auf innovative, nichtfinanzielle Anreizsysteme zu konzentrieren, die parallel und *ergänzend* zu gegenwärtigen, auf Bankschuldengeld basierenden finanziellen Anreizen funktionieren können. Die nächsten beiden Kapitel liefern Beispiele solcher komplementärer Anreizsysteme, und einige Kombinationen davon würden zusammen die Vielfalt gewährleisten, die erforderlich ist, um unsere Wirtschaft im 21. Jahrhundert strukturell zu stabilisieren.

Hoffnung macht uns vor allem das geradezu explosionsartige

Wachstum von Nichtregierungsorganisationen, von denen es inzwischen weltweit über eine Million gibt. Dazu Paul Hawken: »Nach jeder konventionellen Definition stellt diese riesige Ansammlung engagierter Individuen keine Bewegung dar. Bewegungen haben Führer und Ideologien. Menschen schließen sich Bewegungen an, studieren ihre Fibeln und identifizieren sich mit einer Gruppe ... Kurzum: Bewegungen haben Anhänger. Diese Bewegung jedoch passt nicht zum Standardmodell. Sie ist verstreut, unfertig und entschieden unabhängig. Sie hat kein Manifest, keine Doktrin und keine übergeordnete Autorität, der man sich unterwirft ... Könnte dies statt einer Bewegung im konventionellen Sinne vielmehr eine instinktive, kollektive Reaktion auf eine Bedrohung sein? ... Kann sie erfolgreich die Probleme ansprechen, um die sich Regierungen nicht richtig kümmern: Energie, Arbeitsplätze, Naturschutz, Armut und globale Erwärmung?«[252] Wichtiger als die schiere Anzahl der Mitglieder von NGOs ist ihr qualitativer Wandel – sie sind nicht mehr bloße Beobachter und Kritiker, sondern Akteure, die innovative Strategien umsetzen. Wir stimmen mit Hawken überein, dass »diese Bewegung, die keine Bewegung ist« ein Hauptakteur werden könnte, wenn es darum geht, eine Lösung für die uns bevorstehenden Herausforderungen zu finden. Daher sind fünf der neun Lösungen, die wir in den nächsten beiden Kapiteln vorschlagen, Beispiele für Initiativen, die von NGOs umgesetzt werden können, wenn sie es denn wollen.

252 Hawken (2007), S. 3.

Kapitel 7
Beispiele privat initiierter Lösungen

»Die Zukunft gehört denen, die Möglichkeiten erkennen, bevor andere sie erkennen.«
Unbekannt

Die gängigsten Komplementärwährungssysteme sind heute kommerzielle Treuesysteme, die zuerst vor über dreißig Jahren von Fluggesellschaften unter der Bezeichnung »Vielfliegerprogramme« populär gemacht wurden. Inzwischen sind über 15 Billionen »Flugmeilen« im Umlauf, die von fünf Fluggesellschaftsallianzen verwaltet werden, jeweils unter einem eigenen Namen. Diese Systeme sind der Beweis dafür, dass es möglich ist, mit sehr großen Komplementärwährungssystemen effizient zu operieren. Allerdings sind die kommerziellen Treuesysteme aus einem gesellschaftlichen Blickwinkel auch die am wenigsten interessanten Anwendungen einer Komplementärwährung: Sie motivieren einfach Kunden, mit derselben Fluggesellschaftsallianz zu fliegen oder in derselben Supermarkt- oder Ladenkette einzukaufen. Die Gesellschaft merkt es kaum, ob jemand mit einer Fluggesellschaft statt mit einer anderen fliegt – die jeweilige Fluggesellschaft natürlich schon.

Wir werden uns daher nur auf neue Komplementärwährungen konzentrieren, die sich tatsächlich zum Vorteil der Gesellschaft auswirken. Es existiert eine große Vielfalt solcher Systeme – weltweit gibt es mittlerweile Tausende, und sie wurden bereits andernorts beschrieben, und ihre wertvollen Auswirkungen wurden mehr als reichlich dokumentiert.[253] Tatsächlich sind die Menschen, die an diesen Systemen teilnehmen, die wahren Pioniere und Wegbereiter einer breiten monetären Aufklärungsbewegung, die wir hier einfach nur kommentieren wollen.

Allerdings sind viele dieser bereits existierenden Systeme für soziale Zwecke bewusst klein gehalten (indem sie beispielsweise Sozialkapital in einem bestimmten Viertel aufbauen), und einige ihrer Konstruktionsmerkmale begrenzen ihre Fähigkeit zur Ausweitung, damit sie es mit den Herausforderungen aufnehmen können, vor denen wir voraussichtlich in naher Zukunft stehen werden. Ihre Funktion lässt sich mit der von Kapillargefäßen vergleichen: Sie spielen die wichtige Rolle, uns warm zu halten und uns eine gesunde Farbe zu verleihen. Doch es wäre naiv zu erwarten, dass Kapillargefäße im Falle eines Herzinfarkts eine Aorta ersetzen könnten. Oder anders gesagt: In einem natürlichen Ökosystem muss es Lebensformen in ganz unterschiedlichen Größen geben – von Mikroben, Regenwürmern, Fröschen und Kaninchen bis hin zu Büffeln und Elefanten. Jede Form ist in ihrer eigenen Größenordnung lebenswichtig. Die Gesundheit eines natürlichen Ökosystems hängt entscheidend von gut funktionierenden Subsystemen in solchen unterschiedlichen Größenordnungen ab.

Auch in den monetären Ökosystemen, die dieser Bericht empfiehlt, sind Systeme in verschiedenen Größenordnungen vonnöten. Daher befassen wir uns hier nur mit Systemen, die zwei Kriterien genügen: Sie sollten sich vorteilhaft für die Gesellschaft auswirken und in der Lage sein, sich, wenn nötig, zu vergrößern.

---

253 Lietaer (2001), Lietaer und Kennedy (2008), Greco (2009), Lietaer und Belgin (2011), Hallsmith und Lietaer (2011).

Mittlerweile existieren Dutzende von Konstruktionen für innovative Tauschmittel, die diesen beiden Kriterien genügen, wobei manche bereits im Einsatz sind, viele andere aber noch in der Konstruktionsphase stecken. In Kombination mit dem konventionellen Geldsystem könnten Mischungen dieser Systeme eine große Vielfalt von monetären Ökosystemen hervorbringen. In diesem und dem folgenden Kapitel werden wir neun Beispiele vorstellen. Jedes dieser Beispiele stellt ein System dar, das

- in der heutigen instabilen sozioökonomischen Umwelt von Nutzen ist, während Staatshaushalte unter Druck stehen,
- ein anderes sozioökonomisches Thema oder Problem wie die Gesundheitsfürsorge, die Bildung oder die Umwelt anspricht, und
- sich als selbstständiges System einführen lässt und, wenn es auf unterschiedliche Weise kombiniert wird, eine nützliche Rolle spielen könnte, um die Synergien freizusetzen, die ein erfolgreiches monetäres Ökosystem charakterisieren.

Wir befassen uns zuerst mit dem am wenigsten strittigen und am Ende mit dem umstrittensten Modell und gehen dabei von Systemen, gegen die wir nur wenig Widerstand erwarten, zu solchen über, die den stärksten Widerstand auslösen werden. So stehen am Anfang etwa rein freiwillige Systeme, die keiner Erlaubnis bedürfen, damit sie gestartet werden können, und am Ende Zwangssysteme, die neue Gesetze erfordern würden. Wir wollen damit jedoch nicht behaupten, dass die anspruchsvollsten Systeme auch die wünschenswertesten sind.

Natürlich müssen nicht *alle* dieser Systeme eingeführt werden, damit sich signifikante Verbesserungen einstellen. Dem »eisernen Kanzler« Bismarck wird der Ausspruch zugeschrieben, Politik sei die Kunst des Möglichen. Jede Gemeinde, jede Stadt oder jedes Land kann somit selbst entscheiden, wie weit man gehen will und inwieweit es in der Praxis möglich ist, die eigene Politik neu auszurichten. Bewusst stellen wir eine breite Vielfalt von pragmatischen Lösungen vor, um einfach zu veranschaulichen, was alles möglich ist.

Fünf Neuerungen lassen sich ohne staatliche Initiative oder neue Gesetze umsetzten, und sie wollen wir in diesem Kapitel vorstellen. Die anderen vier Beispiele, die eher auf staatlicher Initiative basieren, werden im nächsten Kapitel behandelt.

Bei aller Unterschiedlichkeit haben die von uns beschriebenen neun Systeme zwei gemeinsame Nenner. Erstens sind sie alle so konstruiert, dass sie als *komplementäre Systeme* fungieren, also parallel zum existierenden nationalen Bankschuldengeld-System operieren. Zweitens sollten sie im Idealfall für ihre Nutzer so transparent wie möglich sein. So könnte zum Beispiel jede Partei, bevor ein Tausch erfolgt, das Recht haben, Einblick in das Konto der anderen Partei zu bekommen. Die Transparenz ermöglicht es, dass diese Systeme selbststeuernd sind und potenzieller Betrug eingeschränkt wird. Diese Systeme wären am kostengünstigsten, wenn sie mobile elektronische Geräte wie Handys nutzen würden.

Noch einmal: Jede dieser Initiativen könnte allein für sich umgesetzt werden. Doch wenn mehrere von ihnen parallel realisiert würden, könnte ihre kumulative Wirkung die synergistische Kraft und Resilienz dessen demonstrieren, was wir in Kapitel 4 als »monetäres Ökosystem« bezeichnet haben. Sie ließen sich auch mit Systemen kombinieren, die bereits in Betrieb sind, wobei viele schon anderswo dokumentiert worden sind.[254]

Wir empfehlen die neun Beispiele, als würden sie auf der Speisekarte eines Restaurants stehen. Entscheiden Sie sich für das System oder die Systeme, das oder die Sie am meisten faszinieren oder für Ihren speziellen Bereich und für Ihre Interessen am geeignets-

254 Was die Anwendungen auf kommunaler Ebene betrifft, siehe insbesondere Gwendolyn Hallsmith und Bernard Lietaer: *Creating Wealth: Growing Local Economies with Local Currencies,* Gabriola Island 2011.

ten halten. Die Seitenzahl bezieht sich auf den Ort, an dem das ausführliche »Rezept« für dieses besondere System zu finden ist.

Kasten 7.1 – Speisekarte der Motivationssysteme

PRIVATSEKTOR	ÖFFENTLICHER SEKTOR
NGO-Initiativen: Doraland S. 234 ff. Wellness Tokens S. 237 ff. Natural Savings S. 247 ff.	**Staatliche Initiativen:** Torekes auf kommunaler Ebene S. 273 ff. Biwa Kippu Umweltprojekt S. 276 ff. Civics auf kommunaler oder regionaler Ebene S. 281 ff. ECOs auf nationaler oder europäischer Ebene S. 290 ff.
Unternehmensinitiativen: C3 im regionalen oder nationalen Maßstab S. 253 ff. TRC im globalen Maßstab S. 258 ff.	

Hier eine kurze Beschreibung der ersten fünf Modelle, die zur Umsetzung keiner staatlichen Genehmigung bedürfen:

1. *Doraland* ist ein System, das Litauen helfen soll, ein »Lernendes Land« zu werden, indem basisdemokratische Bildungsinitiativen angeregt werden. Es wäre am besten von NGOs umzusetzen, die sich um eine neue Lernstiftung organisieren.
2. *Wellness Tokens* ist eine NGO-Initiative, die sich in Zusammenarbeit mit Gesundheitsdienstleistern vorbeugend mit Gesundheitsproblemen befasst, um dadurch die gesamtgesellschaftlichen Gesundheitskosten zu reduzieren.
3. *Natural Savings* ist ein Finanzsparprodukt mit lebenden Bäumen als Sicherheit. Das wäre eine Sparwährung, die jeder nationalen Währung überlegen wäre, weil sie einen Inflationsschutz gewährt. Sie wäre ein Anreiz zur Wiederaufforstung von Gebieten und würde die Einführung und den Unterhalt langfristiger Kohlenstoffsenken fördern.
4. *C3* ist ein Business-to-Business-System (B2B), das die Arbeitslosigkeit verringert, indem es kleinen und mittelgroßen Unter-

nehmen außerhalb der Beschränkungen der Mainstreamwährung Betriebskapital verschafft. Dieses Projekt läuft derzeit in Brasilien und Uruguay.

5. *TRC* ist ein Vorschlag für eine globale B2B-Währung, die ein längerfristiges Denken für multinationale Konzerne profitabel machen würde, indem sie den Konflikt zwischen kurzfristigen finanziellen Konzernprioritäten und langfristigen Bedürfnissen der Gesellschaft und der Umwelt beilegt.

1. Doraland: Wie ein »Lernendes Land« entsteht

Litauen erlangte 1990 als erster der drei baltischen Staaten die Unabhängigkeit von der Sowjetunion. Es ist doppelt so groß wie Belgien, hat aber nur 3,2 Millionen Einwohner. Im 14./15. Jahrhundert war es das größte Land in Europa – es erstreckte sich von der Ostsee bis zum Schwarzen Meer. Weil das Land heute so klein ist und keine typischen touristischen Attraktionen aufweist, hätte Dalia Grybauskaitė, die erste Frau im Amt des litauischen Staatspräsidenten, es gern, dass Ausländer Litauen besuchen würden, um etwas zu lernen. Auf zwei Gebieten nämlich ist Litauen heute weltweit führend: Es ist gegenwärtig das Land mit dem besten Glasfaserkabelnetz, und die Anzahl an Handys beträgt 120 Prozent der Einwohnerzahl (das heißt, viele Menschen haben mehr als eine SIM-Karte).

Im Oktober 2011 wurde eine Gruppe von Repräsentanten des öffentlichen Sektors, Unternehmer und NGO-Leiter ebenso wie einige Schüler von Rasa Balciune eingeladen, der Chefin einer internationalen Consultingfirma mit Sitz in Vilnius. Sie sollten sich mit der Frage befassen: *Wie könnte Litauen ein »Lernendes Land« werden?*

Doraland war einer der Vorschläge, die auf dieser Konferenz gemacht wurden. Ausgangspunkt war die Bildung einer litauischen Lernstiftung mit dem Arbeitstitel »Doraland«. Diese Stiftung soll es Einzelpersonen oder Gruppen ermöglichen, einen ihrer Träume zu verwirklichen, im Austausch gegen eine vertraglich vereinbarte Menge von »Dora-Währung«. Diese Währung wird durch Lehr- und/oder Lerntätigkeiten verdient, indem jemand etwa Englisch-, Computer- oder italienische Kochkurse anbietet.

So hatte zum Beispiel ein 17-jähriger Teilnehmer der Konferenz in Vilnius den Traum, den Buddhismus in den Bergen von Birma kennenzulernen. Die Doraland-Stiftung sagte vertragsgemäß zu, diese Erfahrung zu ermöglichen – im Austausch gegen 3000 Doras. Doraland würde nicht nur die Mittel aufbringen – durch Sponsoring und Spenden –, um das Flugticket in nationaler Währung zu bezahlen, sondern sich auch um die nötigen Kontakte in Birma kümmern. Der junge Mann konnte die 3000 Doras verdienen, indem er zum Beispiel 300 Stunden Unterricht in englischer Konversation gab oder Erwachsenen Computerkenntnisse vermittelte. Eine junge Frau wollte ein Wochenende mit ihrem persönlichen Helden, einem Nobelpreisträger für Physik, verbringen. Im Austausch gegen 2000 Doras, dem Gegenwert von 200 Stunden Kunstunterricht, würde die Stiftung das Treffen mit dem Physiker ermöglichen. Eine andere Gruppe könnte vielleicht um die Welt segeln oder in ihrem Viertel ein Treibhaus für die ganzjährige Nahrungsmittelproduktion errichten wollen. Die Medienaufmerksamkeit für diese Vorhaben erleichtert es, Sponsoren zu gewinnen, und kann auch dazu beitragen, dass zunehmend sozial nützliche Träume entwickelt und vermehrt Angebote fürs Unterrichten oder Trainieren bestimmter Fertigkeiten angeboten werden.

Nach diesem System werden Doras direkt von der Stiftung zu beziehen sein, und entsprechende Kontakte lassen sich leicht mit Hilfe der modernen Smartphonetechnik herstellen. Gemeinnützige Organisationen sollen sich mit der Organisation der Lehr- und Lerntätigkeiten befassen. Zusätzlich würde eine unabhängige Non-Profit-Organisation geschaffen, die das Verdienen von Doras und die Tauschaktionen prüft.

Diese Dora-Lernökonomie soll parallel zum konventionellen monetären System operieren. Wir erleben hier somit die Anfänge eines Tauschmittel-Ökosystems. Am Ende der ersten Planungssitzung fragte einer der Teilnehmer den 17-Jährigen, ob er bereit sei, Englisch zu unterrichten, und dafür in Litas (der nationalen Währung Litauens), Dollars oder Euros bezahlt werden wolle. Der junge Mann erwiderte: »Nein, ich möchte lieber in Doras bezahlt werden, weil ich damit meinem Traum näherkomme. Für diese anderen Währungen bekäme ich doch nur das Flugticket!« Für diesen Teenager war der Dora bereits eine »überlegene Währung« geworden, eine Währung, die er allen anderen Währungen vorzog. Doraland ist somit ein Beispiel für ein komplementäres System, das nichtspontane, aber wünschenswerte Verhaltensmuster fördert. Abb. 7.1 fasst das Doraland-Modell in einem Flussdiagramm zusammen.

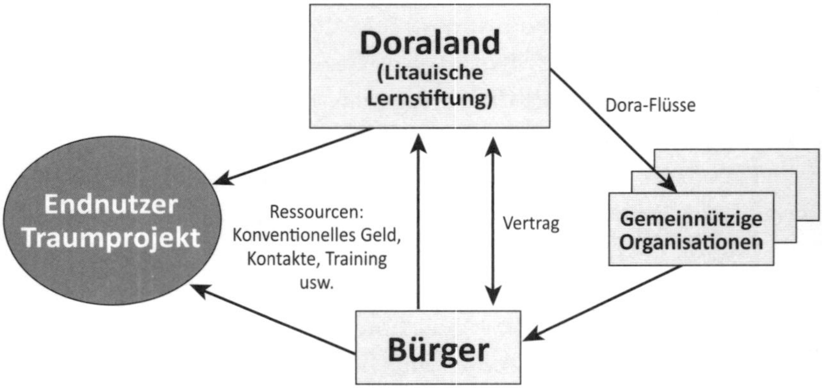

Abb. 7.1: Doraland-Flussdiagramm. *Der Prozess startet mit dem Traumprojekt eines Bürgers oder einer Gruppe von Bürgern. Doraland schließt einen Vertrag mit ihm oder der Gruppe, um gegen eine bestimmte Menge von Doras bei der Verwirklichung des Traums behilflich zu sein. Menschen, die Lehr- oder Trainingsangebote machen, werden in Doras entschädigt. Gemeinnützige Organisationen spielen in der Dora-Ökonomie die gleiche Rolle wie Unternehmen in der Welt der konventionellen Währung: Sie organisieren, motivieren und prüfen die entsprechenden Tätigkeiten.*

2. Wellness Tokens: Wie sich Marktversagen im Gesundheitswesen bewältigen lässt

Die Kosten im Gesundheitswesen wachsen schneller als das BIP in den meisten Industriestaaten. Medizinisch lässt sich das damit begründen, dass sich die Krankheitslasten von Infektionskrankheiten zu chronischen Krankheiten verlagert haben. Im Gegensatz zu Infektionskrankheiten, die kürzere Krankheitsverläufe und eine schnellere Sterblichkeit aufweisen, können Menschen mit chronischen Krankheiten länger mit ihrer Krankheit leben. Zwar hat sich die Technik im Hinblick auf die Behandlung von infektiösen wie nichtinfektiösen Krankheitszuständen im Lauf der letzten Jahrzehnte erheblich verbessert, die Verhinderung oder Vorbeugung der Entwicklung chronischer Krankheiten jedoch nicht. Außerdem werden die Gesundheitskosten voraussichtlich in naher Zukunft weiter steil ansteigen, nämlich aufgrund des demografischen Faktors der geburtenstarken Jahrgänge, die das Renten- und Pensionszeitalter erreichen. Die Herausforderung für heutige wie für künftige Generationen wird darin bestehen, wie man die Gesundheit einer Bevölkerung erhalten und optimieren kann, ohne dass die Kosten dafür einen immer größer werdenden Anteil an der Wirtschaftsleistung beanspruchen.

Die Schieflage »Krank und am Leben«

Die Phänomene des Marktversagens im Gesundheitswesen sind gut dokumentiert. Zu den Ursachen dieses Versagens zählen asymmetrische Informationspolitik, ungünstige Patientenauslese, Aufnahmebarrieren, das Fehlen von Risikopools und moralische Risiken.[255] Wir vermuten, dass es noch ein weiteres Marktversagen gibt. Tatsächlich hat keine Industrienation ein richtiges System der »Gesundheitsfürsorge« – statt dessen finanzieren alle Na-

255 Arrow (1963) und Reinhardt (2001).

tionen Systeme der »medizinischen Versorgung«. Die ökonomischen Anreize in einem medizinischen Versorgungssystem weisen eine Schieflage auf: Kranke Menschen sollen am Leben erhalten werden, statt dass präventiv die Gesundheit der allgemeinen Bevölkerung erhalten wird. Das liegt daran, dass die Interessenvertreter der medizinischen Versorgung wie die Pharmaindustrie, die Hersteller von Medizintechnik und die Mitarbeiter im Gesundheitswesen zwar alle rational handeln, doch am Ende ihr Geld überwiegend durch die Behandlung kranker oder nicht gesunder Menschen verdienen – statt eine präventive Gesundheitsfürsorge für eine gesunde Bevölkerung zu leisten.[256]

Weil die überwiegende Mehrheit des globalen Budgets für die medizinische Vorsorge für akute und chronische Krankheiten ausgegeben wird, entfällt auf die präventive Gesundheitsfürsorge nur ein ganz kleiner Bruchteil der gesamten Gesundheitsdienstleistungen in den Industrienationen.[257] Neuere Studien in den USA beispielsweise schätzen, dass 50 Prozent der Gesamtsterblichkeitsrate mit sozialen und verhaltensbezogenen Faktoren wie Rauchen, Ernährung, Alkoholgenuss, sesshafter Lebensweise und vermeidbaren Unfällen zusammenhängen.[258] Doch weniger als fünf Prozent der rund eine Billion US-Dollar, die jährlich für die Gesundheitsfürsorge ausgegeben werden, werden dafür aufgewendet, die eigentlichen Ursachen dieser vermeidbaren Krankheitszustände zu ermitteln und zu beheben.[259]

256 M. Rothschild und J.E. Stiglitz: »Equilibrium in Competitive Insurance Markets« (1976), D. Cutler und R. Zechhauser: *Insurance Markets and Adverse Selection: A Handbook for Health Economics* (1998).

257 Committee on Capitalizing on Social Science and Behavioral Research to Improve the Public's Health (2000) *Institute of Medicine*.

258 *U.S. Health* (2005): National Center for Health Statistics, Department of Health and Human Services, Nr. 2005–1232.

259 »Verhaltensbezogene und soziale Interventionen sind somit vielversprechende Ansätze, um Krankheits- und Sterblichkeitsraten zu reduzieren, aber bislang wurde ihr Potenzial, die öffentliche Gesundheit zu verbessern, relativ schwach genutzt.« Committee on Capitalizing on Social Science and Behavioral Research to Improve the Public's Health (2000) *Institute of Medicine*.

Doch selbst wenn der Markt für medizinische Vorsorge theoretisch »vollkommen« wäre – mit voll informierten Akteuren, ohne moralische Risiken, mit weniger Asymmetrie, mehr Effizienz, fairem Zugang und so fort –, würde die ökonomische Bevorzugung von Patienten, die »krank und am Leben« sind, weiterhin eine problematische Schieflage bedeuten. Das gegenwärtige System lädt somit eher dazu ein, einen fettleibigen Patienten, der Diabetes bekommt, mit Medikamenten zu behandeln, statt eine Früherkennungs- und Vorbeugungsmethode mit Gymnastik und Diätprogrammen anzuwenden, um die Krankheit abzuschwächen oder gar zu vermeiden. Außerdem hat eine verbesserte Medizintechnik zu einem Anstieg der Lebenserwartung chronisch kranker Menschen geführt, mit einer entsprechend zunehmenden Inanspruchnahme der Gesundheitsfürsorge. Eine Prävention wird somit angesichts dieser zusätzlichen Krankheitsbelastung ausgegrenzt. Die Schieflage »krank und am Leben« wird dann eine zusätzliche Ursache für ein Marktversagen, das dazu beiträgt, dass die Gesundheitsdienstleistungen systemisch ineffektiv organisiert sind.

Um diesem spezifischen Marktversagen entgegenzuwirken, schlagen wir nun ein Wellness-Token-System vor. Interessanterweise erwarten jene, die die »lange Welle« technologischer Paradigmenwechsel untersuchen, den sogenannten Kondratieff-Zyklus, dass Gesundheitstechniken den Durchbruch bei der nächsten technologischen Welle herbeiführen werden.[260]

Wellness Tokens

Wellness Tokens sind so konstruiert, dass sie einen präventiven Ansatz nutzen, um die gute Gesundheit der Teilnehmer zu fördern und zu erhalten. So, wie Fluggesellschaften »Vielfliegermeilen« gutschreiben, damit die Passagiere immer wieder mit ihnen flie-

260 L. A. Nefiodow: *Der Sechste Kondratieff*, Sankt Augustin 2001.

gen, würden Wellness Tokens von einer Wellness-Allianz ausgegeben, um Menschen zu gesunden Gewohnheiten anzuregen. Die Mitglieder der Wellness-Allianz wären diejenigen Organisationen, die ein finanzielles Interesse daran haben, dass die Bevölkerung gesund bleibt (z.B. Versicherungsunternehmen, die kommunale Verwaltung und lokale Arbeitgeber).

Eine Aufgabe der Wellness-Tokens wäre es, Veränderungen in den Gewohnheiten herbeizuführen, und zwar hin zur Gesundheitsförderung und zur Krankheitsprävention, indem sie zu gesunden Verhaltensweisen ermutigen und die präventive Gesundheitsfürsorge betonen. Ein derartiger Ansatz wäre auch eine Mittel zur Finanzierung einer helfenden Fürsorge, sodass ältere, chronisch kranke und behinderte Menschen zu Hause bleiben und eine Aufnahme in medizinische Langzeiteinrichtungen, deren Kosten eskalieren, so lange wie möglich hinauszögern können.

Wie man Wellness Tokens erwirbt

Die Wellness-Token-Allianz, die von einer NGO oder einer Gruppe von Versicherungsunternehmen betrieben werden könnte[261], würde Wellness Tokens für zwei Arten von Tätigkeiten ausgeben:

1. *Die Förderung von Gesundheitsvorsorgeprogrammen* mit primären, sekundären und tertiären Präventionsmaßnahmen, mit denen sich die Lebensweise von Menschen mit oder ohne chronische Erkrankungen ändern ließe und die sich mit Ernährung, körperlicher Aktivität und Stressbewältigung befassen. Derartige Programme zur Gesundheitsbildung wirken sich auf die Kosten im Gesundheitswesen und auf die Gesundheitsergeb-

261 In den Niederlanden plant eine Allianz, der das größte Versicherungsunternehmen angehört, auf kommunaler Ebene mehrere Experimente für Motivationssysteme, die sich mit der Alterungswelle der nächsten Jahrzehnte befassen.

nisse aus.[262] Die geschätzte Kapitalrendite solcher Präventionsprogramme reicht je nach Programm von 300 bis 1000 Prozent.[263] Dass solche Renditen bei Präventionsprogrammen möglich sind, beweist nur, dass das Marktversagen bei »krank und am Leben« ganz real ist.

Wellness Tokens würden die Annahme und Beibehaltung gesunder Verhaltensgewohnheiten anregen. Die Bezahlung von Einzelpersonen für die Beibehaltung bestimmter gesunder Verhaltensweisen ist bereits dokumentiert worden durch den Einsatz von Barüberweisungen, die an Bedingungen geknüpft sind, zum Beispiel dass der Begünstigte HIV-negativ bleibt.[264] So könnte beispielsweise eine Familie mit zwei adipösen Kindern an einem Gewichtsabnahmeprogramm teilnehmen, das entweder durch Wiegen oder noch präziser durch den Body Mass Index (BMI) kontrolliert würde. Für jedes Kilo oder jeden BMI-Punkt weniger würde die Familie 10 Wellness Tokens bekommen.

2. *Älteren und behinderten Menschen helfen, die einer Pflege bei chronischen Krankheiten bedürfen.* In Industrienationen wächst der Anteil der Menschen über 60 aufgrund einer längeren Lebenserwartung und zurückgehender Geburtenraten schneller als der jeder anderen Altersgruppe. Bis 2050 wird sich die Zahl der Menschen über 60 fast verdoppelt haben. Technische Fortschritte sind im Allgemeinen für die häusliche Pflege weniger relevant als für andere Bereiche des Gesundheitswe-

262 Tatsächlich sind nicht alle Präventionsprogramme billiger als die Behandlung. Studien beweisen, dass es kostengünstiger ist, Tuberkulose zu behandeln als ihr vorzubeugen. Siehe Borgdorff u.a. (2002). Auch die Grippeschutzimpfung ist für berufstätige Erwachsene nicht kostengünstiger. Siehe Bridges u.a. (2000). Doch all diese Studien vergleichen nur die Kosten für die Behandlung mit den Kosten für die Prävention, berücksichtigen aber nicht den Produktivitätsrückgang und die krankheitsbedingten Fehlzeiten.

263 Die signifikantesten Erträge stellen sich nach dem zweiten oder dritten Jahr des Programms ein. Mit 100 Dollar oder Euro, die für Präventionsprogramme pro Jahr und Mitarbeiter ausgegeben werden, lässt sich nach dem dritten Jahr eine Kapitalrendite von 300 Dollar oder Euro erzielen. Siehe Goetzel (1999), Erfurt (1992), Powell (1999) und Chapman (2003).

264 Lia u.a. (2008), Bastagli (2009).

sens, und die häusliche Pflege ist strukturell mit persönlichen Interaktionen von Angesicht zu Angesicht verknüpft und damit in vielen Fällen weniger kostspielig, dafür aber menschlicher. Daher wird es sich signifikant positiv auf die Kosten im Gesundheitswesen und in vielen Fällen auch auf die Behandlungsergebnisse auswirken, wenn man die häusliche Pflege einer anonymen Hi-Tech-Behandlung im Krankenhaus vorzieht.

Eins sollte klar sein: Das Wellness-Token-System zielt zwar auf eine Verbesserung des Verhaltens im Hinblick auf die Gesundheit ab, hat aber nichts mit Sanktionsmechanismen zu tun – den Menschen soll also eine finanzielle Unterstützung nicht verweigert werden, wenn sie wohl auf Grund spezifischer Verhaltensmuster krank werden, also zum Beispiel Lungenkrebs bekommen, weil sie starke Raucher sind, oder herzkrank werden, weil sie schädliche Ernährungsgewohnheiten haben. Unser Ziel hier ist, wie gesagt, erzieherisch und hat mehr mit Bewusstseinsbildung und dem Streben nach persönlicher Autonomie zu tun. Daher legt das System eindeutig Wert auf Präventiv- statt auf Heilmaßnahmen. Hier geht es nicht um den Einsatz »finanzieller Anreize«, um den Menschen Druck zu machen, ihre Lebensweise zu ändern, wie es bei einem Sanktionsmechanismus der Fall ist, der greift, wenn die Krankheit bereits eingetreten ist. Tatsächlich sind Wellness Tokens mit der Bildung von persönlichem Verantwortungsbewusstsein verbunden, in Richtung einer »wahren Autonomie« des Patienten, wie es die neuere, von Ivan Illich angeregte Literatur nennt.[265] Das System bietet positive statt negative

265 Siehe Christian Léonard: *Croissance contre santé: Quelle responsabilisation du malade?* (2008). Während Léonard, ein führender belgischer Gesundheitsexperte, die gegenwärtige Ideologie der auf Bestrafung abzielenden »Responsibilisierung« der Patienten entschieden kritisiert, setzt er sich für eine »wahre« Autonomisierung ein, die er mit Ivan Illichs Ideen von Autonomie und Konvivialität verknüpft: Wahre Selbstverantwortung könne sich nur aus einer Wiederaneignung ihrer Krankheit durch die Patienten selbst ergeben. Dies erfordere Präventivmaßnahmen, die nach der gegenwärtigen »Krank-und-am-Leben«-Logik unterfinanziert sind. Das Wellness-Token-System geht somit in die Richtung, die von Léonard gefordert wird.

Anreize an, um die Menschen zu gesunden Verhaltensweisen zu motivieren und sie dafür zu belohnen, statt sie für »Fehlverhaltensweisen« zu bestrafen. Das System sollte also so verstanden werden, dass es die Chancen für die Menschen erhöht, statt sie einzuschränken.

Dieser Ansatz ließe sich auch bei der Bildung von Selbsthilfegruppen anwenden. Gruppen von Menschen, die sich mit einem Gewichtsproblem befassen, können sehr effektiv ein längerfristiges Engagement fördern. Man könnte zum Beispiel Gruppenziele aufstellen, die der gesamten Gruppe zusätzliche Wellness Tokens einbringen, wenn sie erreicht werden. Die Unterstützung durch eine Gruppe ist bekanntermaßen ein Schlüssel zur längerfristigen Aufrechterhaltung von Veränderungen und Verbesserungen.

Wie man Wellness Tokens ausgibt

Menschen, die Wellness Tokens erwerben, könnten sie auf mannigfache Weise einsetzen, etwa indem sie einen Teil ihrer Versicherungsprämie damit bezahlen[266] oder Waren und Dienstleistungen kaufen, die mit der Prävention oder Förderung von Gesundheit zusammenhängen und von Unternehmen angeboten werden, die von der Wellness-Allianz qualifiziert wurden. Nach einer formalen Prüfung werden solche lokalen und regionalen Unternehmen zertifiziert, wenn ihre Dienstleistungen und Güter spezifischen Kriterien zur Gesundheitsförderung genügen. Man könnte also mit Wellness Tokens Präventionsmaßnahmen, Biolebensmittel oder Restaurantbesuche, Kurse in Gesundheitsförderung und Krankheitsprävention sowie Sportgeräte wie Fahrräder bezahlen, um nur ein paar Beispiele zu nennen. Eine Familie, die Wellness Tokens erwirbt, weil ihre Kinder ihren BMI halten, könnte dann

266 Die Versicherungsfirma Elderplan in New York hat diese Idee teilweise mit einer Time-Dollar-Währung erfolgreich umgesetzt. Man hat herausgefunden, dass Menschen, die an einem Time-Dollar-System teilnehmen, aufgrund einer besseren Sozialkapitalumwelt im Durchschnitt gesünder bleiben.

in ihrer Kommune Biolebensmittel oder Fahrräder bei teilnehmenden Anbietern kaufen.

Was könnten wiederum die Unternehmen, die Wellness Tokens annehmen, mit ihnen anfangen? Die Inhaber der teilnehmenden Geschäfte könnten sie auf die gleiche Weise wie ihre Kunden nutzen und damit ihr eigenes Wellnessprogramm starten. Typischer wäre es jedoch, wenn sie die Wellness Tokens bei der Wellness-Allianz in konventionelle Währung umtauschen.

Das Geschäftsszenario für Wellness Tokens

Für die Versicherungsunternehmen und andere Mitglieder der Wellness-Allianz funktioniert die Logik der Bezahlung mit Tokens nur dann, wenn die Ersparnisse bei den Kosten für eine ungesunde Gesellschaft höher als die Kosten des Programms sind. Wenn zum Beispiel die Kosten für einen nicht tödlichen Herzinfarkt 100.000 Euro betragen und wenn wir wissen, dass eine Gewichtsabnahme um fünf Kilo die Wahrscheinlichkeit eines Herzinfarkts um 20 Prozent verringert, würde dies eine zu erwartende Kostenersparnis von 20.000 Euro für jedes Individuum der Risikogruppe generieren, das dieses Ziel erreicht. Die Einlösungsrate der Wellness Tokens ergäbe sich daraus, dass die eine Hälfte der Ersparnisse für die Einlösung der Wellness Tokens ausgegeben würde, während die andere Hälfte die Kosten für die Mitglieder der Wellness-Allianz reduzieren würde. Beim obigen Beispiel einer zu erwartenden Ersparnis von 20.000 Euro könnten die ausgegebenen Tokens mit 10.000 Euro eingelöst werden. Mit den anderen 100.00 Euro würden die Kosten der Wellness-Allianz-Mitglieder reduziert werden.

Für die Anbieter von Präventionsmaßnahmen könnten die Wellness Tokens als eine Art Treuewährung fungieren, indem sie Kunden anziehen, die sich ansonsten nicht an sie wenden würden. Unter rein finanziellen Gesichtspunkten soll eine Treuewährung dafür sorgen, dass der durch den Austausch für das Unternehmen generierte Wert stets größer ist als die Grenzkosten in konventionellem Geld für das Bedienen eines zusätzlichen Kunden. Die naheliegendsten Teilnehmer sind daher Unternehmen mit vergleichsweise niedrigen Grenzkosten. Das betrifft viele Anbieter im Bereich der präventiven Gesundheitsfürsorge. Manche Unternehmen haben praktisch keine Grenzkosten – man denke beispielsweise an einen Physiotherapeuten, der nicht voll ausgebucht ist. Aber selbst ein Restaurant hat zum Beispiel typischerweise Grenzkosten, die etwa ein Drittel der Beträge ausmachen, die seine Gäste bezahlen. Das bedeutet, dass mit nur einem Drittel dessen, was die Gäste ausgeben, das Essen selbst bezahlt wird. Normalerweise werden mit einem weiteren Drittel die Fixkosten abgedeckt: für Lokalmiete, Heizung, Löhne und Gehälter und so weiter. Das letzte Drittel ist der Gewinn. Wenn also ein Restaurant nicht voll besetzt ist, dann ist es ökonomisch sinnvoll, zusätzliche Gäste hereinzuholen, die teils mit konventionellem Geld und teils mit einer Komplementärwährung bezahlen.

Der Wellness Token ist ein Win-win-Geschäft. Um auf unser erstes Beispiel der Familie mit adipösen Kindern zurückzukommen: Die Kinder werden gesünder und weniger krankheitsanfällig, und die Familie hat zusätzliche Mittel, die sie für gesundheitsbezogene und -fördernde Waren und Dienstleistungen ausgeben kann. Dem Versicherungsunternehmen entstehen weniger Gesundheitsfürsorgekosten dank gesünderer Patienten, und die Gesundheitsdienstleister erhöhen ihren Umsatz. Auf einer makroökonomischen Ebene profitiert die Gesellschaft von niedrigeren Krankmeldungsraten, erhöhter Produktivität, geringerer Arbeitslosigkeit und größerem Sozialkapital.

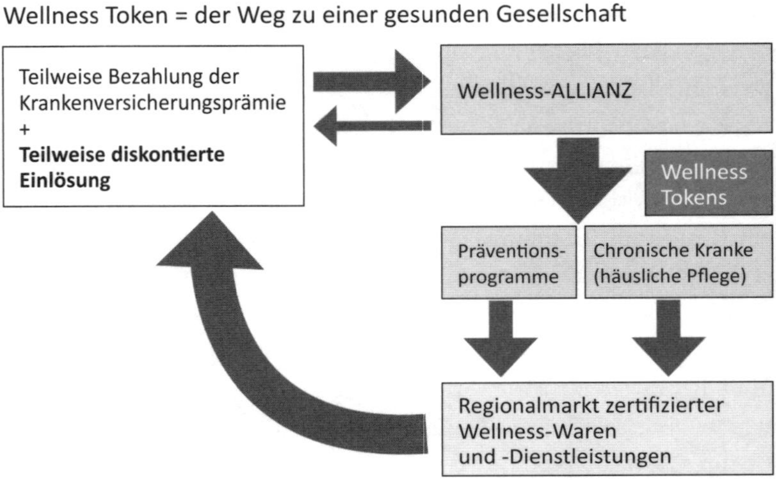

Abb. 7.2: *Wellness-Token-System, das parallel zum konventionellen Gesundheitsfürsorgesystem betrieben wird.*

Die Forschung zu all diesen Aspekten ist zwar noch nicht abgeschlossen, doch die vorhandene Literatur über auflagenabhängige Transfersysteme beweist, dass sie sich positiv auf die Gesundheit der Bevölkerung auswirken können.[267] Während einfache Bargeldtransfers in konventioneller Währung Ähnliches bewirken können, garantieren sie nicht, dass der Geldumlauf innerhalb des Bereichs der gesundheitsfördernden Waren und Dienstleister bleibt. Wir halten dies für ganz entscheidend, wenn es um die Einführung von Vielfalt geht: Das Wellness-Token-System ermöglicht es, dass sich ein dauerhaft präventiver Gesundheitssektor in einer Parallelwirtschaft entwickelt. Würde dies zu etablierten Privilegien führen und ein monopolistisches Verhalten auf Seiten der Vorsorgeanbieter erzeugen? Das glauben wir nicht, und zwar aus zwei Gründen: Erstens unterscheidet sich die Mentalität bei der

267 Lia u.a. (2008), Paxson und Schady (2007).

Prävention doch wohl sehr vom Denken ans »große Geld«, das in der Heil- und Pflegeindustrie vorherrscht, da präventive Fürsorge an und für sich weniger lukrativ, weniger technikintensiv und weniger ergebnisoffen ist. Und zweitens würden entsprechend strenge Bedingungen für eine Teilnahme dubiose Firmen oder Ärzte nötigenfalls aus dem System ausschließen. Idealerweise sollten die Vorteile einer Teilnahme so erstrebenswert sein, dass ein Ausschluss die einzige erforderliche Strafmaßnahme wäre.[268]

Wellness Tokens stellen eine alternative Möglichkeit dar, präventive Gesundheitsfürsorge- und häusliche Pflegeprogramme zu fördern und zu finanzieren. Dieser Ansatz würde auch eine langfristige Kostensenkung für Versicherungsfirmen ermöglichen, ebenso wie für Staaten, die sie subventionieren.[269] Das Wellness-Tokens-Programm stellt eine positive Ermutigung für die Menschen dar, gesunde Gewohnheiten anzunehmen, statt ihnen mit Strafen zu drohen. Und da Wellness Tokens den Menschen schließlich ausdrücklich die Selbstverantwortung für ihre eigene Gesundheit zuweisen, wirken sie moralischem Fehlverhalten und Risikopools entgegen, zwei weiteren Hauptfaktoren für das Marktversagen im Gesundheitswesen.

3. Natural Savings

Ursprünglich wurde die Idee als Mikrofinanzinstrument für Indien entwickelt, das sich aber auch an vielen anderen Orten leicht einsetzen lässt.[270] Es besteht aus einem Sparinstrument, das von einem natürlichen Wachstumsprozess voll abgesichert wird und

268 Das Schweizer Verrechnungssystem WIR arbeitet seit 75 Jahren erfolgreich nach diesem Prinzip.

269 C.J. Ruhm: *Macroeconomic Conditions, Health and Government Policy* (2006).

270 Der Text in diesem Abschnitt ist eine auszugsweise Zusammenfassung des Beitrags von Marek Hudon und Bernard Lietaer: »Natural Savings: A New Microsavings Product for Inflationary Environments – How to Save Forests with Savings For and By the Poor?«, in: *Savings and Development*, Bd. 4 (2006), S. 357–381).

sich als lokales Tauschmittel verwenden lässt. Die Deckung könnte durch jedes kommerziell wertvolle Produkt erfolgen, das im Lauf der Zeit organisch wächst, dessen Besitz gesichert werden kann und sich ohne übermäßig hohe Kosten unterhalten und ernten lässt. Beispiele solcher Produkte sind Bäume oder jede andere kommerziell verwertbare Pflanze, deren Wert im Lauf der Jahre organisch wächst, Zuchtfische in einem geschützten See oder Wild in einem eingezäunten Wald. Wir wollen uns hier auf das Beispiel einer Baumplantage konzentrieren, weil deren Vorteile breit gefächert sind. Wälder fungieren als Kohlenstoffsenken, und das Abholzen von Wäldern ist ökologisch gesehen zunehmend global besorgniserregend, da es erheblich zum Klimawandel beiträgt.

Die Ziele von Natural Savings

Das vorgeschlagene Sparinstrument hat vier Ziele:

1. ein inflationssicheres und robustes Sparinstrument zu sein,
2. die Kluft zwischen Reich und Arm zu verringern, ohne dies ausschließlich von Steuerumverteilungsmechanismen abhängig zu machen,
3. ein nachhaltiges Ressourcenmanagement zu fördern, wie die Wiederaufforstung und eine nachhaltige Forstwirtschaft, samt den damit verbundenen positiven Folgen für die Umwelt, und
4. ein lokales Tauschmittel anzubieten, das die Liquidität erhöht und damit wirtschaftliches Handeln vor Ort fördert.

   In eine natürliche Ressource als sicheres langfristiges Sparinstrument zu investieren ist keine neue Idee und geschieht seit Jahrtausenden auf individueller Ebene, ja sogar auf institutioneller Ebene: Große Versicherungskonzerne besitzen heute große Waldplantagen in Europa und in den USA für genau diesen Zweck. Neu an diesem Vorschlag ist vor allem, dass solche Investitionen als inflationssicheres Sparinstrument von allen getätigt würden, auch von den ärmeren Teilen der Bevölkerung.

Natural Savings – Schritt für Schritt erklärt

Nehmen wir an, die Initiative geht von einer lokalen Regierung und/oder einer NGO aus, der ein Stück Land gehört, das sich für ein kommerzielles forstwirtschaftliches Projekt nutzen lässt. Der ganze Prozess würde mit der Einrichtung einer Organisation beginnen, nennen wir sie »Natural Savings Company«. Sie wird Besitzerin des Nutzholzes, aber nicht von Grund und Boden, die im Besitz der Regierung oder der NGO bleiben.[271]

Die Natural Savings Company gibt 100.000 Aktien aus, die durch die auf dem Land angepflanzten Bäume abgesichert sind. Die Arbeitskosten für das Anpflanzen und den Unterhalt des Waldes sind in diesen Aktien bezahlbar. Um eine Verwässerung des Aktienwertes zu vermeiden, darf das Unternehmen nur dann weitere Aktien ausgeben, wenn sie zusätzliche Plantagen anlegt, um weitere Ausgaben zu sichern. Dies unterstreicht, wie notwendig eine robuste Governancestruktur ist, die die Transparenz des Systems und aller Managemententscheidungen garantiert, unterstützt durch periodische externe Kontrollen und andere Sicherheitsmaßnahmen gegen möglichen Betrug.

Eine Wertkurve würde anhand der Wertentwicklung des Nutzholzes im Lauf der Zeit entstehen, die auf einer konservativen Wachstumsschätzung der Baumarten in dem besonderen Klima sowie auf ihrem Marktwert zur Reifezeit basiert. Da es in der Savings Company 100.000 »Baumaktien« gibt, repräsentiert eine Aktie 1/100.000 des gesamten Nutzholzwerts in der Plantage. Sind die Bäume nach zwanzig Jahren erntereif, gleicht die Wertkurve zwischen dem Anpflanzen und der Ernte der Abb. 7.4 unten. Anhand der Kurve lässt sich die Anzahl der Aktien, die für einen Arbeitstag bezahlt werden, leicht ermitteln. Solange die Mitglieder der Gemeinschaft den Wert einer »Baumaktie« eindeu-

271 Gehört das Grundstück einer dritten Partei, ließe sich auch eine langfristige Pacht vereinbaren, und der Besitzer würde teilweise oder ganz mit Aktien der Natural Savings Company bezahlt werden.

tig festlegen, können sie untereinander Aktien gegen Waren und Dienstleistungen tauschen. Im Folgenden wollen wir den Wert in Arbeitstagen ausdrücken.

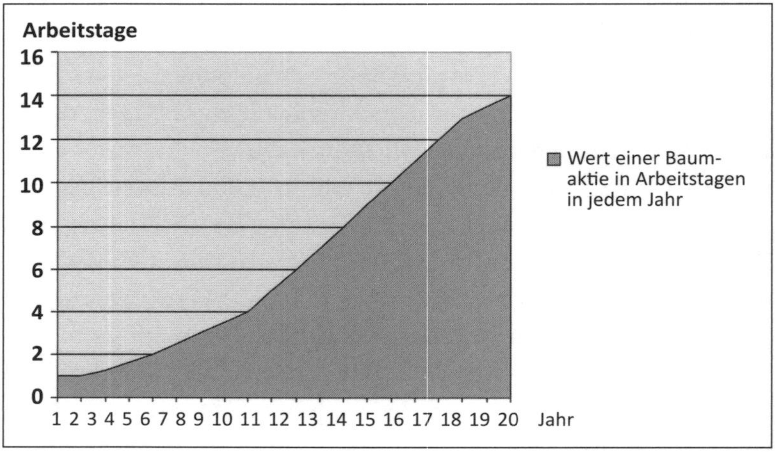

Abb. 7.4: *Beispiel für den Zeitwert einer Baumaktie, ausgedrückt in Arbeitstagen.*

Nehmen wir an, der Wert einer »Baumaktie« zum Zeitpunkt der Reife nach zwanzig Jahren beträgt vierzehn Arbeitstage und ihr Wachstum spiegelt sich, ausgedrückt in Arbeitstagen, in der obigen Wertkurve wider. In den ersten beiden Jahren des Projekts lässt sich an einem Arbeitstag eine Aktie verdienen. Aber im neunten Jahr ist der Wert einer Aktie auf vier Arbeitstage angewachsen, sodass für einen Arbeitstag eine Viertelaktie bezahlt wird. (Achtung: Es ist stets möglich, die Arbeit teilweise mit Baumaktien und den Rest mit konventionellem Geld zu bezahlen.)

Zum Zeitpunkt der Reife würde der Wald geerntet und das Nutzholz für konventionelles Geld verkauft werden. Alle Aktien, die die Arbeiter bis zu diesem Zeitpunkt verdient hätten, würden mit den Einnahmen aus dem Verkauf des Holzes eingelöst werden. Da die Wertkurve auf einer konservativen Schätzung des Holzwerts basierte, könnte sich ein überraschender Gewinn ergeben. Der gesamte Prozess könnte von vorn beginnen – mit einer neuen Plantage auf demselben Land und einer neuen Ausgabe von Aktien für die nächste Arbeitergeneration.[272]

Risikomanagement

Jede Anlage ist mit einem gewissen Risiko verbunden. Diese Risiken ließen sich mit bekannten Maßnahmen verringern, etwa einer Brandschutzversicherung bei einem Wald. Die Natural Savings Company könnte eine Versicherung gegen dieses Risiko wie gegen andere Risiken abschließen.

Es wäre auch möglich, das Risiko vorab zu streuen, indem eine Vielfalt von Natural-Savings-Produkten gestartet wird, etwa verschiedene Baumarten, unterschiedliche Reifegrade oder sogar eine völlig andere Basis für Natural Savings wie ein Fischzuchtprojekt in einem lokalen See. Eine Diversifizierung könnte aber auch nachträglich erfolgen, indem man den Tausch von Aktien eines Projekts gegen die eines anderen ermöglicht.

Die Verwendung von Natural-Savings-Aktien

Was kann ein Gemeinschaftsmitglied, das einige Baumaktien in der Natural Savings Company erworben hat, damit anfangen? Die Aktien könnten bis zum Reifezeitpunkt gehalten und dann gegen die Ernteeinnahmen eingelöst werden, sodass die Baumaktie ausschließlich als Sparinstrument gedient hat. Dies wäre eine zulässige Möglichkeit für jeden, der für seine Rentenzeit oder irgendein anderes langfristiges Ziel wie eine höhere Schulbildung für seine Kinder sparen will.

Eine zweite Möglichkeit wäre es, Aktien gegen Waren oder Dienstleistungen innerhalb der Gemeinschaft zu tauschen. Die

272 Je nach der Größe des Landes und der Gemeinschaft ließe sich das zu einem kontinuierlichen Prozess entwickeln, mit neuen Plantagen und Ernten auf Teilen des gesamten Waldes auf einer periodischen, rotierenden Basis. Dabei sollten entsprechende bekannte forstwirtschaftliche Managementtechniken angewandt werden.

Baumaktien würden somit als lokales Tauschmittel fungieren und für eine gewisse zusätzliche Liquidität in dieser Gemeinschaft sorgen. Im Prinzip sollte der Tauschwert dem Wert der Baumwährung zur Zeit des Tauschs entsprechen, aber der Besitzer der Aktien und die Person, die sie annimmt, könnten sich auch für das zweckmäßigste Arrangement entscheiden.

Eine dritte Möglichkeit, die ein umsichtiges Management voraussetzt, bestünde darin, dass die Savings Company die Einlösung der Aktien gegen eine Bezahlung mit konventionellem Geld vor dem Erreichen des Reifezeitpunkts zulässt. Dies wäre sinnvoll, um Vertrauen im System aufzubauen. In Situationen, in denen Bargeld sofort benötigt würde, etwa nach einem Unfall, bei einer Krankheit oder für eine Hochzeit, würde diese Option es einer Einzelperson oder einer Familie gestatten, auf die Situation zu reagieren, ohne die Aktien zu einem Preis unter ihrem realen Wert abstoßen zu müssen.

Der Wert für eine frühe Einlösung könnte auf einer Wertkurve wie der in Abb. 7.4 basieren, abzüglich einer Abschlussgebühr. Diese Gebühr wäre für Aktieninhaber ein Anreiz, sie primär als Wertanlage für laufende Austauschvorgänge innerhalb der Gemeinschaft zu nutzen statt sie gegen konventionelles Geld einzulösen. Wenn diese dritte Möglichkeit angeboten würde, müsste die Natural Savings Company über genügend Bargeld verfügen (zum Beispiel über einen Dispokredit bei einer Bank), um einen »Sturm auf die Savings Company« zu vermeiden, was einem »Sturm auf eine Bank« in einem konventionellen System entspräche.

Einige theoretische Überlegungen

Man beachte, dass diese »Baumwährung« bewusst so konzipiert ist, dass sie nicht alle drei klassischen Funktionen von Geld ausübt. Sie dient hauptsächlich als Wertspeicher, und sie würde diese Rolle besser und verlässlicher als jede andere nationale Währung spielen. Selbst die Deutsche Mark, zwischen 1949 und 2000 die am wenigsten inflationäre Währung der Welt, verlor in diesem Zeitraum mehr als die Hälfte ihres Wertes. Bäume hingegen haben ein biologisches Wachstum zwischen drei und sieben Prozent pro Jahr, und dieses Wachstum ist historisch gesehen verlässlicher als jede Staatsanleihe. Die »Baumwährung« könnte gelegentlich als Tauschmittel fungieren, aber weder als Rechnungseinheit noch als gesetzliches Zahlungsmittel. Im Hinblick auf die letzten beiden Funktionen würde die nationale Währung weiterhin ihre gewohnte Rolle spielen.

Natural Savings könnten potenziell die Kluft zwischen Reich und Arm verringern. Auf konventionelle Weise geschieht dies durch Erhöhung der Steuern für die Reichen und eine Umverteilung der Einnahmen auf Programme, die den Armen zugutekommen. Im Natural-Savings-System könnten diejenigen, die bereit sind zu arbeiten, ganz allein zu echtem Reichtum gelangen und dabei langfristig gegen Inflation und Banken- oder Währungskrisen geschützt sein. Die beste Möglichkeit, Baumaktien zu erwerben, wäre eine frühe Teilnahme am Baumplantagenprojekt oder an einem anderen Gemeinschaftsprojekt, das von der lokalen Regierung und der Natural Savings Company bewilligt wird. Die Ärmsten der Gesellschaft könnten somit verlässlich zu Wohlstand gelangen. Eine Investition in lebende Bäume wäre nicht nur inflationssicher und vor Währungsturbulenzen geschützt, sondern würde auch bis zum Reifezeitpunkt organisch an Wert gewinnen.

4. C3: »Commercial Credit Circuits« für kleine und mittlere Unternehmen

In den meisten Ländern werden private Arbeitsplätze überwiegend (zwischen 75 und 95 Prozent) in kleinen und mittleren Unternehmen (KMU) geschaffen. Die Arbeitslosigkeit als ein echtes und ernsthaftes soziales Nachhaltigkeitsproblem anzugehen ist eine Möglichkeit, die Entwicklungs- und Überlebensraten der KMU zu verbessern.

Das Problem

KMU bereitet es häufig Schwierigkeiten, Betriebskapital zu bekommen. Die kleineren Firmen werden von ihren Lieferanten unter Druck gesetzt, bar oder binnen 30 Tagen zu bezahlen, während ihre Kunden (oft größere Unternehmen) ein Zahlungsziel von 90 Tagen haben können. Dieses Cash-flow-Dilemma wird für KMU tödlich, wenn die Banken sich weigern, ihnen einen Überbrückungskredit zu gewähren, untragbare Zinssätze fordern oder unangemessen hohe Kreditsicherheiten verlangen. Dies ist in vielen Industriestaaten ein ernsthaftes Problem geworden, da die Banken infolge der Finanzkrise aufgehört haben, anderen Unternehmen vernünftige Kreditbedingungen einzuräumen. In den Entwicklungsländern hingegen ist es seit langem endemisch.

Die Lösung

Die »Social TRade Organisation« (STRO, ursprünglich Aktie Strohhalm genannt), eine niederländische NGO für Forschung und Entwicklung, hat ein neues Finanzprodukt entwickelt, um dieses Problem strukturell anzugehen. Ihr Modell ist in mehreren lateinamerikanischen Ländern erfolgreich realisiert worden. Bei diesem Verfahren dienen versicherte Rechnungen oder andere Zahlungsforderungen als liquide Bezahlinstrumente in einem Business-to-Business-Clearing-Netz. Die Empfänger eines solchen Instruments können wählen, ob sie es gegen eine Gebühr in konventionelles Geld einlösen oder ihre eigenen Lieferanten mit den durch eine versicherte Rechnung gedeckten Erlösen des Clearing-Netzes direkt bezahlen.

C3 Schritt für Schritt

Der C3-Mechanismus besteht aus den folgenden sieben Schritten:

1. Ein KMU, das wir Unternehmen A nennen, tätigt einen Verkauf und stellt einem größeren Unternehmen, das wir Unter-

nehmen B nennen, eine Rechnung. Unternehmen B ist einverstanden, die Rechnung binnen 90 Tagen zu begleichen.

2. Unternehmen A lässt diese Rechnung bei einer Versicherung versichern. In der Praxis können die Kosten für diese Versicherung nur ein Prozent betragen, da die Wahrscheinlichkeit eines Zahlungsverzugs durch Unternehmen B – die größere, gut etablierte Firma – gering ist.
3. Unternehmen A eröffnet nun ein »Kontokorrentkonto« beim Clearing-Netz und tauscht die versicherte Rechnung gegen die gleiche Menge von »Clearing-Geldern« ein. Dann kann es seinen Lieferanten, den wir Unternehmen C nennen, mit diesen Geldern über das Clearing-Netz bezahlen.
4. Um diese Zahlung zu erhalten, muss Unternehmen C einfach sein eigenes »Kontokorrentkonto« beim Netzwerk eröffnen. Dann hat C zwei Möglichkeiten: Es kann entweder die Clearing-Gelder gegen konventionelles Geld einlösen und muss dafür die Zinsen für den ausstehenden Zeitraum von 90 Tagen plus die Bankgebühren bezahlen oder es gibt die Clearing-Gelder wiederum im Netzwerk aus, ohne dass weitere Kosten entstehen.
5. Unabhängig davon, wann die Rechnung von Unternehmen A beglichen wird, kann Unternehmen C den positiven Saldo auf seinem Clearing-Netz-Konto nutzen, um zum Beispiel seinen Lieferanten, Unternehmen D, zu bezahlen.
6. Unternehmen D wiederum muss nun einfach sein eigenes Konto beim Netzwerk eröffnen. Dann hat es die gleichen beiden Möglichkeiten wie Unternehmen C: seine Clearing-Gelder gegen eine Gebühr in konventionelles Geld umzutauschen oder sie gebührenfrei innerhalb des Netzwerks auszugeben. Und so weiter …
7. Bei Fälligkeit der Rechnung wird dem Netzwerk die Rechnungssumme in nationaler Währung ausgezahlt, entweder von Unternehmen B oder von der Versicherung im Falle eines Zah-

lungsverzugs von B. Wer auch immer den Betrag der versicherten Rechnung zu diesem Zeitpunkt hat, kann ihn gegen konventionelles Geld einlösen, ohne dass ihm irgendwelche Zinskosten entstehen.

Vorteile

Die Unternehmen haben folgende Vorteile:

- Da die beteiligten Unternehmen Zugriff auf kurzfristige Mittel haben, wenn sie sie benötigen, erhöhen sie ihre Produktionskapazität zu erheblich geringeren Kosten, als ihnen dies durch Bankkredite möglich wäre. Das Kreditniveau lässt sich auf ein stabiles Niveau erhöhen, das zwischen einem Viertel (einem durchschnittlichen Zahlungsziel für Rechnungen von 90 Tagen) und der Hälfte der Jahresumsätze liegt.
- Weil Lieferanten sofort bezahlt werden, unabhängig vom Zahlungsplan des ursprünglichen Käufers, wird eine erhebliche Liquidität ins gesamte KMU-Netzwerk zu ganz geringen Kosten eingespeist. Diese zusätzliche Liquidität macht die Teilnahme am C3-Netzwerk attraktiv.
- Die Technik, all dies umzusetzen, existiert bereits, und auch die notwendige Open-Source-Software steht zur Verfügung. (Das Transaktionsprogramm nennt sich Cyclos.) Es ist keine neue gesetzliche Regelung oder staatliche Zustimmung erforderlich. C3 fördert die effizientere Nutzung der IT-Infrastruktur zwischen KMU ebenso wie die Eröffnung neuer Märkte und Marketingkanäle durch den E-Commerce.

Und worin bestehen die Vorteile für den Staat? Der größte Vorteil sind zusätzliche Einnahmen aus Transaktionen, die sonst nicht stattfinden würden. Weil dieses zusätzliche Einkommen letztlich in konventioneller Währung zur Verfügung steht, bringt das Clearing-Netz bestehende Beschaffungsstrategien nicht durcheinander. Am effektivsten kann der Staat auf jeder Ebene die Umsetzung der

C3-Strategie fördern, wenn er die Bezahlung von Steuern und Gebühren in C3-Währung akzeptiert. Wie wir in Kapitel 6 dargelegt haben, wird dies für die Menschen ein Anreiz sein, die C3-Währung als Zahlungsmittel zu akzeptieren. Uruguay wendet als erstes Land dieses Konzept an: Es unterstützt die Entwicklung von C3 und akzeptiert C3-Einheiten für alle Steuern und Gebühren.

Staatliche Organisationen haben noch weitere Vorteile:

- Mit Hilfe der C3-Methode lässt sich verlässlich die Arbeitslosigkeit verringern, und zwar ohne kostspielige Fördermittel oder andere traditionellere Verfahren und ohne die Geldschöpfung wie im »Chicago-Plan« verstaatlichen zu müssen.
- Alle Gewinne auf Transaktionen über das C3-System werden genau so versteuert, als würde es sich um konventionelles Geld handeln. Außerdem trägt C3 dazu bei, die Wirtschaftstätigkeit aus der Schattenwirtschaft in die offizielle Wirtschaft zu verlagern, da die KMU formell eingebunden werden müssen, damit sie teilnehmen können, und da alle Transaktionen zu 100 Prozent auf elektronischem Wege erfolgen und so nachverfolgt werden können.
- Damit C3-Systeme eine überschaubare Größe behalten, werden sie am besten auf einer regionalen Ebene organisiert. Unternehmen im Netzwerk haben einen Anreiz, ihre Guthaben untereinander auszugeben, und regen damit die regionale Wirtschaft an.
- Alle C3-Netzwerke sollten die gleichen Versicherungsstandards anwenden, sodass sie sich mit anderen Netzwerken verbinden und Tauschvorgänge sogar auf internationaler Ebene ermöglichen können.

Aber auch den Banken und dem Finanzsystem bietet das C3-Verfahren erhebliche Vorteile:

- Die Win-win-Situation gilt auch für das Finanzsystem. Weil das Netzwerk computergestützt ist, sind das Leihen und das Management für die Versicherer und Darlehensgeber rationell organisiert. KMU werden für Banken ein profitablerer Sektor, da Kreditrahmen mit dem gesamten Clearing-Netz statt mit einzelnen Unternehmen verhandelt werden können. Dies ist auch automatisch mit einer Risikostreuung verbunden.
- Banken und andere Finanzinstitute bieten bereits Factoring-Dienstleistungen an, die dem C3-Prozess ähneln; sie sind allerdings nur für große Mengen kosteneffizient und somit nur für große Firmen erhältlich. Die computergestützte Rationalisierung des C3-Systems ermöglicht es allen Parteien, die gleichen Ergebnisse für geringere Kosten zu erzielen.
- Die meisten Banken bieten inzwischen auch Versicherungsdienstleistungen an. C3 eröffnet einen neuen Markt für Versicherungen und Kredite bis hin zu Mikrofinanz-Unternehmen. Da C3 computergestützt ist, können selbst solchen kleinen Organisationen Dienstleistungen zu geringen Kosten angeboten werden.

5. Die TRC: eine Initiative für multinationale Unternehmen

Die Trade Reference Currency (TRC) ist eine globale Währung, die erstmals 2001 vorgeschlagen wurde.[273] Wegen der Finanzkrise von 2007/08 hat sie erheblich an Bedeutung gewonnen. Vor einiger Zeit wurde eine Führungsgruppe für die TRC gebildet, die gegenwärtig eine Machbarkeitsstudie im Hinblick auf eine Umsetzung dieses Systems erstellt.

273 Lietaer (2001).

Das Problem

Die monetäre Instabilität ist für internationale Unternehmen die größte Sorge geworden – sie ist oft größer als die Sorge vor politischen oder marktwirtschaftlichen Risiken. Laut einer Umfrage von *Fortune 500* in den USA gaben alle beteiligten Konzerne an, die Deviseninstabilität sei das größte Risiko beim Abwickeln internationaler Geschäfte.[274]

Das TRC-System bietet eine effektive Lösung dafür an und macht zugleich langfristiges Denken für Konzerne profitabel. Dies gelingt durch die Überwindung des anhaltenden Konflikts zwischen den kurzfristigen Prioritäten der Aktionäre und den langfristigen Anforderungen der Gesellschaft insgesamt. Durch seine antizyklische Wirkung stabilisiert es auch die Weltwirtschaft.

Der TRC-Mechanismus

TRC ist eine privat ausgegebene Währung mit einer Demurragegebühr. Sie ist voll gedeckt durch einen inflationsresistenten, standardisierten Warenkorb mit einem Dutzend der wichtigsten Waren und Dienstleistungen auf dem globalen Markt.

Die Merkmale der TRC

- **Komplementärwährung.** Die TRC ist als Komplementärwährung angelegt, die parallel zu nationalen Währungen zirkuliert. Alle bestehenden Währungs- und Finanzprodukte oder -praktiken könnten somit weiter existieren. Der TRC-Mechanismus wäre eine zusätzliche Option für die internationalen Wirtschaftsplayer, die sich freiwillig für ihn entscheiden.
- **Handelsreferenz-Währung.** Die TRC basiert auf einem standardisierten Warenkorb der wichtigsten Waren und standardisierten Dienstleistungen, die auf dem globalen Markt gehandelt werden. Die TRC-Deckung gleicht zwar konzeptionell ei-

274 Dolde (1993).

nem voll gedeckten Goldstandard, doch die TRC-Deckung würde aus einem Dutzend der internationalen Hauptwaren bestehen, einschließlich Gold. Da sie voll gedeckt ist durch einen physischen Warenbestand, wäre sie ein sicherer, robuster und stabiler Mechanismus für internationale Vertrags- und Zahlungszwecke.

- **Private Versicherung.** Die TRC würde als eine Warenbestandsbescheinigung von der TRC-Allianz ausgegeben, einer Nichtregierungsinitiative mit einer Organisationsstruktur, die offen für alle ist, die gewisse zuvor festgelegte Kriterien erfüllen. In diesem Sinne würde die TRC-Allianz für den Nichtfinanzsektor die gleiche Rolle spielen wie die Visa-Kreditkartenallianz für die teilnehmenden Finanzinstitute.

  Die Warenbestandsbescheinigungen, TRC genannt, werden von der TRC-Allianz ausgegeben als Zahlungsmittel für die Produzenten, die Waren an den TRC-Warenkorb der Allianz verkaufen. Diese Verkäufe basieren auf den Marktwerten der betreffenden Waren und auf dem Wert des TRC-Korbs zum Zeitpunkt der Transaktion. Als Privatinitiative ist sie nicht auf staatliche Verhandlungen oder internationale Vereinbarungen angewiesen. Aus einer juristischen und steuerlichen Perspektive ist die TRC einfach eine Standardisierung eines internationalen Tauschhandels, fachlich »Gegengeschäft« genannt. Die Gesetze und die Berichtspflichten für Gegengeschäfte existieren bereits weltweit in über 200 Ländern.
- **Demurragegebühr.** Die TRC ist eine Währung mit einer Demurragegebühr. Wie in Kapitel 5 beschrieben, funktioniert eine Demurragegebühr wie eine lineare Parkgebühr, die auf eine Währung angewandt wird und ihrem Inhaber im Lauf der Zeit Kosten auferlegt. Die Kosten für das Halten der TRC-Währung wird auf 3,5 bis 4 Prozent pro Jahr geschätzt und entspricht den Kosten für die Lagerung der physischen Waren im TRC-Warenkorb. Diese Demurragegebühr sorgt dafür, dass

die Währung als Planungs-, Vertrags- und Handelsmittel eingesetzt wird: Sie würde nicht gehortet werden, sondern in Umlauf bleiben. Damit würde sie Handelsgeschäfte und Investitionen überall dort, wo sie zirkuliert, nachhaltig aktivieren. Insgesamt erfüllt die TRC bewusst nur zwei der drei traditionellen Funktionen von Geld: Sie dient als Rechnungseinheit und als Tauschmittel, aber nicht als Wertspeicher.

- **Inflationssicher.** Die TRC ist von ihrer Zusammensetzung her als inflationssichere Währung konzipiert. Inflation wird stets als dauerhafter Prozess definiert, durch den ein standardisierter Korb von Waren und Dienstleistungen seinen Wert ändert. Durch die Auswahl der richtigen Inhalte des Korbs wäre die TRC gegen Inflation geschützt. So könnte beispielsweise die Zusammensetzung von 100 TRC ein Barrel Erdöl, fünf Bushel Weizen, zehn Pfund Kupfer, drei Pfund Zinn, eine Zehntelunze Gold, zehn CO_2-Emissionsrechte, Containerfrachtraten und so fort umfassen.

Wie die TRC in der Praxis funktioniert

Die entscheidenden Phasen im TRC-Mechanismus, von der Schöpfung von TCR bis zu ihrer endgültigen Einlösung, werden in Abb. 7.5 veranschaulicht. Die Zahlen in Klammern entsprechen den in der Abbildung dargestellten Phasen.

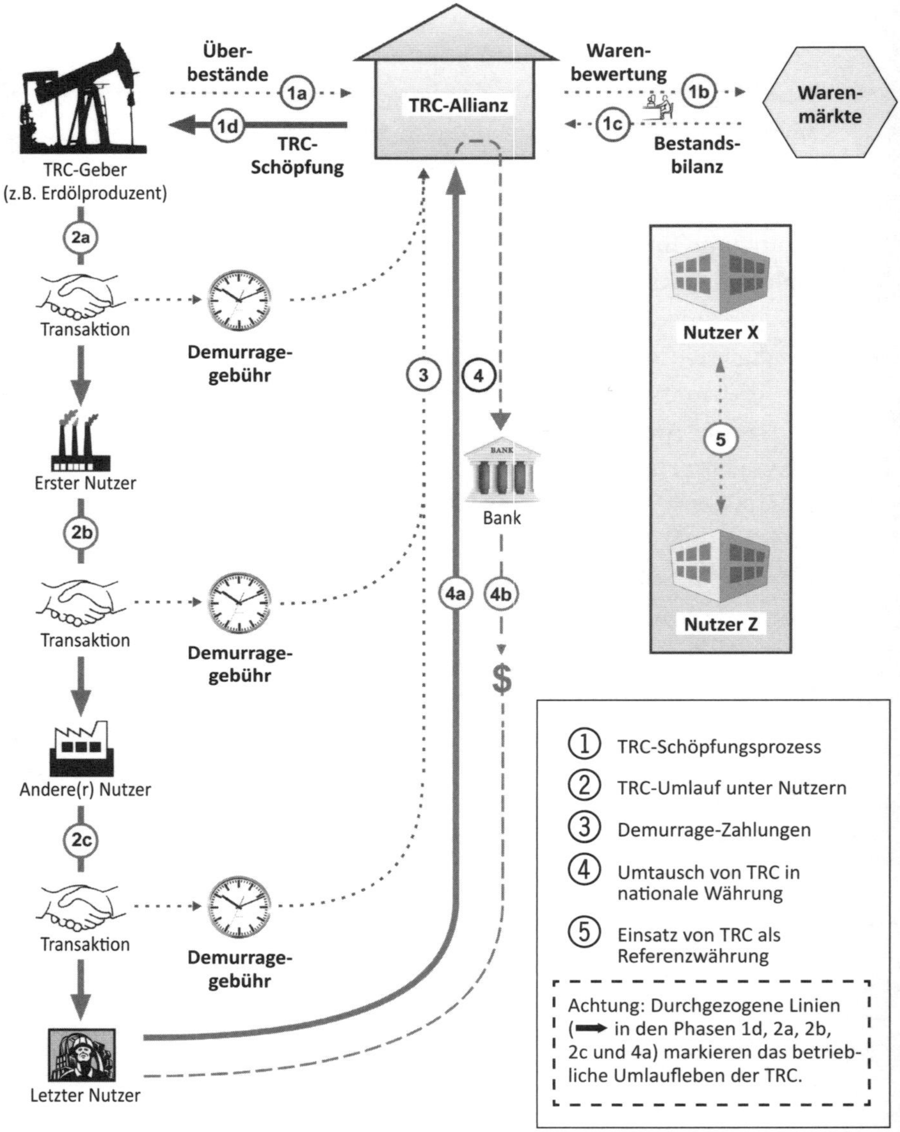

Abb. 7.5: *Der TRC-Mechanismus.*

(1) Der TRC-Schöpfungsprozess

(1a) Verkauf der Überbestände. Die Schöpfung der Trade Reference Currency beginnt mit dem Verkauf von Warenüberbeständen an die TRC-Allianz durch eines ihrer Gebermitglieder. Dies könnten zum Beispiel eine Million Barrel Rohöl sein, die ein Erdölproduzent an die Allianz verkauft.

(1b) Warenbewertung in TRC. Der Wert dieses Verkaufs von Erdöl an die TRC-Allianz und die Menge TRC, die die eine Million Barrell Erdöl wert sind, werden zu Marktpreisen errechnet. Nach einem vereinbarten Verfahren werden die Warenpreise zur Zeit des Verkaufs der fraglichen Überbestände, in diesem Fall des Erdöls, und die Summe jeder Ware im TRC-Korb festgelegt. Die Formel zur Berechnung der Warenbewertung lautet:

(Warenwert pro Einheit x *Zahl der Einheiten)/TRC-Einheitswert = Y TRC*

Nehmen wir an, der Preis für ein Barrel Erdöl zum Zeitpunkt des Verkaufs beträgt 100 $ und der Preis für jeden Artikel im TRC-Korb zum Zeitpunkt des Verkaufs (z. B. Kupfer, Getreide, Blei, eine Einheit CO_2-Emissionsrechte, einschließlich des Erdöls) beträgt insgesamt 200 $. Nehmen wir ferner an, dass eine Million Barrel Erdöl verkauft werden. Somit werden 500.000 TRC ausgegeben:

(100 $ pro Barrel Rohöl x *eine Million Barrel)/200 $ = 500.000 TRC*

(1c) Bestandsbilanz. Die TRC-Allianz rebalanciert ihr Portfolio, um die eine Million Barrel Rohöl einzubeziehen. Dies kann durch künftige Markttransaktionen (einen Kauf oder Verkauf heute zu einem gegebenen Preis für die Lieferung zu irgendeinem künftigen Datum) oder durch Spottransaktionen (zum Marktpreis des Tages) erfolgen. Somit ist eine TRC im Umlauf stets durch die entsprechende physische oder künftige Ware gedeckt.

*(1d) **TRC-Schöpfung.*** Die TRC-Allianz schreibt dem Konto des Erdölproduzenten 500.000 TRC gut. (Die TRC-Bewegungen werden durch die durchgezogenen Linien in Abb. 7.5 markiert.)

(2) TRC-Umlauf unter den Nutzern

Sobald die TRC geschaffen ist, bleibt sie in Umlauf für einen Zeitraum, der ausschließlich von den Nutzern festgelegt wird. Zum Beispiel:

*(2a) **Erster Nutzer*** – Der Erdölerzeuger beschließt, einen seiner Lieferanten (z. B. eine mit dem Bau einer Bohrinsel beauftragte deutsche Maschinenbaufirma) teilweise oder zur Gänze in TRC zu bezahlen.

*(2b) **Nächste(r) Nutzer*** – Die deutsche Maschinenbaufirma wiederum beschließt, Spezialstahl von einem koreanischen Stahlwerk teilweise oder zur Gänze in TRC zu kaufen. Das koreanische Werk bezahlt dann mit den TRC ein Bergbauunternehmen in Australien und so weiter.

*(2c) **Endnutzer*** – Jede TRC bleibt so lange in Umlauf, wie ihre verschiedenen Nutzer sie nutzen. Dies könnte für nur eine einzige Transaktion oder unendlich viele Transaktionen geschehen, ohne einen bestimmten Fälligkeitstermin. Der Prozess endet dann, wenn ein bestimmter Nutzer beschließt, die TRC einzulösen und damit der Endnutzer wird.

(3) Demurrage

Während des gesamten Umlauflebens jeder TRC, von ihrer Schöpfung bis zu ihrer endgültigen Einlösung, wird pro Jahr eine Demurragegebühr von 3,5 bis 4 Prozent erhoben. Demurrage ist eine zeitbezogene Gebühr für Geld. Die Demurragegebühr funktioniert so ähnlich wie eine lineare Parkgebühr, die sich proportional zu der Zeit erhöht, in der das Auto den Parkplatz besetzt. Finanztechnisch entspricht sie einem negativen Zinssatz. Wer also die TRC hält, wird mit der Demurragegebühr proportional zu der Zeit belastet, in der er die TRC hält. Bei einer Demurragegebühr von 3,5 bis 4 Prozent sind die tatsächlichen Kosten, wenn die TRC für ein paar Tage oder sogar für ein paar Monate gehalten wird, noch immer niedrig im Vergleich zu den heutigen Kosten für internationale Devisengeschäfte. Da die TRC nur in elektronischer Form existiert, lässt sich leicht feststellen, wie viel Zeit verstrichen ist zwischen dem Augenblick, in dem ein Nutzer TRCs empfängt, und dem Augenblick, in dem sie auf andere übertragen werden.

Die Demurragegebühr erfüllt zwei Schlüsselfunktionen:

- *einen Anreiz zum TRC-Umlauf.* Die Demurragegebühr ist ein Anreiz, die TRCs in Umlauf zu halten und dafür zu sorgen, dass sie als Tauschmechanismus und nicht als Sparinstrument genutzt werden.
- *die Deckung der TRC-Betriebskosten.* Die Demurragegebühren sind so berechnet, dass sie die Betriebskosten des gesamten TRC-Systems abdecken: die Lagerkosten für den Warenkorb, die Verwaltungsgemeinkosten und die Transaktionskosten in den künftigen Märkten, um nur ein paar dieser Kostenanteile zu nennen.

Die Demurragegebühren für eine bestimmte TRC-Transaktion lassen sich nach folgender Formel berechnen:

(TRC-Betriebskosten/Zeiteinheit) x *(TRC-Haltezeit)* x *(TRCs auf dem Konto) = Demurragegebühr*

Nehmen wir an, die TRC-Betriebskosten betragen 3,65 Prozent pro Jahr oder 0,01 Prozent pro Tag. Wenn die deutsche Maschinenbaufirma (2a in Abb. 7.5) alle 500.000 TRCs vom Erdölproduzenten erhielte und für einen Zeitraum von zehn Tagen auf dem Konto beließe, bevor sie das koreanische Stahlwerk (2b) bezahlte, errechnet sich die Demurragegebühr wie folgt:

0,01 % pro Tag x *10 Tage* x *500.000 TRCs = 500 TRCs*

(4) TRC-Einlösung

Die Existenz einer TRC-Einheit endet, wenn ein Nutzer (in unserem Diagramm Endnutzer genannt) sie einzulösen beschließt, vielleicht um seine Steuern und/oder Löhne zu bezahlen, und dafür die nationale Währung benötigt. Zum Zeitpunkt der Einlösung wird eine Transaktionsgebühr erhoben und mit zwei Prozent der eingelösten Menge von TRCs veranschlagt. Dies dient einem zweifachen Zweck:

- *einem Anreiz zum TRC-Umlauf.* Die Transaktionsgebühr ist ein zusätzlicher Anreiz, die TRCs in Umlauf zu halten, statt sie einzulösen. Die Höhe von zwei Prozent beruht auf der Überlegung, dass die Einlösung der TRCs dem Bezahlen von Demurrage für mehr als sechs Monate entspricht. Vor dieser Zeit werden TRCs wahrscheinlich als Zahlungsmittel genutzt, da die meisten Lieferanten lieber früher als später bezahlt werden wollen.
- *der Deckung der Betriebskosten für die Einlösung.* Wenn der Endnutzer beschließt, TRCs einzulösen, verkauft die TRC-Allianz das nötige Warenvolumen aus ihrem Warenkorb an die Rohstoffmärkte gegen konventionelle Währung.

  Der Endnutzer gibt die TRCs an die TRC-Allianz zurück (4a). Sie werden entweder in nationale Währung oder ein entsprechendes Volumen von TRC-Waren konvertiert (was auf dem Rohstoffmarkt »Abnahme« genannt wird), die der Endnutzer auswählt, abzüglich der Transaktionsgebühr von zwei Prozent. Die Einlösung kann direkt bei der TRC-Allianz oder durch eine Zwischenbank erfolgen, genau wie heutzutage irgendein Devisengeschäft (4b).

(5) Referenzwährung

Sobald der TRC-Mechanismus in Gang gesetzt ist und die Vorteile der Nutzung eines inflationssicheren internationalen Standards bekannt sind, kann zwei Unternehmenseinheiten (im Diagramm

Nutzer X und Nutzer Z) ohne direkte Beteiligung am TRC-Mechanismus nichts davon abhalten, Verträge in TRCs abzuschließen, selbst wenn die Endabrechnung in konventioneller Währung erfolgt. Hier fungiert die TRC rein als Handelsreferenzwährung oder als verlässlicher internationaler Richtwert. Genau so funktionierte einst der Goldstandard – Verträge wurden in Gold abgeschlossen, egal, ob die beteiligten Parteien Gold besaßen. Im Unterschied dazu ist die TRC durch ein Dutzend oder mehr Waren und Dienstleistungen gedeckt, und damit ist sie eine stabilere Referenz als der Goldstandard.

Vorteile der TRC

Vorteile für die Weltwirtschaft

Es gibt zwei Vorteile für die Weltwirtschaft und die ganze Menschheit:

- Die TRC fördert langfristige Nachhaltigkeit. Wie wir im Abschnitt über »kurzsichtiges Denken« im fünften Kapitel dargelegt haben, ist die heutige Finanzpraxis auf kurzfristige Profite fixiert. Die Demurragefunktion der TRC hingegen macht langfristiges Denken profitabel und somit langfristige Nachhaltigkeit wahrscheinlicher.
- Die Beschaffenheit des TRC-Warenkorbs wirkt dem normalen Konjunkturzyklus entgegen und sorgt somit für eine verlässlichere ökonomische Umwelt.

Diese beiden Vorteile müssen näher erklärt werden. Betrachten wir zunächst die Neuorientierung finanzieller Interessen an langfristigen Anliegen. Das Demurragemerkmal der TRC würde ein systematisches finanzielles Motiv dafür liefern, finanzielle Interessen neu an langfristigen Anliegen zu orientieren. Dies steht in direktem Gegensatz zum gegenwärtigen abgezinsten Geldfluss konventioneller nationaler Währungen, wobei positive Zinssätze die

Wirtschaftssubjekte veranlassen, die unmittelbare Zukunft auf Kosten von langfristigen Anliegen zu betonen. Der gleiche abgezinste Geldfluss mit einer Währung mit Demurragegebühr hat genau die gegenteilige Wirkung, indem er den Konflikt zwischen den finanziellen Prioritäten von Aktionären und den langfristigen Prioritäten der ganzen Menschheit reduziert.

Zum andern wollen wir uns die Rolle der TRC bei der Stabilisierung des Konjunkturzyklus ansehen. Die TRC wirkt Konjunkturschwankungen entgegen und verbessert damit die gesamte Stabilität und Berechenbarkeit der Weltwirtschaft. Schwächt sich die Konjunktur ab, haben Unternehmen typischerweise überschüssige Lagerbestände und benötigen Kredite. Bestehen diese überschüssigen Bestände aus Rohstoffen, die im TRC-Korb enthalten sind, könnten sie an die TRC-Allianz verkauft werden, die diese Bestände auf Lager nähme. Die Unternehmen würden in TRCs bezahlt werden und bekämen damit den unmittelbaren Zugriff auf Zahlungsmittel, die oft in solchen Konjunkturphasen benötigt werden. Die Demurragegebühr würde sie dazu bewegen, ihre Lieferanten rasch zu bezahlen, die den gleichen Anreiz haben, die TRCs an ihre eigenen Lieferanten weiterzugeben. Die Verbreitung dieser Währung (mit ihrem eingebauten Tauschanreiz) würde an diesem Punkt im Konjunkturzyklus die Wirtschaft schnell beleben.

Wenn es hingegen einen Boom gibt, haben Lieferanten wie Unternehmen einen größeren Bedarf an Rohstoffen, und damit steigt die Nachfrage nach ihnen. Die TRCs könnten eingelöst und auf den Rohstoffmärkten eingesetzt werden. Die Menge der im Umlauf befindlichen TRCs würde abnehmen, wenn der Konjunkturzyklus ein Maximum erreicht, und einem Inflationsdruck entgegenwirken. Zusammenfassend lässt sich sagen, dass Geschäfte mit TRCs den gesamten Konjunkturzyklus stabilisieren würden, indem sie in Phasen knapper Kredite im konventionellen System für monetäre Liquidität sorgen und in Boomzeiten die Geschäfte ankurbeln würden.

Vorteile für die beteiligten Unternehmen

Die TRC bietet Unternehmen folgende Vorteile:

- Sie ermöglicht die rasche Umwandlung schwer zu liquidierender Aktivposten wie überschüssiger Lagerbestände an Rohstoffen in flüssiges Arbeitskapital. Dies ist ein zweifacher Vorteil, da Lagerbestände andernfalls ein Kostenfaktor sind.
- Sie stellt einen robusten internationalen Standard mit einem konsistenten Wert an realer Kaufkraft für internationale Geschäfte dar.
- Sie senkt die Geschäftskosten, indem sie teure Gegenmaßnahmen zur Währungssicherung reduziert, eine verlässliche, preiswerte Versicherung gegen internationale Währungsunsicherheiten darstellt und ein kosteneffizienteres Tauschsystem anbietet als den konventionellen Tauschhandel.

Vorteile für Finanzdienstleister und den Bankensektor

Die TRC würde dem Bankensystem zwei Hauptvorteile bieten:

- Sie würde Gegengeschäfte standardisieren und den Gegengeschäftsmechanismus bankfähig machen. Unser Banksystem spielt derzeit keine Rolle im Bereich Gegengeschäfte, der eine jährliche Zuwachsrate von 15 Prozent aufweist – und damit dreimal schneller wächst als der durch konventionelle Währungen ermöglichte Handel. Banken könnten Dienstleistungen wie die TRC-Kontoverwaltung anbieten, wie sie dies derzeit für alle Devisengeschäfte tun.
- Die antizyklische Wirkung des TRC-Mechanismus würde den Wert von Bankdarlehensportfolios stabilisieren. Zu den zahlreichen Bankenkrisen kommt es ja oft, wenn Kreditnehmer ihre Darlehen nicht zurückzahlen können und die Sicherheiten, auf denen die Darlehen basieren, an Wert verlieren. Diese Umstände werden durch den Konjunkturzyklus und durch Währungsschwankungen verschärft. Somit würden auch Anzahl und Schwere von Krisen in Bankportfolios abnehmen,

weil der TRC-Mechanismus zur Stabilisierung von Wirtschaftszyklen beiträgt.

Unterschiede zu früheren Vorschlägen

Die TRC ist eine auf einem Warenkorb basierende Währung. Bekannte Wirtschaftswissenschaftler haben im Lauf des vergangenen Jahrhunderts mehrere Vorschläge für auf Warenkörben basierende Währungen gemacht.[275] Sie wurden hauptsächlich deshalb nicht umgesetzt, weil sie das konventionelle Geldsystem ersetzen wollten und damit mächtige Kapitalinteressen gefährdeten. Bei der TRC ist dies nicht der Fall. Die Win-win-Strategie des TRC-Mechanismus schließt auch den Finanzsektor mit ein. Im gegenwärtigen Geldsystem würde nach Einführung der TRC alles weiterlaufen wie bisher, weil sie so konstruiert ist, dass sie nur *in Verbindung* mit existierenden Bankschuldenwährungen operiert.

Für ein internationales monetäres Abkommen fehlt der entsprechende politische Kontext. Die TRC umgeht diese Schwierigkeit, weil sie sich auf private Initiativen stützt. Wie wir bereits betont haben, funktioniert die TRC juristisch oder fiskalisch betrachtet innerhalb des offiziellen Rahmens von Gegengeschäften und erfordert keinerlei formelle staatliche Vereinbarungen, damit sie einsatzfähig ist.

Der vielleicht wichtigste Unterschied zwischen der TRC und allen früheren Vorschlägen ist die Einführung der Demurragegebühr. Sie stellt einen starken Anreiz dar, den Umlauf in Gang zu halten, hat aber auch einen eingebauten Mechanismus, um die Lagerkosten des Warenkorbs abzudecken. Damit löst sie das größte Problem, vor dem frühere Vorschläge mit Warenkörben standen: Wer wird all das bezahlen? Wir glauben, dass der TRC-

275 Siehe zum Beispiel: Harmon (1959), Graham (1937) und (1944), Hart u.a. (1964), Grondona (1975), Gondriaan (1932) und Jevons (1875).

Mechanismus eine Win-win-Methode für alle Teilnehmer am globalen Handelssystem darstellt und dort Erfolg haben kann, wo andere Vorschläge für eine monetäre Erneuerung gescheitert sind.

Abschließende Bemerkungen

Die in diesem Kapitel dargestellten fünf Beispiele sind nur eine kleine Auswahl der möglichen Komplementärsysteme, und viele andere sind bereits eingeführt worden. Da gibt es zum Beispiel jene 487 Betriebe, die in Japan nichtmedizinische Hilfe für alte Menschen anbieten, ohne dass dem Staat Kosten entstehen; oder ein B2B-System, das derzeit 65.000 Schweizer Unternehmen (und damit jedes vierte Unternehmen in der Schweiz) nutzen, das seit rund 75 Jahren existiert und auf makroökonomischer Ebene zur legendären Schweizer Wirtschaftsstabilität beiträgt; sowie ein Time-Dollar-System, das die Jugendkriminalität in Washington, D.C., erfolgreich verringert hat und inzwischen vom US-Justizministerium auch anderen Städten in den USA zur Nachahmung empfohlen wird.

Wie wir bereits zu Beginn dieses Kapitels erklärt haben, wollen wir hier nicht näher auf diese nützlichen und überaus wichtigen Systeme eingehen, da dies bereits andernorts geschehen ist. Es liegt auf der Hand, dass sie Teil eines aufkommenden monetären Ökosystems werden könnten und sollten.

Im nächsten Kapitel schließen wir die Darstellung der vielfältigen Systeme ab, die in einem solchen monetären Ökosystem von Bedeutung wären. Dabei sollte stets im Auge behalten werden, dass das Bankschuldengeld seinen Wert nur deshalb bekommt, weil Regierungen es als Zahlungsmittel für Steuern verlangen. Daher wird ein monetäres Ökosystem sein ganzes Potenzial nur dann entfalten, wenn Regierungen und Behörden voll und ganz hinter dem Prozess stehen.

Kapitel 8
Beispiele staatlich initiierter Lösungen

»In einer Demokratie ist Dissens ein Vertrauensbeweis.«
J. William Fulbright

Dieses Kapitel befasst sich mit der zweiten Hälfte der »Lösungsspeisekarte«, also mit den Lösungen, bei denen der Staat auf verschiedenen Ebenen als Initiator fungieren könnte oder sollte. Wir stellen hier vier Beispiele solcher Lösungen vor. In jedem Fall werden wir die entsprechende Ebene der öffentlichen Beteiligung benennen. Die Initiative kann von einer Stadt, einer Region, einem Land und sogar von der EU oder der ganzen Welt ausgehen. Hier zunächst ein Überblick über diese vier letzten Beispiele, bevor wir sie im Detail beschreiben:

6. *Torekes* ist eine kommunale Initiative zur Anregung ehrenamtlicher Tätigkeit und soll umweltbewusstes Verhalten und sozialen Zusammenhalt in einem armen Viertel fördern. Das Projekt läuft derzeit in der belgischen Stadt Gent.
7. *Biwa Kippu* ist ein Vorhaben für die Wiederherstellung und den Unterhalt des Biwa-Sees, des größten und ältesten Sees in Japan, ohne den Etat der lokalen Regierung zu belasten.
8. *Civics* ist ein Vorhaben, das es einer Stadt oder einer Region ermöglicht, Bürgeraktivitäten zu finanzieren, ohne das lokale

öffentliche Budget zu belasten. Derartige Aktivitäten könnten die Arbeitskomponente für soziale, Bildungs- und/oder ökologische Projekte darstellen.

9. *ECOs* ist eine nationale oder europaweite Initiative, die Komponenten großangelegter ökologischer Projekte oder Projekte zur Anpassung an den Klimawandel finanziert, die in naher Zukunft realisiert werden könnten.

6. Torekes: ein kommunal initiiertes System zur Förderung ehrenamtlicher Tätigkeit

Unser sechstes Projekt läuft zur Zeit in der belgischen Stadt Gent und startete 2010. Gent ist zwar eine relativ wohlhabende Stadt mit etwa 250.000 Einwohnern, doch das Viertel Rabot ist statistisch gesehen das ärmste in Flandern. Die Hälfte seiner 8000 Bewohner sind Immigranten, die in Sozialwohnungen in Wohnblocks leben, den sogenannten »Torekes« (flämisch für »Türmchen«). Die Bevölkerungsdichte gehört zu den höchsten in ganz Belgien. Im Viertel werden über zwanzig Sprachen gesprochen, überwiegend jedoch Türkisch.

Die Stadtverwaltung von Gent wollte ökologische und gesundheitsfördernde Aktivitäten anregen, das Viertel verschönern und insgesamt die Lebensqualität in Rabot verbessern. Bei einer Umfrage wollte man zunächst von den Bewohnern wissen, was sie sich am meisten wünschen würden. Die Antwort lautete: Zugang zu einer kleinen Parzelle Land, auf der man Gemüse und Blumen anbauen könnte. Die Stadt stellte das Land zur Verfügung, das Gelände einer stillgelegten Fabrik, auf dem über hundert Gärtchen von 4 Quadratmeter angelegt wurden. Diese Gärtchen können für jährlich 150 Torekes gepachtet werden.

Torekes werden erworben, indem sich die Bewohner an allen möglichen Aktivitäten in der Gemeinschaft beteiligen. Diese Aktivitäten werden vom lokalen Gemeinschaftszentrum organisiert, das wiederum von der Bezirksverwaltung des Viertels und von mehreren lokalen NGOs betrieben wird. Die Aktivitäten starteten mit der Anlage dieser Gärtchen. Dazu gehören bescheidenere Tätigkeiten wie Blumenkästen an Fenstersimsen anbringen und eine Fußballfeld nach einem Spiel aufräumen. Lokale Vorschläge werden angenommen.

Abb. 8.1: *Die für Torekes gepachteten Gartenparzellen im Frühjahr 2011.*

Außer für die Bezahlung der Pacht für die Gärtchen können Torekes noch dafür verwendet werden, in lokalen Läden bestimmte Waren einzukaufen, die die Stadt unterstützt, wie Energiesparlampen und saisonales Gemüse. Mit Torekes kauft man auch Fahrkarten für den öffentlichen Nahverkehr sowie Eintrittskarten fürs Kino. Die Geschäfte können die Torekes im Gemeinschaftszentrum gegen Euros eintauschen. Dieses einfache Arrangement mit teilnehmenden Läden kommt den Bewohnern, der lokalen Wirtschaft und der Umwelt zugute.

Seit dem Start im November 2010 ist das System so erfolgreich gewesen, dass es im Frühjahr 2011 einen Überschuss an ehrenamtlichen Helfern gab. Auf Wunsch der Teilnehmer wurden die Torekes als Papiergeld eingeführt (s. Abb. 8.2). Während des ersten Jahres wurden insgesamt 50.259 Torekes für 526 verschiedene Aktivitäten eingenommen.[276] 494 Nutzer haben sich offiziell registriert, aber die Zahl der tatsächlichen Teilnehmer ist noch größer, da Torekes auch direkt zwischen den Bewohnern getauscht werden können.

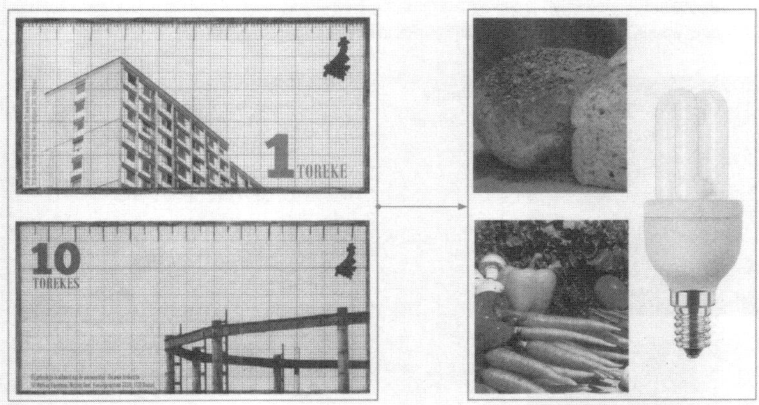

Abb. 8.2.: *Torekes-Noten im Wert von 1 und 10 Torekes (links) sowie Beispiele von Produkten, für die sie in lokalen Läden eingetauscht werden können (rechts).*

Ergebnisse im ersten Jahr:

Erworbene Torekes

Die beliebteste Aktivität war die Anlage der Gärtchen, durch die 21.424 Torekes von 161 Teilnehmern erworben wurden. Andere Aktivitäten umfassten das Anlegen eines kleinen Vorgartens vor einigen der Wohntürme (4850 Torekes, von 97 Teilnehmern er-

276 Alle Angaben über die Torekes sind einem privaten Bericht über das erste Jahr von Wouter Van Thillo entnommen, vom November 2011. Siehe auch www.torekes.be.

worben), das Anpflanzen von Blumen auf gemeinschaftlich genutzten Anlagen (3565 Torekes, von 29 Teilnehmern erworben) sowie das Anbringen von Blumenkästen an Fenstern zur Straße hin (720 Torekes, von 72 Teilnehmern erworben).

Ausgegebene Torekes
Von den 50.259 umlaufenden Torekes wurden 21.855 für den Kauf von frischem Gemüse und von Energiesparlampen in lokalen Läden ausgegeben. Die Pacht der Torekes-Gärtchen belief sich auf 8400 Torekes, und 2640 wurden für Kinobesuche und Busfahrscheine ausgegeben. Die restlichen Torekes sind noch in Umlauf oder werden für die Gartenpacht im nächsten Jahr gespart.

Umgetauschte Torekes
Die Stadt rückvergütet die Geschäfte, die Torekes annehmen, mit Euros aus bestehenden Etats, die für das Viertel vorgesehen sind. Das Pilotexperiment hat eine breite soziale Resonanz gefunden. Selbst in diesem frühen Stadium werden die für den in Euros ausgewiesenen Etat erzielten Ergebnisse um das Dreifache höher eingeschätzt, als man dies ohne das Torekes-System für möglich gehalten hätte. Da einige der Betriebskosten Fixkosten sind, könnte dieses Ergebnis um den Faktor 10 ansteigen, da die Zahl der Teilnehmer an dem Projekt zunimmt.

7. Biwa Kippu: Finanzierung eines regionalen Umweltprojekts

Der Biwa-See in der japanischen Präfektur Shiga ist einer der ältesten Seen der Welt und stellt ein ganz vielfältiges und ungewöhnliches Ökosystem dar. Doch der See ist von einer Reihe von Umweltproblemen bedroht: einem schlechten Zustand der Quellwasserwälder, der Wasserverschmutzung durch Industrie, Landwirtschaft und Haushalte, der Algenblüte sowie exotischen Fischarten, die die heimische Fischpopulation unterdrücken. Die Regierung der Präfektur Shiga versucht, dieser Probleme mit politischen Instrumenten Herr zu werden, wie Umweltvorschriften und Subventionen. Doch damit stellte sich die Frage: Lassen sich mit zusätzlichen politischen Instrumenten bessere Ergebnisse für die Umwelt erzielen, ohne die Haushaltsbelastung für die Behörden zu erhöhen? Als Antwort auf diese Frage entstand der Biwa Kippu.

Ziele

Das primäre Ziel des Systems der Biwa Kippu (wörtlich »Biwa-Tickets«) ist die ökologische Verbesserung des Biwa-Sees. Der Biwa-Kippu soll somit die Umweltaktivitäten der Anwohner und der gemeinnützigen Organisationen in der Präfektur Shiga fördern, ohne dass der bereits hoch verschuldeten Präfekturverwaltung zusätzliche Kosten entstehen. Die Schaffung von Arbeitsplätzen und die Gemeinschaftsbildung sind zwar keine primären Ziele, würden jedoch als positive Nebeneffekte begrüßt.

Geltungsbereich

Das Biwa-Kippu-System soll sich in erster Linie auf die Aktivitäten von Bewohnern und gemeinnützigen Organisationen in der Präfektur Shiga und nicht auf Unternehmen konzentrieren. Es ließe sich allerdings ausbauen, sodass es sich mit Umweltproblemen im gesamten Flussbecken befassen könnte.

Das Biwa-Kippu-System

Die Präfekturverwaltung beabsichtigt, eine neue Verordnung zu erlassen, derzufolge die Bewohner jedes Jahr eine gewisse Zahl von Biwa-Kippu-Umweltaktivitäten erbringen, zum Beispiel zehn Biwas pro Familie. Ein Biwa würde rund einer Stunde von Aktivitäten im Dienst der Umwelt entsprechen.

Diese Aktivitäten wären dann für jede Familie Pflicht, aber natürlich mit entsprechenden Ausnahmen für Sonderfälle, etwa für behinderte Menschen oder für Menschen, die eine andere einleuchtende Begründung vorbringen können. Die Biwa Kippu würden entweder von der Präfektur selbst oder von einer entsprechenden Organisation wie dem Lake Biwa Environmental Research Institute ausgegeben, im Austausch gegen spezifische, messbare Umweltaktivitäten. Jedes Jahr würde die Präfektur den Umfang dieser Aktivitäten ermitteln. Bewohner oder gemeinnützige Organisationen, die diese Aktivitäten erbringen würden, erhielten dann Biwa Kippu. Die Präfekturverwaltung würde weder Bezahlungen in Yen als Ersatz für beizutragende Aktivitäten in Biwa Kippu akzeptieren noch einen Wechselkurs zwischen Biwa Kippu und Yen festlegen. Die Bewohner könnten jedoch Biwa Kippu untereinander auf einem freien lokalen Internetmarkt (à la eBay) tauschen.

Wenn die Menge an Aktivitäten und die Möglichkeiten, Biwas zu verdienen, aufeinander abgestimmt würden, würde, demokratisch von der Bevölkerung akzeptiert, eine »ökologische Ökonomie« in Gang gesetzt, und zwar in dem Umfang, den die Präfektur für angemessen hielte.

Stufenweise Entwicklung

Die Präfekturverwaltung würde das Biwa-Kippu-System in den folgenden elf Schritten entwickeln:

Planung der Biwa-Kippu-Intervention:

1. Mit Hilfe einer Machbarkeitsstudie werden die Hauptumweltprobleme in der Präfektur Shiga und ihre Rangfolge im Hinblick auf ökologische Auswirkungen, Skalierbarkeit, Messbarkeit und Umsetzbarkeit ermittelt.
2. Die messbaren Umweltaktivitäten zur Lösung der Probleme, deren Rangfolge im vorigen Schritt ermittelt wurde, werden aufgelistet, und der Wert in Biwa für jede dieser Aktivitäten wird festgelegt. Wenn es zum Beispiel eine Stunde dauert, ei-

nen exotischen Fisch zu fangen, könnte ein Biwa der Wert für diesen Fischfang sein. Dann soll die Anzahl von Biwa für die gemeinnützigen Organisationen festgelegt werden, die die Qualitätskontrolle und die Auszahlung durchführen.

3. Die Aktivitäten und die geografischen Gebiete werden ausgewählt, wo sich ein Pilotprojekt für das erste Jahr am besten durchführen ließe.
4. Alle relevanten Interessenvertreter, nämlich die bestehenden oder im Entstehen begriffenen Bürgergruppen und gemeinnützigen Organisationen, die mobilisiert werden könnten, um solche Aktivitäten zu unterstützen, werden ebenso ermittelt wie die relevanten Verwaltungsabteilungen der Regierung und Forschungszentren.
5. Die notwendigen Verträge werden mit den Mobiltelefonprovidern geschlossen, die die Biwas elektronisch ausgeben, umtauschen und einsammeln.
6. Die notwendigen Verordnungen werden erlassen, um Biwa Kippu zu starten.

Umsetzung des Biwa-Kippu-Systems:

7. Die Menge von Biwa Kippu wird bestimmt, die als Beitrag von jeder Familie für das erste Jahr erforderlich ist (z. B. 10 Biwas, die ungefähr einem ganzen Aktivitätstag entsprechen), ebenso wie die Anzahl von Biwas, die für jede Umweltaktivität erworben werden könnten.
8. Gemeinnützige Organisationen werden als Vermittlungsagenturen gewonnen, die jeder Umweltaktivität Biwas zuweisen. Auch diese Organisationen würden in Biwas bezahlt.
9. Eine Informationskampagne wird gestartet, um den Bewohnern, die an den in Schritt 2 festgelegten Umweltaktivitäten teilnehmen, zu erklären, wie sie Biwas erwerben können. Von der Präfekturverwaltung und lokalen gemeinnützigen Organisationen werden zwei Wochenenden mit Umweltaktivitäten

organisiert, bei denen die Teilnehmer sich ihre 10 Biwas auf gemeinschaftliche Weise verdienen können.

10. Mit Hilfe eines Online-Systems werden über Mobiltelefone die Biwas ausgegeben und die Biwa-Beiträge durch das bestehende Online-Steuersystem der Präfektur eingesammelt. Den Teilnehmern könnte ein Feedback über Fortschritte bei jeder Aktivität in Echtzeit vermittelt werden, indem das elektronische Biwa-Bezahlsystem als Buchhaltungs- und Informationsinstrument genutzt wird.
11. Nach dem einjährigen Pilotprojekt werden die Ergebnisse und Probleme evaluiert, das System feinabgestimmt und im Lauf der Zeit nach und nach die Vielfalt der Umweltaktivitäten und das geografische Gebiet vergrößert.

Die Vorteile eines Biwa-Kippu-Systems

Für die Präfekturverwaltung Shiga bestünden die Vorteile dieser Biwa-Kippu-Initiative darin, dass sie

- eine Vielfalt von Umweltaktivitäten ohne zusätzliche Etats in Yen ermöglichen würde,
- Umweltaktivitäten genauer messen würde, als dies derzeit der Fall ist: die Anzahl der ausgegebenen Biwas ist ein direkter Messwert für diese Aktivitäten.
- alle Haushalte in der Präfektur Shiga effektiv mobilisieren würde, damit sie sich für Umweltaktivitäten interessieren und sich daran beteiligen.

Gemeinnützige Umweltorganisationen hätten folgende Vorteile:

- Der Verkauf von Biwas, die Einzelne oder gemeinnützige Organisationen erworben haben, an Menschen, die durch ihre Umweltaktivitäten nicht genügend Biwas erworben haben, wäre eine mögliche Einnahmequelle.
- Weitere gemeinnützige Organisationen mit dem Schwerpunkt Umweltfragen würden in der Präfektur Shiga entstehen.

Und dies wären schließlich die Vorteile für die Bewohner der Präfektur Shiga:

- Sie würden in einer besseren Umwelt leben.
- Über Umweltverbesserungen durch das Biwa-Kippa-System würden sie ein Online-Feedback in Echtzeit bekommen. Das könnte sie dazu motivieren, sich für diese Verbesserungen persönlich noch mehr zu engagieren.
- Zusätzliche, spezialisierte gemeinnützige Organisationen (die durch das Biwa-Kippu-System angeregt würden) würden ihnen eine Vielzahl von Aktivitäten anbieten, die sich nach ihren persönlichen Interessen oder Vorlieben richten würden.

8. Civics: Die Finanzierung sozialer, kultureller oder gemeinschaftlicher Aktivitäten

Nehmen wir einmal an, eine Stadt, eine Region oder ein Land würden gern ein Musterbeispiel für Sozialkapital oder ein Leuchtturm der Kultur und der Künste werden wollen.

Die konventionelle Methode

Diese staatliche Organisation würde zunächst einen Umsetzungsplan erarbeiten, der konventionellerweise alle Arbeitskosten zu Tageskursen enthalten würde. Nehmen wir weiterhin an, diese bürgerliche Organisation wäre eine Stadt von 100.000 Haushalten, die sich politisch darauf einigen würden, das Sozialkapital und die Künste zu fördern, und dafür wären jährliche Subventionen von 1000 Euro pro Haushalt erforderlich.

Abb. 8.3: *Konventionelle Methode zur Finanzierung eines Sozialprojekts. Die Entwicklung der kooperativen lokalen Wirtschaft wird normalerweise über Subventionen, die mit Steuern bezahlt werden, und über die gemeinnützigen Organisationen gefördert, die durch Steuernachlässe finanziert werden. Vergleichen Sie diese Grafik mit der Abb. 8.4 unten.*

Konventionelle Möglichkeiten der Kapitalbeschaffung sind das Erheben von Steuern oder das Aufnehmen von Schulden. Zwar ist letztere Möglichkeit im Lauf der Zeit mit der gleichen Höhe an Steuereinnahmen plus Zinsen verbunden, doch beide Möglichkeiten wirken sich direkt auf den Etat der Stadt aus. Typischerweise wären auch gemeinnützige Organisationen an solchen Projekten beteiligt, und ihre Finanzierung durch steuerlich absetzbare Spenden vermindert indirekt die öffentlichen Einkünfte.

Eine andere Methode: Civics

Eine andere Möglichkeit, die Arbeitskomponenten in so einem Projekt zu finanzieren und dabei eine kooperative lokale Wirtschaft zu stärken, bieten Civics. Die Stadt verlangt zunächst von ihren Bewohnern, dass sie einmal im Jahr einen *Beitrag in »Civics«* leisten. Ein Civic ist eine von der Stadt ausgegebene elektronische Einheit, die sich die Bewohner durch Aktivitäten verdienen, welche zum öffentlich vereinbarten Ziel der Stadt beitragen. Die Rechnungseinheit könnte eine Stunde Zeit sein, die für alle gleich bewertet wird. Wenn sich die Stadt beispielsweise das Ziel gesetzt hat, grüner zu werden, könnten die Aktivitäten darin bestehen, Nahrungsmittel auf Terrassen oder Dächern anzubauen, die Verantwortung für Pflanzen und Bäume im Viertel und in Parks zu übernehmen, andere Menschen in urbanem Gartenbau auszubilden und so weiter. Gemeinnützige Organisationen würden in der Civics-Wirtschaft eine Schlüsselrolle spielen, indem sie die jeweiligen Aktivitäten organisieren und Qualität wie Quantität der geleisteten Arbeit überprüfen. Tatsächlich würden sie in der kooperativen Wirtschaft genau die gleiche Rolle spielen wie Unternehmen in der Konkurrenzwirtschaft – sie würden Projekte initiieren, Aktivitäten organisieren, Menschen koordinieren und motivieren. Eine eigens geschaffene neuartige gemeinnützige Organisation wäre dafür zuständig, alle anderen an dieser Wirtschaft beteiligten gemeinnützigen Organisationen zu kontrollieren, um Transparenz und das Vertrauen in das System zu gewährleisten. Sie würde die gleiche Rolle spielen wie Wirtschaftsprüfungsfirmen in der Konkurrenzwirtschaft, und ihre Berichte würden auf der Internetseite der Stadt veröffentlicht werden. Die Vorteile für gemeinnützige Organisationen wären eine wirksame neue Methode, ihre Ziele zu erreichen, ein starker Zuwachs an ehrenamtlichen Mitarbeitern sowie die Möglichkeit, ihre Mitarbeiter zum Teil in Civics zu bezahlen.

Ziele des Civics-Systems

Das erste Ziel ist die Finanzierung der Arbeitskomponente wünschenswerter bürgernaher Projekte. Da die Lohnkosten oft die größte Komponente in einem Etat sind, ermöglicht ein Civics-System die Finanzierung von ansonsten unbezahlbaren Projekten. Mit Hilfe von Civics kann eine Stadt große Ziele erreichen, selbst in konjunkturschwachen Zeiten. Gerade in solchen Zeiten stehen automatisch mehr Arbeitskräfte zur Verfügung, die nur zu gern ein alternatives Einkommen über Civics beziehen wollen. Da konventionelle Jobs derzeit knapp sind, wäre dies für den Einzelnen wie für die Gemeinschaft nur von Vorteil.

Ein Civics-System bietet auch Chancen, ein stärkeres Gemeinschaftsgefühl zu entwickeln. In der heutigen Gesellschaft sind die Menschen zunehmend isoliert und soziale Netzwerke wie Familienverbände brüchig geworden. Die gemeinsame Arbeit in einer lokalen Gemeinschaft stellt eine effektive Möglichkeit dar, diesem Verlust an Sozialkapital entgegenzuwirken und gleichzeitig ökonomische und ökologische Resilienz zu erzeugen.

Das Civics-System könnte in jeder Größenordnung operieren: auf lokaler, städtischer und regionaler Ebene, ja sogar landesweit. Entscheidend für den Erfolg ist das Engagement der Bevölkerung, wenn darüber entschieden werden muss, welche Projekte umgesetzt werden sollen. Es existieren bereits verschiedene Prozesse, um dies zustande zu bringen, und die moderne bürgerliche Gesellschaft kann vielleicht noch immer etwas von Governanceformen in traditionellen Gemeinschaften lernen. Das balinesische Banjarsystem beispielsweise funktioniert seit über zwölf Jahrhunderten und lässt sich auch auf moderne Lebenswelten übertragen.[277] Auch neue Systeme wie Soziokratie[278] und Holacracy[279] sind vielversprechend.

Wie das Civics-System funktioniert

Die Behörden würden anordnen, dass die Bewohner jedes Jahr eine bestimmte Anzahl an Civic-Marken beisteuern. Praktischer-

277 Siehe Bernard Lietaer: »A World in Balance«, in: *Reflections (Journal of the Society for Organizational Learning – SoL)*, Bd. 4, Nr. 4 (2003), und Bernard Lietaer und Stephen de Meulenacre: »Sustaining Cultural Vitality in a Globalizing World: the Balinese Example«, in: *International Journal for Social Economics*, Bd. 30, Ausg. 9 (2003), S. 967–984.

278 Siehe http://en.wikipedia.org/wiki/Sociocracy.

279 Siehe www.holacracy.org.

weise entspricht ein Civic einer Arbeitsstunde, die für Civic-Aktivitäten aufgewendet wird. Jeder Haushalt wäre dazu verpflichtet, wobei es entsprechende Ausnahmen für Menschen mit einer Behinderung gäbe, für Menschen, die sich um kleine Kinder oder ihre alten Eltern kümmern, oder für Menschen, die aus anderen Gründen nicht teilnehmen können. Die Civics würden von der Stadt ausgegeben und zur Belohnung für bestimmte messbare Aktivitäten eingesetzt. Die Bezahlung könnte in Form von Papiermarken wie im Fall der Torekes oder von elektronischen Einheiten übers Handy wie im Fall von Doraland erfolgen. Die Behörde würde für diese Verpflichtung nur Civics als eine Form von Bezahlung annehmen und keinen festen Wechselkurs zwischen dem Civic und der nationalen Währung vorschreiben. Die Bewohner könnten Civics in nationale Währung nach den Prinzipien des freien Marktes umtauschen. Ein lokaler Internetmarkt à la eBay könnte den Umtausch ermöglichen und für Transparenz und Vertrauen sorgen.

Aus wirtschaftstheoretischer Sicht entspricht das Civics-Verfahren einem Keynesianischen Stimulus, indem es eine zusätzliche Nachfrage nach Dienstleistungen in städtischer Größenordnung erzeugt. Der Hauptunterschied besteht darin, dass der Prozess viel mehr von unten nach oben verläuft als der übliche zentrale staatliche Keynesianische Stimulus. Vor allem aber generiert er keine zusätzlichen Schulden für alle. Außerdem kann der Prozess auf spezifische Bevölkerungssegmente ausgerichtet werden und sollte antizyklisch auf die lokalen Verhältnisse abgestimmt werden. So lassen sich beispielsweise spezielle in Civics bezahlte Programme für junge Menschen durchführen, wenn unter ihnen eine ungewöhnlich hohe Arbeitslosigkeit herrscht. Die in Civics geforderten Beiträge sollten am höchsten während eines Wirtschaftsabschwungs sein und auf Null zurückgefahren werden, wenn man wieder nahezu bei der Vollbeschäftigung angelangt ist. Auch das Timing lässt sich abstimmen: Die Beiträge in Civics könnten vierteljährlich statt jährlich erhoben werden, was den realen Bedingungen eher entspräche. Und wenn die Nachfrage nach Civics-Beiträgen größer würde, würde auch ihr Wert in Euros auf dem lokalen Online-Markt höher sein, sodass die aktivsten Teilnehmer ein höheres Einkommen in Euros erzielen könnten.

Um die Aktivitäten den unterschiedlichen Bevölkerungssegmenten anzupassen, müsste die Auswahl der Civics einbringenden Aktivitäten demokratisch und dezentral erfolgen, ja bis hinunter auf die Ebene des jeweiligen Viertels. Auch die Bürger selbst sollten der Stadt Civics einbringende Aktivitäten vorschlagen können.

Das faire Civics-System

Wie wir in Kapitel 6 sahen, können Staaten einer Fiat-Währung einen Wert verleihen, indem sie festlegen, dass Steuern in dieser Währung gezahlt werden sollen. Staaten verlangen von ihren Bürgern immer eine Form von Beteiligung. So ist zum Beispiel das Zahlen von Steuern allgemein verbreitet, und der Wehrdienst ist durchaus üblich. Ob diese Beteiligungsformen fair sind oder nicht, hängt hauptsächlich von der Governance des Systems ab. Anhörungen und Transparenz können dazu beitragen, dass ein Civics-System entsteht, das von der Bevölkerung begrüßt wird.

Aus rein ökonomischer Sicht gilt doch: Wenn sich eine Jahressteuer von 1000 Euro durch 10 Stunden Civics-Aktivitäten pro Haushalt ersetzen lässt, dann müsste jeder, der weniger als 100 Euro pro Stunde verdient, daran interessiert sein, an dem System teilzunehmen. Idealerweise allerdings würden die Ziele und Aktivitäten der Civics-Ökonomie von den Bewohnern unterstützt werden, und zwar als etwas, für dass sie gern ehrenamtlich tätig wären, wenn sie nicht ihren Lebensunterhalt verdienen müssten. Das Civics-System hat somit den zusätzlichen Vorteil, dass es den Menschen ermöglicht, durch die Aktivitäten ein Einkommen zu erzielen (s. Abb. 8.4).

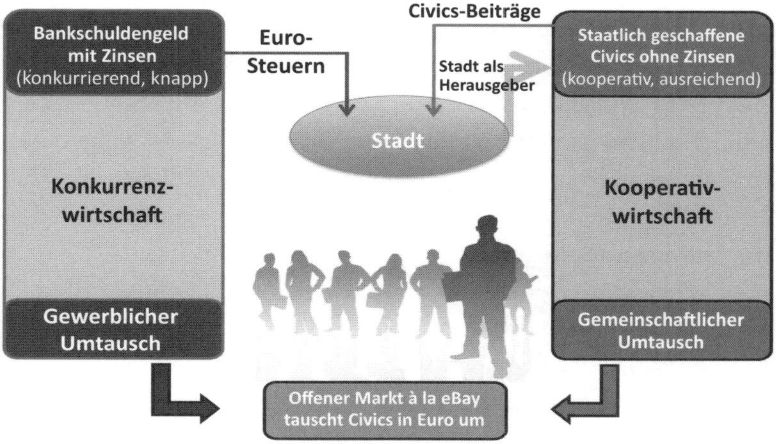

Abb. 8.4: *Der Staat verlangt die Bezahlung von Steuern für die gewerbliche Tätigkeit sowie einen Beitrag, der nur in Civics bezahlbar ist, die der Staat selbst ausgibt. Menschen, die zusätzliche Civics verdienen, können sie auf einem lokalen Internetmarkt frei umtauschen.*

Man beachte, dass es keine Verpflichtung gibt, eine der in Civics entlohnten Aufgaben persönlich auszuführen. Es gibt zwei Möglichkeiten zu vermeiden, dass man sich überhaupt beteiligt. Die erste bestünde darin, dass man sich dafür entscheidet, eine zusätzliche Summe in Euro als Teil der jährlichen Steuern zu bezahlen. In unserem obigen Beispiel wären dies logischerweise 1000 Euro pro Jahr. Die zweite Möglichkeit für Menschen, die nicht daran interessiert wären oder keine Zeit hätten, die Aufgaben persönlich auszuführen, bestünde darin, dass sie offen und transparent über den Internetmarkt Civics kaufen würden. Menschen, die mehr Civics verdient hätten, als sie für ihren jährlichen Beitrag benötigen würden, könnten sie auf diesem Markt verkaufen. Der Käufer dieser Civics könnte sie mit konventionellem Geld erwerben oder sie gegen irgendeine Ware oder Dienstleistung, die die andere Partei akzeptiert, eintauschen.

Die Rolle des Staates bestünde darin, dafür zu sorgen, dass keine falschen Civics in Umlauf kämen und dass die Tauschaktionen transparent und fair sind. Der Staat würde den Wert des Civic nicht auf der Basis der nationalen Währung festlegen. Falls er den Wert des Civic gegenüber der nationalen Währung steigen lassen will, wäre dies am effektivsten möglich, wenn er eine höhere Beitragssumme verlangen würde, die nur in Civics zahlbar wäre. Will er den Wert senken, müsste er einfach nur die geforderten Beitragssummen verringern.

Vorteile des Civics-Systems

Für die Stadt oder den Staat würde das Civics-System:

- eine Fülle von Bürgeraktivitäten für minimale Kosten generieren,
- Bürgeraktivitäten genauer messen und verfolgen, als es gegenwärtig geschieht, und damit diesen ganz wichtigen Aspekt der zivilen Gesellschaft fördern und verbessern,
- die breite Beteiligung an Bürgeraktivitäten effektiv mobilisieren.

Gemeinnützige Organisationen hätten folgende Vorteile:

- Sie würden in dieser Kooperativwirtschaft die gleiche Rolle spielen wie Unternehmen in der Konkurrenzwirtschaft: Menschen in ihren jeweiligen Bereichen motivieren und organisieren.
- Sie würden eine neue Einnahmequelle in konventioneller Währung gewinnen, nämlich aus dem Verkauf überschüssiger Civics an jene Menschen, die sie kaufen und nicht durch Beteiligung verdienen wollen.
- Mehr Menschen würden ehrenamtlich tätig sein, und der Umsatz für die Ehrenamtlichen würde reduziert werden, wenn sie in Komplementärwährung entlohnt würden.[280] Dies wäre selbst dann der Fall, wenn es nicht verpflichtend wäre, diese Währung einzunehmen.
- Gemeinnützige Organisationen konkurrieren heute knallhart

280 Robert Wood Johnson Foundation: *Service Credit Banking Project Site Summaries* (1990).

miteinander, wenn es um Betriebskapital geht, insbesondere die Organisationen mit ähnlichen Zielen, die von der gleichen Art von Spendern abhängig sind. Eine derartige Konkurrenz kann dem kooperativen Erreichen der Ziele entgegenstehen. Das Civics-System würde den Organisationen im Prinzip ihre eigene wertvolle Währung geben. Gerade mit ihren Aktivitäten würden sie Civics verdienen. Es würde zwar noch immer einen gesunden Wettbewerb darum geben, wie sich die besten Ergebnisse erzielen ließen, aber weniger Rivalität um konventionelles Geld.

Die Bürger hätten zwei Vorteile:

- Sie könnten sich einer blühenden Gemeinschaft und einer besseren Lebensqualität erfreuen.
- Wenn sie Zeit für und/oder Interesse an Bürgeraktivitäten hätten, könnten sie ein zusätzliches Einkommen von anderen erzielen, die Civics benötigen oder sie lieber kaufen wollen.

Einige rechtliche Probleme

Meist wird nun zuerst gefragt, ob ein solches System auch legal sei. In Artikel 105 des Maastrichter Vertrags und in Artikel 128 des Lissaboner Vertrags heißt es: »Die EZB hat das ausschließliche Recht, die Ausgabe von Banknoten innerhalb der Gemeinschaft zu genehmigen. Die EZB und die nationalen Zentralbanken sind zur Ausgabe von Banknoten berechtigt. Die von der EZB und den nationalen Zentralbanken ausgegebenen Banknoten sind die einzigen Banknoten, die in der Gemeinschaft als gesetzliches Zahlungsmittel gelten.«

Als wir das Civics-System beschrieben, wurden die Begriffe »Geld«, »Währung« oder »gesetzliches Zahlungsmittel« weder benötigt noch verwendet. Der EU-Vertrag spricht von »(Euro) Banknoten« und »gesetzliches Zahlungsmittel«. Der Civic benötigt nicht den Status eines »gesetzlichen Zahlungsmittels«, um zu funktionieren. Für den Civic ist es kosteneffizienter, dass er nur in elektronischer Form mit einem Mobiltelefonsystem als Plattform existiert und nicht in Form von Banknoten ausgegeben wird. Wir verwenden den Begriff »Beiträge«, wenn wir von Civics sprechen, und behalten die Bezeichnung »Steuern« für gesetzliche Abgaben vor, die nur in Euros bezahlt werden können.

Manche Länder, etwa die Niederlande, definieren bereits einen speziellen gesetzlichen Status für den sogenannten »öffentlichen Dienst«. Noch vertrauter ist das Konzept eines »Tickets«, das für die Teilnahme an einer bestimmten Veranstaltung erforderlich ist. Die Civics können gewissermaßen als Tickets verstanden werden, die man benötigt, um in einer bestimmten Stadt zu leben. Sollten sich gesetzliche Schwierigkeiten einstellen, könnte eine vollständige Abwägung der gesamten Vorteile des Civics-Systems zu einer Änderung mancher Gesetze führen. Was ein Gesetz geschaffen hat, kann ein anderes Gesetz wieder abschaffen.

9. ECOs: Dem Klimawandel den Krieg erklären

Niall Ferguson hat in seiner Studie *Politik ohne Macht* darauf hingewiesen, dass alle wichtigen Neuerungen im Bereich der Staatsfinanzen im Lauf der letzten drei Jahrhunderte von Kriegen ausgelöst wurden. Ein bewaffneter Konflikt führt anscheinend zu Neuerungen und Techniken, die andernfalls vielleicht nie das Licht der Welt erblickt hätten. Das Ausmaß der Zerstörungen, die von den wahrscheinlichsten Szenarien des Klimawandels verursacht werden, ist schlimmer als nach jedem Krieg, der je auf diesem Planeten ausgetragen wurde, und darum eines unserer Hauptmotive, diesen Bericht jetzt zu veröffentlichen. (Sehen Sie sich daraufhin noch einmal Abb. 1.1 an.) Weil sich die Verwüstung im Lauf von Jahrzehnten abspielen wird und eine Verringerung der Wahrscheinlichkeit, dass es dazu kommt, ein kollektives Handeln der gesamten Menschheit erfordert, wird dieser »Krieg« auch schwerer zu führen sein als jeder vor ihm. Es muss jedoch vielleicht gar nicht so schwer sein, wenn die Regierungen ECOs verlangen, um den Krieg gegen den Klimawandel zu gewinnen.

Der ECO weist zwar einige Ähnlichkeiten mit dem zuvor beschriebenen Civic auf, unterscheidet sich von ihm aber durch folgende Besonderheiten:

- Der Civic funktioniert am besten auf einer dezentralisierten Basis (z. B. in Städten und Stadtvierteln), während der ECO in einem viel größeren Maßstab eingeführt werden muss, etwa auf nationaler oder auf europäischer Ebene. Am besten würde er auf globaler Ebene funktionieren.
- Der Civic mobilisiert Arbeitskräfte für eine Vielzahl ziviler Aktivitäten, die die Bevölkerung selbst auswählt. Der ECO zielt ausschließlich auf die Mobilisierung materieller Ressourcen ab, die zur Verringerung der Auswirkungen des Klimawandels beitragen.
- Der Civic lässt sich für Haushalte und Bürger einsetzen, der ECO nur für mittlere und große Unternehmen, beispielsweise mit einem Jahresumsatz von über einer Million Dollar.
- Der Civic bewegt sich am Rande dessen, was derzeit legal ist, der ECO hingegen würde eindeutig eine neue Gesetzgebung erfordern.
- Der Civic könnte auf einer kleinen lokalen Ebene gestartet werden und ließe sich somit leicht einführen, der ECO hingegen braucht von Anfang an eine größeren Ebene und würde deshalb von Vornherein auf den Widerstand der Unternehmerlobby stoßen. Es wäre also eine größere Herausforderung, ihn einzuführen.

In anderer Hinsicht gleicht das Konzept des ECO-Systems dem des Civic, wie es in Abb. 8.4 veranschaulicht wurde. Es würde damit beginnen, dass etwa eine nationale Regierung einen jährlichen Beitrag an ECOs verlangen würde, der in einem Verhältnis zum gesamten Umsatzvolumen jedes einzelnen Unternehmens stünde. So würden beispielsweise alle Unternehmen einen Euro für jede Million des globalen Umsatzes an die Regierung des Landes abgeben, in dem ihre Zentrale ansässig wäre.

Die ECOs würden von den Staaten elektronisch geschaffen werden und keine Zinsen einbringen. Die Unternehmen würden ECOs verdienen, indem sie die Investitionen und Aktivitäten, die die Risiken des Klimawandels verringern, quantitativ nachvollziehbar belegen. Wie viele ECOs jedes Unternehmen für jede Art von Aktivität verdienen würde, wäre eindeutig definiert. Bevor irgendwelche ECO-Zahlungen erfolgen, wäre eine unabhängige Kontrolle erforderlich. Qualifizierende Aktivitäten wären etwa die Reduzierung von CO_2-Emissionen (dann gäbe es z. B. einen ECO für jeweils 1000 Tonnen nachweislich reduzierte CO_2-Emissionen) oder Investitionen in natürliche Kohlenstoffsenken (dann gäbe es z. B. einen Euro für jeweils 1000 Tonnen sequestrierten, also abgeschiedenen und gespeicherten Kohlenstoff in neuen, nachhaltig verwalteten Wäldern) oder in andere Sequestrierungstechniken.

Unternehmen, die nicht in der Lage wären, ECOs zu verdienen, müssten sie mit konventionellem Geld von Unternehmen kaufen, die mehr als die erforderliche Summe an ECOs verdienen. Ein spezieller Internetmarkt würde genau wie für den Civic eingeführt.

Wissenschaft wie Wirtschaft sind sich weitgehend darin einig, dass die Entwicklung von Technologien für den Übergang in eine Welt ohne fossile Energien möglich sei, aber eine starke politische Führung erfordere. Weil viele Regierungen im Lauf des nächsten Jahrzehnts unter einen Etatdruck geraten werden und weil staatliche Subventionen die übliche Finanzierung von Maßnahmen zur Erhaltung und zum Schutz der Umwelt darstellen, werden viele Unternehmen passiv darauf warten, dass ihnen solche Subventionen zur Verfügung stehen, bevor sie sich dazu entschließen, sich mit diesen Problemen selbst zu befassen. Der ECO würde diese Dynamik verändern. Um den »Krieg« gegen den Klimawandel zu führen, könnten Regierungen entsprechende Beiträge verlangen, die nur in ECOs zu bezahlen sind, und damit dem ECO einen Wert verleihen. Wie bereits im fünften Kapitel dargelegt, erhält jede Fiatwährung (auch das Bankschuldengeld) ihren Wert dadurch, dass eine Regierung verlangt, Gebühren und Steuern müssten mit dieser Währung bezahlt werden. Der ECO würde auch ernsthafte Innovationen zur Reduzierung der Gefahren des Klimawandels anregen.

Ein solches Vorgehen wird zweifellos in vielen Unternehmerkreisen unpopulär sein. Aber denken wir einmal daran, was am 27. Dezember 1941 in Präsident Roosevelts Amtssitz geschah, als er seine Executive Order 9001 unterzeichnete, in der es hieß: »Das Office of Production Management wird die Umwandlung der Fertigungsindustrien für die Kriegsproduktion herbeiführen, einschließlich der Ermittlung des Kriegspotenzials der Industrien, und zwar Fabrik für Fabrik; die Ausweitung der Kriegsaufträge; die Umwandlung der Einrichtungen; die Sicherstellung einer effizienten und zügigen Produktion …«[281] Und dafür gab es nur eine einzige Begründung, nämlich dass sich die USA seit dem 7. Dezember im Krieg befanden und dass nun alles anders laufen würde, bis der Krieg vorbei wäre. Das war die einzige Rechtfertigung, die es gab und derer es bedurfte.

Wenn wir die Menschheit in ihrem kollektiven selbstmörderischen Drang zu einem unumkehrbaren Klimawandel aufhalten wollen, müssen die Regierungen diesem Drang vielleicht den Krieg erklären. Wären aus dieser Sicht ECO-Beiträge der Unternehmen nicht eine recht bescheidene Umstellung, verglichen mit dem, was Roosevelt anordnete?

* * *

Wir können nun die entscheidenden logischen Elemente dieses Berichts zusammenfassen, um ihre Stimmigkeit zu überprüfen.

---

281 Siehe http://www.presidency.ucsb.edu/ws/index.php?pid=16075#ixzz1jGoyoxmr

Zusammenfassung aller logischen Elemente

Die zentrale These dieses Berichts lautet, dass systemische Finanzkrisen wegen eines signifikanten strukturellen Fehlers in unserem Geldsystem weit verbreitet sind (zweites und drittes Kapitel). Um die Resilienz unserer Wirtschaft und die Gesundheit unserer Gesellschaft systemisch zu verbessern, müssen wir unser monetäres Paradigma einer Monokultur des schuldenbasierten, zinsbestimmten Geldes verlassen und zu einem *monetären Ökosystem* übergehen (Kapitel 4). Wir haben auch fünf negative Auswirkungen der vorherrschenden monetären Monokultur auf die Nachhaltigkeit ermittelt (fünftes Kapitel). Unsere monetäre Monokultur muss für eine hinreichende Vielfalt sowohl bei den Arten der Tauschmittel wie bei den Arten der Wirtschaftssubjekte sorgen, die diese Tauschmittel erschaffen und verwalten. Innerhalb dieses Rahmens können wir ausarbeiten, wie die im siebten und achten Kapitel beschriebenen Innovationen die Gesamtwirtschaft korrigieren und ins Gleichgewicht bringen könnten.

Wir wollen nun diese Auswirkungen in der gleichen Abfolge wie die im fünften Kapitel dargestellten fünf problematischen Einflüsse betrachten.

1. Prozyklischer Geldschöpfungsprozess und Geldfluss: »Es regnet nicht – es schüttet«

Wenn die C3 und die TRC in einer ausreichenden Größenordnung eingeführt würden, hätte dies einen antizyklischen Effekt, der den prozyklischen Effekt des konventionellen Systems ausgleicht. Es gibt einen quantitativen Beleg dafür, dass ein solches eingebautes antizyklisches Verhalten funktioniert und dass das Vorhandensein einer Business-to-Business (B2B) Komplementärwährung spontan dazu tendiert, den Konjunkturzyklus und die Gesamtwirtschaft zu stabilisieren. Eine detaillierte Analyse des WIR-Systems, eines seit 75 Jahren in der Schweiz angewandten

B2B-Systems, liefert den Beweis für diese Behauptung[282] und lässt uns mutmaßen, dass sich das Gleiche mit der C3 und der TRC ergeben würde. Beide Systeme sind Unternehmensinitiativen und erfordern keine neue Gesetzgebung oder Genehmigung. Sie sind außerdem freiwillig und haben erhebliche Vorteile für die teilnehmenden Unternehmen, selbst wenn sie an Nachhaltigkeit nicht interessiert sind. Somit sind nun die Unternehmer am Ball.

Es wäre auch möglich, dass Regierungen die Wirtschaft bewusst auf antizyklische Weise mit Biwa, Civics und ECOs anregen. Kommt es in einem Land oder einer Stadt in der Bankschuldengeld-Wirtschaft zu einer Rezession und die Arbeitslosigkeit ist hoch – wie es heute in Europa und in den USA der Fall ist –, erhöht die Regierung auf der entsprechenden Ebene die Mengen von Biwa, Civics oder ECOs, die von Bürgern oder Unternehmen verlangt werden. Falls es zu einem inflationären Boom kommt, kann die Regierung die Anforderungen an die staatlich ausgegebene Währung reduzieren.

2. Kurzsichtiges Denken: Warum wir nicht an die längerfristige Zukunft denken

Bei der Konstruktion der TRC geht es gerade darum, das kurzsichtige Denken von Unternehmen zu korrigieren. In einem anderen Bereich bevorzugt der Wellness Token die vorbeugende Gesundheitsfürsorge und ermutigt die Bürger, langfristig gesunde Gewohnheiten anzunehmen.

3. Zwanghafter Wachstumsdruck: Über Schulden und Zinseszinsen

Keines der vorgeschlagenen neun Systeme hat einen eingebauten Zinsmechanismus. Daher gehört zwanghaftes Wachstum nicht zu diesen Motivationssystemen.

---

282 James Stodder (2009) und (2000).

4. Unerbittliche Konzentration von Reichtum: Die unendliche Geschichte von Arm gegen Superreich

Armut entsteht sowohl durch das Fehlen entsprechender Sparinstrumente wie durch fehlendes Einkommen. Das weit verbreitete Vorurteil, die Armen wollten oder könnten nicht sparen, ist falsch – ja, das Verlangen nach sicheren und bequemen Spardienstleistungen ist bei den Armen oft stärker als das Verlangen nach Kreditdienstleistungen.[283] Dafür gibt es zahlreiche empirische Belege, insbesondere nach Studien im Bereich der Mikrofinanzen.[284] Natural Savings stellen ein besseres Sparinstrument dar als jedes Sparkonto, und damit kann man auch mit sehr kleinen Summen handeln.

5. Die Entwertung des Sozialkapitals: Warum Konkurrenz kooperatives Verhalten unterdrückt

Systeme wie Doraland, Wellness Tokens, Natural Savings, Torekes, Biwa Kippu und Civics bieten Lebenswelten für Menschen, die andernfalls nie zusammenkämen, um gemeinsam an Projekten zu arbeiten, bei denen sie ihre Gaben entfalten und Gesundheit und Stärke ihrer Gemeinschaft weiterentwickeln können. Dürfen Menschen dabei mitreden, welche Projekte ausgewählt werden, dann können diese Systeme das Sozialkapital im Lauf der Zeit wieder aufbauen und stärken.

* * *

Um zu wissen, wie ein ökonomisches Ökosystem aussehen würde, kann man sich auch vorstellen, was derzeit anders wäre, wenn einige der vorgeschlagenen Lösungen vor der Krise von 2007/08

283 Siehe z.B. Daryl Collins u.a. (2009).

284 Beatriz Armendariz de Aghion und Jonathan Mordach: »Microfinance: Where Do We Stand?«, in: Goodhart (2004), S. 135–148 , und Graham A.N. Wright: »A Critical Review of Savings Services in Africa and Elsewhere«, Arbeitspapier (1999), 35 Seiten.

umgesetzt worden wären. Das C3-System hätte das aus der Krise resultierende Niveau der Arbeitslosigkeit verringert. Civics hätten Stadtverwaltungen in die Lage versetzt, ihre sozialen und ökologischen Herausforderungen selbst bei schrumpfenden Bankschuldengeld-Etats anzugehen. Zusammen würden sie eine effektive Auswahl an Instrumenten anbieten, die für eine gesunde lokale und regionale Wirtschaft sorgen.

Fünf Jahre nach dem Beginn der Krise können lokale Gemeinschaften noch viel tun, um ihre Auswirkungen abzuschwächen und Sparmaßnahmen anzugehen. Die Doraland-Stiftung, städtisch generierte Torekes und das Civics-System beweisen, wie sich lokale menschliche Ressourcen mobilisieren lassen und alles erheblich besser läuft, ohne dass die kommunalen Finanzen belastet werden. Im Fall einer Euro- oder Dollarkrise übernähme die TRC die naheliegende Rolle, ein lebenswichtiges globales Handelsnetz aufrechtzuerhalten. Sie könnte uns zum Beispiel vor dem größten und umfassendsten Zusammenbruch des globalen Handels in der Menschheitsgeschichte bewahren, falls es zu einer Dollarkrise käme.

Alle neun innovativen Systeme könnten auch mit den Tausenden von lokalen und sozialen Währungsexperimenten interagieren, die weltweit bereits im Gang sind. Die Pioniere, die diese Bewegung gestartet haben, sollten anerkannt und geehrt werden. Sie haben auf basisdemokratischer Ebene einen gewaltigen Bildungs- und Lernprozess über monetäre Bildung angestoßen, der für eine informierte Entscheidungsfindung im 21. Jahrhundert äußerst wichtig werden könnte.

Kapitel 9
Über die Grenzen des Wachstums hinaus?

Wir sollten uns von Lügen statt von Bäumen trennen.
Jerry Martien, *Salvage This*[285]

Genau vor vierzig Jahren erschien der erste Bericht des Club of Rome, *Die Grenzen des Wachstums.*[286] Er wies erstmals wissenschaftlich fundiert darauf hin, dass wir in den ersten beiden Jahrzehnten des 21. Jahrhunderts bei Rohstoffen, der Luftverschmutzung und der Nahrungsproduktion an kritische Grenzen stoßen würden, wenn wir am gegenwärtigen Wachstumstempo festhielten.

Die Grenzen des Wachstums war der Auslöser für die wachsende Erkenntnis, dass die Biosphäre die Wirtschaft als offenes System einschränkt. Der Bericht bediente sich einer Methode der damals neuen Systemdynamik und belegte mit Hilfe von Computersimulationen Hunderter interagierender Variabler seine Behauptungen und Empfehlungen. *Die Grenzen des Wachstums* wurde hoch gelobt, weil dieser Bericht ein neues Paradigma, die Ökologische Ökonomie, legitimierte. Er bekam aber auch viel Kritik, insbesondere von Seiten der Anhänger des Paradigmas der Traditionellen Ökonomie, die ihn als Schreckensszenarium ablehnten.

285 Zitiert von Paul Hawken (2007), S. 27.
286 Meadows u.a. (1972).

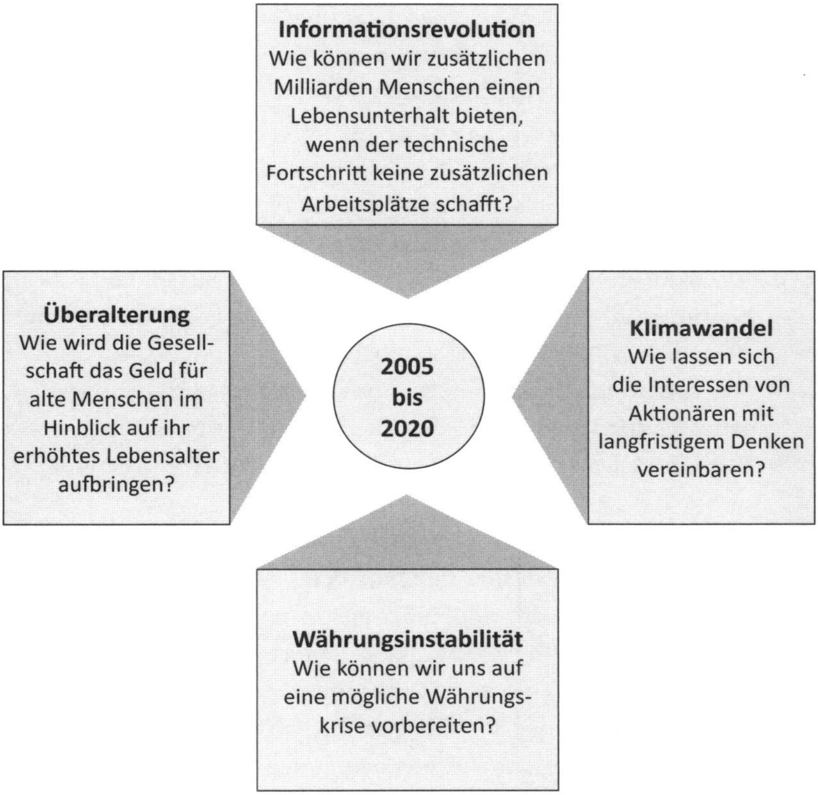

Abb. 9.1: *Konvergenz von vier Megatrends, die jeweils mit einer »Geldfrage« verbunden sind, die sich nicht im Rahmen des existierenden monetären Paradigmas beantworten lässt.*

Vor dreizehn Jahren veröffentlichte einer der Autoren des vorliegenden Berichts sein Buch *Das Geld der Zukunft.*[287] Seine Kernthese lautete, dass vier Megatrends – die Informationsrevolution,

287 Vor dreizehn Jahren erschien zuerst die deutsche Ausgabe, die englische Ausgabe kam zwei Jahre später heraus. Bernard Lietaer: *Das Geld der Zukunft. Über die zerstörerische Wirkung unseres Geldsystems und Alternativen hierzu* (1999) und *The Future of Money: Creating New Wealth, Work and a Wiser World* (2001).

der Klimawandel, die Währungsinstabilität und eine alternde Bevölkerung – vor 2020 konvergieren und zu beispiellosen Herausforderungen führen würden (s. Abb. 9.1).

Jeder Megatrend wurde in einer Geldfrage zusammengefasst:

- Wie wird die Gesellschaft das Geld für die alten Menschen im Hinblick auf ihr erhöhtes Lebensalter aufbringen?
- Wie können wir zusätzlichen Milliarden Menschen einen Lebensunterhalt bieten, wenn der technische Fortschritt keine zusätzlichen Arbeitsplätze schafft?
- Wie lassen sich die Interessen von Unternehmen mit langfristigem Denken vereinbaren, das die Gesellschaft braucht?
- Wie können wir uns auf eine globale Finanzkrise vorbereiten?

Würden all diese Fragen angesprochen, so argumentierte der Autor, dann würde dies einen Umbau des Geldsystems vor 2020 erzwingen, weil ein Monopol einer einzigen durch Bankschulden geschaffenen Währung es Bürgern, Unternehmen und Staaten einfach nicht gestatten würde, funktionierende Lösungen zu entwickeln. Nur mit einer Vielfalt von Tauschmitteln könnten wir die Hindernisse überwinden, vor denen wir im 21. Jahrhundert stehen.

Das Geld der Zukunft konzentrierte sich gewissermaßen auf die Notwendigkeit, neu über das Geld nachzudenken, um die in *Die Grenzen des Wachstums* gestellten Fragen zu beantworten. Das lag im Grunde daran, dass das konventionelle Prinzip, Geld durch Zinsen einbringende Bankkredite zu schöpfen, eine eingebaute *systemische Wachstumsverpflichtung* aufweist – nicht unbedingt aus einer ideologischen Entscheidung heraus (obwohl dies auch als ein zusätzlicher Faktor gelten kann), sondern aus rein mechanischer Notwendigkeit. Daher würde es nicht funktionieren, wenn man allen schädlichen Wirkungen des Wirtschaftswachstums gegenzusteuern versucht, ohne das allgegenwärtige monetäre Instrument, das dieses Wachstum antreibt, infrage zu stellen. Aber um zur Lösung dieses Problems zu gelangen, müssen wir eine Möglichkeit finden, den monetären blinden Fleck, von dem wir im zweiten Kapitel sprachen, zu umgehen.

Eine Wirtschaft, die auf mehreren parallelen Währungssystemen basiert, wäre eigentlich nichts Neues. Tatsächlich wäre dies die Wiederbelebung einer alten Idee. Im alten Ägypten wie im Hochmittelalter in Westeuropa – um nur zwei Beispiele zu nennen – hielt man diese Idee für absolut naheliegend. Oder wie es Jean Houston elegant formulierte: »Die Ikonen von einst sind die Schlüssel zum Morgen. Und das Morgen verspricht die Wiederbelebung einer vergessenen Weisheit.«[288]

Doch um eine so alte Idee dem gesunden Menschenverstand von heute nahezubringen, muss sie erst vernommen, verstanden, akzeptiert und verinnerlicht werden. Und das ist ein sehr ehrgeiziges Ziel, da nahezu jeder erst einmal etwas lernen muss.

Für die heutigen Eliten, insbesondere die Finanzeliten, könnte es nützlich sein, sich noch einmal mit den klassischen Werken von Arnold Toynbee[289] oder mit dem neueren Buch von Jared Diamond[290] zu befassen. Der Wirtschaftshistoriker Toynbee hat nachgewiesen, dass sich der Zusammenbruch von 21 verschiedenen Zivilisationen auf nur zwei Ursachen zurückführen lässt: auf eine zu großen Konzentration von Reichtum und auf eine Elite, die angesichts sich ändernder Verhältnisse erst, als es zu spät war, bereit war, andere Prioritäten zu setzen. Diamond befasst sich mit der Verschlechterung der Umwelt als unmittelbarer Ursache für den Zusammenbruch von Zivilisationen. Und wir nähern uns gegenwärtig gleichzeitig allen drei Ursachen!

Einer Elite anzugehören bietet in einer zusammenbrechenden Zivilisation keinen echten Schutz. Schafft der Anbruch einer mo-

---

288 Jean Houston: *Life Force: The Psychohistorical Recovery of the Self* (1993), S. 13.
289 Toynbee (1939) oder die glücklicherweise gekürzte Version Toynbee (1960).
290 Jared Diamond (2005).

netären Ökologie, selbst wenn sie im Vergleich zum Status quo mit gewissen Verlusten verbunden ist, nicht Raum für einen Kompromiss?

Kasten 9.1 – Raum für einen Kompromiss?
Gibt es hier Raum für einen Kompromiss, der auch für die Protagonisten des Finanzsystems akzeptabel sein könnte? Wer sich des Privilegs eines Monopols erfreut, wird meist darum kämpfen, es zu behalten. Dem Finanzsystem wird es also nicht leichtfallen, nichtfinanzielle Anreizsysteme zu legitimieren, und manchen Zentralbanken wird dies sogar noch schwerer fallen. Doch im Gegensatz zum Chicago-Plan erhält das, was hier vorgeschlagen wird, das Geschäftsmodell des Bankensystems im Kern aufrecht. Das Interesse an einem unter der Bezeichnung »Modern Money Theory« oder »Moderne monetäre Theorie« (MMT) reinkarnierten Chicago-Plan wächst inzwischen selbst an der Basis. Hier nur ein Beispiel dafür: Vom 24. bis 26. Februar 2012 fand im italienischen Rimini eine öffentliche Konferenz mit dem Titel »MMT-Summit« statt. Es gab mehrere tausend Teilnehmer![291]
Im Hinblick auf die gesellschaftlichen Folgen erscheint das Festhalten am monetären Status quo und am Offiziellen Paradigma zunehmend unverantwortlich und somit eigentlich unhaltbar. Europäische Länder sehen sich finanziell dazu gedrängt, soziale Sicherheitsnetze zu demontieren, die über Generationen hinweg aufgebaut wurden, und die Versprechen gegenüber Menschen zurückzunehmen, die während ihres gesamten Arbeitslebens Beiträge zu einem Renten- und Gesundheitsfürsorgesystem geleistet haben. Staaten sehen sich gezwungen, Kulturgüter zu privatisieren, die in vielen Fällen seit Jahrhunderten oder gar Jahrtausenden öffentliches Eigentum gewesen sind. Leider hindern vor allem die staatlichen Sparprogramme die Regierungen daran, jene Investitionen zu leisten, die notwendig wären, um den unkontrollierten Klimawandel aufzuhalten.

291 Siehe ein fast dreiminütiges Video, das die Atmosphäre auf dem Gipfel wiedergibt, unter http://www.youtube.com/watch?v=XP60tpwu5cs. Eine Analyse des intellektuellen Inhalts findet sich auf http://dandelionsalad.wordpress.com/2012/03/04/mmt-modern-monetary-theory-as-an-ecb-european-central-bank-alternative-by-michael-hudson/

Das Paradigma der Fiatwährung verdeutlicht, dass unser Geldsystem ein vom 18. Jahrhundert ererbtes Informationssystem ist, das durch dreihundertjährigen Gebrauch und Missbrauch ebenso verworren wie erstarrt ist. Wie werden wir es unseren Kindern und Kindeskindern erklären, dass wir dank der in einem neuen Informationszeitalter verfügbaren technischen Mittel in der Lage waren, all unsere Informationssysteme zu erneuern – nur nicht unser Geldsystem? Wer wird die Verantwortung übernehmen, ihnen zu sagen, dass wir die Biosphäre unseres Planeten opferten, um unser Geldsystem noch ein weiters Jahrzehnt aufrechtzuerhalten?
Thomas Friedmans in Kapitel 5 erwähnter Kommentar in der *New York Times* schließt mit den Worten: »Kapitalismus und freie Märkte sind die besten Motoren, um Wachstum anzutreiben und Armut zu lindern – vorausgesetzt, sie sind dank sinnvoller Transparenz, Regulierung und Aufsicht im Gleichgewicht. Wir haben dieses Gleichgewicht im letzten Jahrzehnt verloren. Wenn wir es nicht zurückgewinnen – und dem steht inzwischen eine Flutwelle von Geld entgegen –, werden wir erneut eine Krise erleben. Und wenn das geschieht, könnte der Ruf nach Gerechtigkeit eine üble Wendung nehmen. Hier ein kostenloser Rat für die Finanzdienstleistungsindustrie: Bleibt lieber Bullen. Hört auf, Schweine zu sein.«[292]

Für uns Normalsterbliche wäre es vielleicht für die unmittelbare Zukunft der beste erste Schritt, ein bisschen mehr zu lernen.

➤ Alle, die Wirtschaftswissenschaften studiert haben, sollten sich einmal das Paradigma ansehen, das hinter dem steht, was ihnen beigebracht wurde, und es mit unserem Denkansatz vergleichen. Das Paradigma der Ökologischen Ökonomie gestattet es – im Gegensatz zu der noch immer weitgehend an Universitäten gelehrten Traditionellen Ökonomie –, die Rolle des Geldes in einem offenen Wirtschaftssystem zu überdenken, das

292 Thomas Friedman: »Did you hear the one about the bankers?«, in: *The New York Times*, 21. Oktober 2011.

natürliche und menschliche Ressourcen verbraucht, Abfall wegwirft und eine wachsende und alternde Bevölkerung ernähren und beschützen muss.[293] Unendliches Wachstum ist unmöglich, ohne dass das natürliche, das soziale und schließlich selbst ein eng definiertes wirtschaftliches Kapital geschädigt wird. Doch auch »nachhaltiger Wohlstand«[294] ist möglich, wenngleich auf eine ganz andere Weise. Es erfordert die Entwicklung eines differenzierten Geldsystems, in dem spezifische Tauschmittel auf dringend erforderliche Aktivitäten abzielen. Es ist nicht das erste Mal in der Geschichte, dass ein Wandel der Weltanschauung nötig ist, um eine Katastrophe zu verhindern. Manchmal geschieht dies rechtzeitig, meistens aber nicht, wie Jared Diamond aufgezeigt hat. Im gegenwärtigen Fall können wir nicht auf Unwissenheit plädieren. Die Belege, die Konzepte, die analytischen Instrumente und die Pilotinstrumente stehen alle offen zu Gebote.

- Für die wissenschaftliche Gemeinschaft gibt es zwei Bereiche, in denen qualitative Daten existieren, mit denen sich unser zentrales theoretisches Konzept empirisch testen lässt. Diese beiden Bereiche sind die elektronischen Vertriebsnetze und das Bankensystem. Wir können die tatsächliche Resilienz eines hinreichend vielfältigen und wechselseitig vernetzten Flusssystems gegenüber der Resilienz eines Systems messen, in dem Effizienz das einzige Kriterium ist. Die Daten verbleiben allerdings in den Händen einer Organisation, die sie als vertraulich betrachtet. Menschen, die Zugang zu diesen Daten haben, würden eine ungeheuer segensreiche Aufklärungsarbeit leisten, wenn sie sie öffentlich zugänglich machen würden, wobei sie durchaus die Anonymität der einzelnen beteiligten Institutio-

293 Diese beiden Aspekte – Wachstum und Überalterung der Bevölkerung – schließen einander nicht unbedingt aus. Die Erdbevölkerung wächst noch immer recht stark, während in der sogenannten »entwickelten« Welt die »Alterswelle« unmittelbar bevorsteht, ja, tatsächlich bereits anrollt.

294 Siehe Lietaer (2001), S. 37ff.

nen bewahren könnten. Oder sie könnten diese Daten dazu benutzen, um für sich die Theorie zu überprüfen.

- Für die breite Bevölkerung wiederum besteht der vielleicht wichtigste Lerneffekt darin, dass sie die Nichtlinearität begreift und insbesondere den Unterschied zwischen linearem und exponentiellem Wachstum nachvollzieht. Obwohl dies auf den ersten Blick nicht besonders schwer zu sein scheint, sollte diese Herausforderung nicht unterschätzt werden. Wenn schon ein Wissenschaftler wie Lovelock einräumt: »Ich stelle zu meinem Entsetzen fest, dass ich bislang eine ziemlich naive Vorstellung von exponentiellen Funktionen gehabt habe«, dann liegt es doch auf der Hand, dass unser Gehirn Schwierigkeiten damit hat, sich solche Konzepte anzueignen. Es gibt Schwellen oder »Wendepunkte«, jenseits derer katastrophale Ereignisse sehr wahrscheinlich werden. Klimawissenschaftler und Experten für Schulden warnen uns davor zu Recht und immer nachdrücklicher.

Exponentielles Wachstum der Bevölkerung, der Treibhausgasemissionen oder der kumulierten Defizite ist mit Nachhaltigkeit mathematisch gesehen unvereinbar, wie auch immer man diesen Begriff definiert. Doch es gibt auch »gute« Nichtlinearitäten in Form von Dämpfungsmechanismen, die das Wachstum *verlangsamen* und eine ansonsten explosive Dynamik stabilisieren können, wo dies erforderlich ist. Dies ermöglicht ein logarithmisches oder sich selbst verlangsamendes Wachstum. Ein umsichtiges Steuern unserer heutigen Wirtschaft erfordert eine subtile Kombination positiver und negativer Rückkopplungsmechanismen. Eine monetäre Ökologie ist eines der Kernstücke einer solchen Kombination. Einige der im siebten und achten Kapitel beschriebenen komplementären Motivationssysteme ermöglichen eine antizyklische Stabilisierung. Eine Kombination mehrerer dieser Systeme kann eine Wirtschaft erschaffen, in der eine *globale Reduktion* schädlicher Aktivitäten für Umwelt und Gesellschaft verbunden ist mit der *lokalen Entwicklung* ökologisch wie sozial vorteilhafter Aktivitäten. Nachhaltiger Wohlstand ist nicht etwa Armut für alle – im Gegenteil, er ist Wohlstand für alle auf der Basis einer Vielfalt der Tauschmittel, die es den Menschen gestattet, mehr Wissen und Kontrolle über ihr Sozialleben und über ihre Interaktionen mit der übrigen Biosphäre zu erlangen.

Es hört sich wie ein überaus ehrgeiziges Ziel an, vielen Menschen mehrere Wissensgebiete vorzuschlagen. Doch wie wir in Kapitel 7 gesehen haben, sind einige der notwendigen Neuerungen schon in die Praxis umgesetzt worden. Bürger, NGOs, Unternehmen und politische Entscheidungsträger wenden bereits das Konzept einer monetären Ökologie an, indem sie es einfach geschaffen haben. Zum Glück für uns alle halten sich diese mutigen Pioniere an Sophokles' jahrtausendealten Rat: »Wissen musst du, wenn du handelst!« (Trachinerinnen, Z. 592)

Die neuere Geschichte des Geldes beweist, dass diejenigen, die offiziell das System verwalten, an ihm auch interessiert sind. Die Staatsschuldenkrise in der EU und die damit zusammenhängende Eurokrise basieren eindeutig auf der Funktionsweise des gegenwärtigen Geldsystems. Angesichts eines drohenden Zusammenbruchs der Eurozone beeilen sich europäische Regierungen, Rettungsschirme, Bekenntnisse zu künftigen Rettungsschirmen und extreme Sparmaßnahmen zu kombinieren, um das Geldsystem in seiner gegenwärtigen Form zu »retten«. *Doch genau das wird nicht gelingen*, und zwar einfach deshalb, weil die Krise nur das jüngste Symptom des grundlegenden strukturellen Fehlers ist.

Wann immer jemand die Möglichkeit eines Zusammenbruchs des Euros in Betracht zieht, scheint die einzige diskussionsfähige Option eine Rückkehr zu den alten nationalen Währungen zu sein. Da fällt einem nichts weiter ein als eine beliebte Definition von Wahnsinn: »Immer wieder das Gleiche tun und dabei unterschiedliche Ergebnisse erwarten.«

Auf der offiziellen Ebene hat man noch nicht genug gelernt, während Bürger und NGOs auf der ganzen Welt eine »gesegnete Unruhe« erfüllt. Neigt die Menschheit zum Suizid, wie der Soziobiologe Edward O. Wilson in seinem Buch *Die Zukunft des Lebens* behauptet?[295] Das glauben wir nicht. Doch wenn die Kräfte hinter dem gegenwärtigen Status quo glauben, so weitermachen und Geld durch ein scheiterndes System verdienen zu können, dann kann es durchaus passieren, dass sie uns alle in einen kollektiven Untergang stürzen.

Wir müssen gemeinsam eine neue Ära der monetären und sozialen Experimente einleiten, und dazu müssen wir neues Wissen und neue Erfahrungen auf Gebieten akzeptieren, wo dies bislang undenkbar war. Ein »Denken außerhalb der Schubladen« konventioneller monetärer Arrangements wird vielleicht die neue Vernunft werden müssen – nicht aus schierer Lust am »Neusein«, an der Anarchie oder an einer New-Age-Ideologie, sondern einfach deshalb, weil unser künftiges Wohlergehen davon abhängt.

Letzten Endes ist unser Plädoyer für eine monetäre Ökologie ein Aufruf zu einer neuen Form von ökonomischer Governance. Das Ziel ist es zuzulassen, dass zwei Arten von Wirtschaft friedlich miteinander existieren: Einerseits wird die Mainstreamökonomie weiterhin konventionelles Geld in der Wettbewerbswirtschaft einsetzen, andererseits wird die Wiedergeburt einer kooperativen Ökonomie dafür sorgen, dass Regionen, Städte, Stadtviertel, NGOs und basisdemokratische Bürgerorganisationen das ganze Potenzial ihrer Projekte entwickeln, ohne von der Finanzierung mit Bankschuldengeld abhängig zu sein.

Vor allem müssen wir unsere *monetäre Governance* überdenken. Im gegenwärtigen Rahmen ist dies ein höchst ungewöhnliches Problem. Demokratische Governance ist für alle monetären Systeme – das offizielle wie die laufenden komplementären Expe-

295 Edward O. Wilson: *The Future of Life* (2002; dt.: *Die Zukunft des Lebens*).

rimentalsysteme – eine Schwachstelle. Dank unseres monetären »blinden Flecks« sind wir es gewohnt, die Governance des Geldsystems einer Reihe undurchsichtiger und hoch zentralisierter Institutionen zu überlassen. Wir können es uns daher kaum vorstellen, wie das demokratische Management einer Währungspluralität aussehen könnte. Dies ist vielleicht die entscheidendste ungelöste organisatorische Frage, mit der wir uns befassen müssen, wenn wir es mit Nachhaltigkeit ernst meinen.

Friedrich Hayek (den wir bereits in Kapitel 4 zitiert haben) bewies bemerkenswerten Weitblick, als er feststellte: »Was heute dringend erforderlich ist, ist nicht die Konstruktion eines neuen Systems, sondern die sofortige Beseitigung aller gesetzlichen Hindernisse, die seit zweitausend Jahren einer Entwicklung im Weg stehen, welche dazu bestimmt ist, segensreiche Ergebnisse hervorzubringen, die wir nicht voraussehen können.«[296]

Tatsächlich lassen sich jedoch viele der segensreichen Ergebnisse dieser komplementären Systeme heute voraussehen. Alle Gemeinschaften, Unternehmensgruppen oder geografischen Gebiete können heute etwas in ihrer eigenen Größenordnung anfangen, wenn sie sich dazu aufgerufen fühlen. Entscheidend ist, dass man in der Lage ist, aus den Erfahrungen anderer zu lernen. Was funktioniert? Und noch sinnvoller: Was hat versagt und warum? Wir brauchen eine Bewegung des Lernens, der sich jeder anschließen kann. Die relevanten Techniken, um dieses Lernen zu kommunizieren, stehen zum ersten Mal weltweit zur Verfügung.

Auf der Internetseite www.money-sustainability.net (formal ein Teil dieses Berichts) laden wir die Öffentlichkeit ein, uns mitzuteilen, wie man mit den in diesem Bericht dargestellten Problemen umgehen könnte. Die potenzielle Anzahl der Probleme, die Aufmerksamkeit und eine Diskussion verdienen, ist unendlich. Sie

296 Siehe http://mises.org/books/denationalisation.pdf S. 133–134. (Anm. d. Übers.: Dieser Text fehlt in der deutschen Ausgabe.)

können so reichhaltig wie das Leben selbst sein. Hier nur vier Beispiele von Themen, die beachtenswert sind:

- Welche Initiativen oder Experimente lassen sich jetzt starten, um der Regierung und den Bürgern von Griechenland dabei zu helfen, den wirtschaftlichen Zusammenbruch ihres Landes zu überstehen? Warum könnte Griechenland nicht für seine internationalen Transaktionen (Tourismus, Transportwesen, Exporte und Importe) in der Eurozone bleiben, während die Städte die verschwindenden staatlichen sozialen Fördersysteme durch Civics-Systeme ersetzen? Würde dies nicht dazu beitragen, das Haushaltsdefizit der griechischen Zentralregierung zu reduzieren, während die Millionen Menschen, die von den grausamen Kürzungen auf dem Arbeitsmarkt und bei lebenswichtigen Sozialprogrammen betroffen sind, neue Hoffnung schöpfen könnten?
- Wie können wir die horrende Jugendarbeitslosigkeit in Ländern wie Spanien (45 Prozent), der Slowakei (33,6 Prozent), Litauen (33,2 Prozent), Irland (29,8 Prozent), Portugal (28,7 Prozent) und Italien (27,7 Prozent) angehen? Warum könnten wir nicht auf regionaler Ebene C3-Systeme einführen? Eine »regionale Entwicklung« zu wollen, doch dafür nur den Euro einzusetzen, erweist sich als ökonomisches Oxymoron, als Widerspruch in sich.[297]
- Warum sollte man nicht einmal den Europäischen Investitionsfonds mobilisieren, dass er C3-Systeme startet? Mehrere Milliarden Euro stünden aus dem JEREMIE-Programm (»Joint European Resources for Micro to Medium Enterprises«)[298] zur Verfügung, wenn ein administrativer Beschluss von 2010, diese Mittel nur an KMUs fließen zu lassen, die ganz neue Aktivi-

297 Die Argumente für eine regionale Entwicklungsstrategie dokumentieren: Kennedy und Lietaer (2004), Lietaer und Kennedy (2008), Lietaer und Kennedy (2010).

298 Siehe http://www.eif.org/what_we_do/jeremie/index.htm. Die im Januar 2012 zur Verfügung stehenden Daten stammen aus dem zweiten Quartal von 2011.

täten starten und dies durch einen formellen Geschäftsplan belegen, wieder aufgehoben würde. Wie viele KMUs in der heutigen Wirtschaftswelt sind denn in der Lage, ganz neue Aktivitäten zu starten, wenn sie wie die Fliegen sterben, weil sie für ihre getätigten Verkäufe und Leistungen nicht rechtzeitig bezahlt werden? Folglich werden die meisten dieser JEREMIE-Mittel 2015 ungenutzt auslaufen. Wie können solche Verwaltungsblockaden beseitigt werden?

- Ein Großteil unserer Bildungsprogramme besteht noch immer darin, Kinder auf eine Welt der Industrie vorzubereiten, die nicht mehr existiert. Warum nicht einmal mit Systemen wie dem Doraland experimentieren, das in jedem Menschen einen potenziell Lehrenden und Lernenden erblickt? Wie ließe sich das Lernen innerhalb wie außerhalb der Schule durch Methoden eines Lernens auf Gegenseitigkeit vervielfachen?[299] Da in einer Welt des sich ständig beschleunigenden Wandels auf unendlich vielen Gebieten gelernt werden muss, sollten wir dann nicht unsere gesamte kollektive Intelligenz einsetzen, weit jenseits der durch unsere veralteten Industriezeitalterstrukturen geförderten Mechanismen und Horizonte?

Wir stehen vor den größten Herausforderungen, mit denen die Menschheit je konfrontiert worden ist. Wir wissen, dass wir eine Energiewende herbeiführen müssen, und zwar rasch, wenn wir eine Katastrophe vermeiden wollen. Wir wissen, dass dies technisch möglich ist, rechtzeitig aber nur mit Hilfe massiver staatlicher Förderung und Finanzierung umgesetzt werden kann – aber das werden die gekürzten Etats in konventionellem Geld mindestens während des nächsten Jahrzehnts nicht zulassen. Gleichzeitig müssen wir uns mit der Pflege der älteren Bevölkerung befassen, die keine Beiträge mehr zur wirtschaftlichen Basis leisten kann,

299 Anne Querrien: *L'école mutuelle: Une pédagogie trop efficace?* (2005)

sondern sich auf soziale Hilfsprogramme verlassen muss, die derzeit unter frontalem Beschuss stehen. Mit alldem werden wir konfrontiert, während die Wirtschaft schrumpft und ein anonymer »Finanzmarkt« die Reduzierung der ungeheuren öffentlichen Schulden brutal erzwingt, die durch die Kosten für den Bankencrash von 2007/08 und seine unmittelbaren wirtschaftlichen Folgen so aufgebläht wurden.

Noch nie zuvor stand so viel auf dem Spiel. Doch kreative Lösungen sind durchaus möglich – Lösungen, die öffentliche Haushalte nicht weiter belasten, die ihre Wirksamkeit bereits in der Praxis bewiesen haben, die die hoffnungslose Wut der Bürger in fruchtbares Engagement innerhalb ihrer Gemeinschaft umwandeln und den Unternehmen ihre Gewinne erhalten können, aber nicht auf Kosten der Gesundheit von Gesellschaft und Umwelt. Noch haben wir die Chance, eine nachhaltige Welt zu erschaffen, die für alle da ist …

Ist dieses Szenarium ein Luftschloss? Bieten wir hier nur ein weiteres Wundermittel an? Wir glauben nicht. Wir haben nie behauptet, dass ein monetäres Ökosystem *ausreichend* wäre, um die heutigen Herausforderungen anzugehen. Wir hoffen jedoch gezeigt zu haben, dass ein Überdenken unseres Geldsystems ein *notwendiger* Teil jeder Lösung ist. Dies ist die Kernbotschaft dieses Berichts.

Während die Welt der alten Ökonomie zusammenbricht, hoffen wir aufrichtig, dass die Saat einer neuen und menschlicheren Ökonomie eine Chance bekommt aufzugehen. »Nach einer Lehre des Talmud pflanzt man zuerst einen Baum, wenn das Ende der Welt naht und der Messias kommt – und stellt erst dann fest, ob die Geschichte wahr ist. Der Islam kennt eine ähnliche Lehre, die den Gläubigen erklärt: Wenn sie am Tag des Jüngsten Gerichts einen Palmenschössling in der Hand haben, sollen sie den Schössling einpflanzen.«[300]

300 Hawken (2007), S. 4.

Dank

Dieser Bericht ist das Ergebnis von zwei Arbeitswellen. An der ersten Welle, von 2001 bis 2004, war eine internationale Arbeitsgruppe von 15 Experten beteiligt, die 2003 eine deutschsprachige Publikation herausbrachte. Der vorliegende Bericht ist das Produkt einer zweiten Arbeitswelle von 2010 bis 2012. Es ging um eine Autopsie des Finanzcrashs von 2007/08 und die Lehren, die wir daraus ziehen sollten. Und dies ermöglichte auch eine Reihe von theoretischen Aktualisierungen von neueren, von Fachleuten begutachteten Publikationen.

Diesen Bericht haben akademische Kollegen mit unterschiedlichem Background dank ihrer Vorschläge erheblich bereichert. Es war uns nicht möglich, auf sie alle in Fußnoten zu verweisen, wofür wir uns entschuldigen möchten. Die Verantwortung für alle verbliebenen Fehler und Auslassungen liegt ganz allein bei uns Autoren.

Angesichts unseres gemischtsprachigen Backgrounds war die redaktionelle Bearbeitung dieses Werks mühsam. Wir wollen uns daher bei einer Gruppe von Frauen bedanken, die dieses Buch erst veröffentlichungsreif gemacht haben. Die umfassende sprachliche Überarbeitung stammt von Jacqui Dunne. Gwendolyn Hallsmith steuerte viele maßgebliche Ideen zu Kapitel 2 und 7 bei. Sherry Cox hat alle Kapitel klarer gemacht. Last but not least gelang es Stephanie Taché, diesem Bericht eine weibliche Sensibilität zu vermitteln; ohne sie wäre er viel zu schwerfällig ausgefallen. Die Illustrationen entstanden dank der Hilfe von Thibault d'Ursel. Und Andrew Carey und Alison Melvin von Triarchy Press schließlich trugen dazu bei, dass dieses Buch ohne Qualitätseinbußen in Rekordzeit erscheinen konnte.

Unser Dank gilt auch den Tausenden von Pionieren, die bereits monetäre Experimente in ihrem eigenen Rahmen initiiert haben! Was sie lernen, indem sie es tun, ist wichtiger für die Menschheit, als ihnen vielleicht selbst klar ist.

Über die Autoren

Bernard LIETAER ist seit 35 Jahren in ungewöhnlich vielfältiger Funktion in Geldsystemen tätig. Bei der belgischen Zentralbank war er an der Gestaltung und Umsetzung des Konvergenzmechanismus (ECU) im europäischen Währungssystem beteiligt und wurde anschließend Präsident des belgischen elektronischen Zahlungssystems. Er war Generalmanager und Währungstrader beim Gaia Hedgefonds; *Business Week* ernannte ihn 1990 zum Toptrader der Welt. Derzeit ist er Research Fellow an der University of California in Berkeley und Gastprofessor an der Finanzuniversität in Moskau. Er ist Autor von fünfzehn Büchern, die sich mit Geld- und Finanzfragen befassen. www.lietaer.com

Christian ARNSPERGER promovierte in Volkswirtschaft an der Université Catholique von Löwen. Er ist leitender wissenschaftlicher Mitarbeiter beim belgischen Fonds National de la Recherche Scientifique (F.R.S.-FNRS) und Professor für Volkswirtschaft an der Université Catholique von Löwen. Seine Spezialgebiete sind Wirtschaft und Erkenntnistheorie, die existenziellen Grundlagen ökonomischer Rationalität, die Verbindung von Wirtschaft, natürlichen Ressourcen und Umwelt, die Verbindung von Geld und Nachhaltigkeit sowie der Übergang zu einer grünen Ökonomie. Er ist Autor von sechs Büchern und zahlreichen Artikeln in Fachzeitschriften. www.eco-transitions.blogspot.de

Sally GOERNER ist Direktorin des Triangle Center für das Studium komplexer Systeme, Präsidentin des Integral Science Institute und Koordinatorin für wirtschaftliche Entwicklung für die Greater Pittsboro Community Development Corporation. Sie hat Abschlüsse in Ingenieurswissenschaft, Systemphysik und Psychologie und ist Autorin von fünf Büchern, unter anderem von *After the Clockwork Universe* und *The New Science of Sustainability*. Sie ist ein führendes Mitglied der internationalen Bewegung zur Berücksichtigung der Befunde der Komplexitätsforschung und ihrer Anwendung auf menschliche Systeme, von der Wirtschaft bis zur Stadtplanung. www.integralscienceinstitute.org/about_ISI.html

Stefan BRUNNHUBER hat in Medizin und in Volkswirtschaft promoviert; bei Lord Ralf Dahrendorf hat er Sozioökonomie studiert. Er ist Vizevorsitzender des European Institute of Medicine und hat viele internationale Gastprofessuren inne. Der ehemalige Gastdozent am C.G.Jung-Institut in Zürich ist derzeit medizinischer Leiter und Chefarzt am Diakoniekrankenhaus im sächsischen Zschadraß (zu Colditz). Er ist Autor von über 300 Publikationen und Präsentationen sowie Mitglied an der Europäischen Akademie der Wissenschaften und Künste und des österreichischen Chapters des Club of Rome. www.stefan-brunnhuber.de

Über den Club of Rome

Der **Club of Rome** ist eine einzigartige Organisation mit einzelnen Mitgliedern und über dreißig nationalen Assoziationen auf der ganzen Welt. Das Netzwerk der Clubmitglieder und ihrer Institutionen ist sehr umfangreich und umfasst leitende Persönlichkeiten aus dem Banken- und Finanzsektor, Naturwissenschaftler, Akademiker, Techniker, Sozialwissenschaftler und Philosophen. Die Mitglieder des Club of Rome befassen sich mit einer breiten Vielfalt von Problemen, die für die Zukunft der Menschheit von Bedeutung sind.

Der Club of Rome hat es sich zur Aufgabe gemacht, vorausschauende Analysen und Einschätzungen für die Verbesserung der Lebensverhältnisse der Menschheit zu erstellen und eine Reihe von Möglichkeiten und Optionen für eine glücklichere, zufriedenere, resiliente und nachhaltige Welt zu erarbeiten. Weitere Informationen enthalten die Internetseiten des Clubs, www.clubofrome.org und www.clubofrome.de.

Das **EU Chapter des Club of Rome** ist eine in Brüssel ansässige unabhängige Non-Profit-Assoziation. Es ist ein eingetragener Verein nach belgischem Recht und dem Club of Rome angeschlossen. Sein Ziel ist es, Brücken zu bauen zwischen den Institutionen der Europäischen Union, ihren Mitgliedstaaten und dem Club of Rome als führende Denkfabrik auf Weltniveau. Sein Anliegen ist es, sozusagen als Katalysator des Nachdenkens über nachhaltige Entwicklung in Europa und auf globaler Ebene zu fungieren.

Und dies sind seine spezifischen Ziele:

- die wesentlichsten Nachhaltigkeitsprobleme zu ermitteln, vor denen die europäische Gesellschaft steht, sie im globalen Kontext zu analysieren, über alternative zukünftige Lösungen für eine nachhaltige Gesellschaft nachzudenken und spezifische

Szenarien für die Zukunft des europäischen Kontinents zu erarbeiten.

- eine Spitzenforschung zu initiieren und zu ermöglichen, deren Hauptthema die Entwicklung bahnbrechender Konzepte für eine global nachhaltige Entwicklung und für die spezifischen Beiträge von Seiten Europas ist.
- einen gesellschaftlichen Diskurs über die Umsetzung europäischer Strategien für eine nachhaltige Entwicklung im globalen Kontext zu organisieren, an dem wichtige öffentliche Autoritäten und Entscheidungsträger im Privatsektor, die Medien ebenso wie die breite Öffentlichkeit beteiligt sind.

Weitere Informationen enthält die Internetseite
www.clubofrome.at/cor-eu.

Literatur

Edward Abbey: *The Second Rape of the West*, Chicago 1975.

Paul S. Adler und Seok-Woo Kwon: »Social Capital: Prospects for a New Concept«, in: *Academy of Management Review*, Bd. 27 (2002), S. 17–40.

Dan Ariely: *Predictably Irrational: The Hidden Forces That Shape Our Decisions*, New York 2009.

Máni Arnarson, Þorbjörn Kristjánsson, Atli Bjarnason, Harald Sverdrup und Kristín Vala Ragnarsdóttir: *Icelandic Economic Collapse: A Systems Analysis Perspective on Financial, Social and World System Links*, Reykjavik 2011.

Christian Arnsperger: *Full-Spectrum Economics: Towards an Inclusive and Emancipatory Social Science*, London 2010(a).

Ders.: »Monnaie, dette et croissance sans prospérité: Portée et limites du ›tournant jacksonnien‹«, in: *Etopia*, Nr. 8, Dezember 2010(b).

Kenneth J. Arrow: »Uncertainty and the Welfare Economics of Medical Care«, in: *American Economic Review*, Bd. 53 (1963), Nr. 5, S. 941–973.

Cecilia Åslund, Bengt Starrin und Kent W. Nilsson: »Social Capital in Relation to Depression, Musculoskeletal Pain, and Psychosomatic Symptoms: A Cross-Sectional Study of a Large Population-Based Cohort of Swedish Adolescents«, in: *BMC Public Health*, Bd. 10 (2010), Folge 715.

Anthony B. Atkinson und S. Morelli: »An Inequality Database For 25 Countries, 1911–2010«, Diskussionsvorlage, Genf 2010.

Jacques Attali: *Tous ruinés dans dix ans? Dette publique: la dernière chance*, Paris 2010.

Kenny Ausubel: *Nature's Operating Instructions*, San Francisco 2004.

Sunny J. Auyang: *Foundations of Complex-System Theories in Economics, Evolutionary Biology, and Statistical Physics*, Cambridge 1998.

Robert Axelrod: *The Evolution of Cooperation*, New York 1984 (dt.: *Die Evolution der Kooperation*, München 1987).

Robert Axelrod und Michael D. Cohen: *Harnessing Complexity: Organizational Implications of a Scientific Frontier*, New York 2000.

Belén Balanya, Ann Doherty, Olivier Hoedeman, Adam Ma'anit und Erik Wesselius: *Europe Inc.: Regional and Global Restructuring and the Rise of Corporate Power*, London 2003 (dt.: *Konzern Europa. Die unkontrollierte Macht der Unternehmen*, Zürich 2001).

Edward Barbier: *A Global Green New Deal: Rethinking Economic Recovery*, Cambridge 2010.

Francesca Bastagli: *From social net to social policy? The role of conditional cash transfer in welfare state development in Latin America*, Arbeitspapier, 60, 12/2009, UNDP.

Michael Baumgart und William McDonough: *Cradle to Cradle: Re-Making the Way We Make Things*, New York 2002.

Eric Beinhocker: *The Origin of Wealth: Evolution, Complexity and the Radical Remaking of Economics*, Boston 2006 (dt.: *Die Entstehung des Wohlstands. Wie Evolution die Wirtschaft antreibt*, Landsberg am Lech 2007).

H. C. Binswanger: *Geld und Natur. Das wirtschaftliche Wachstum zwischen Ökonomie und Ökologie*, Stuttgart 1991.

Olivier J. Blanchard und Mark W. Watson: »Are Business Cycles All Alike?«, NBER Chapters, in: Robert J. Gordon (Hg.): *The American Business Cycle: Continuity and Change*, Cambridge: National Bureau of Economic Research, 1987, S. 123–180.

Adrian Blundell-Wignall und Paul Atkinson: »Thinking Beyond Basel III: Necessary Solutions for Capital and Liquidity«, in: *Financial Markets Trends*, Bd. 2, 2010, Folge 1, S. 9–33.

M. Borgdorff, K. Floyd und J. Broekmans: »Interventions to Reduce Tuberculosis Mortality and Transmission in Low- and Middle-Income Countries«, in: *Bulletin of the World Health Organisation*, 80(3), 2002, S. 217–227.

H. R. Fox Bourne: *The Romance of Trade*, London 1876.

C. Bridges, W. Thompson, M. Meltzer, G. Reeve, W. Talamonti, N. Cox, H. Lilac, H. Hall, A. Klimov und K. Fukuda: »Effectiveness and Cost-Benefit of Influenza Vaccination of Healthy Working Adults«, in: *Journal of the American Medical Association*, 284(13), 2000, S. 1655–1663.

Stefan Brunnhuber und Harald Klimenta: *Wie wir wirtschaften werden. Szenarien und Gestaltungsmöglichkeiten für zukunftsfähige Finanzmärkte*, Frankfurt/Wien 2005.

Zbigniew Brzezinski: *The Choice: Global Domination or Global Leadership*, New York 2004.

James Buchan: *Frozen Desire: the Meaning of Money*, New York 1997 (dt.: *Unsere gefrorenen Begierden. Was das Geld will*, Köln 1999).

Adrian Buckley: *Financial Crisis: Causes, Context and Consequences*, Harlow 2011.

Carole B. Burgoyne und Stephen E. G. Lea: »Money Is Material«, in: *Science* 314 (17 November 2006), S.1091–1092.

Gerard Caprio und Daniela Klingebiel: »Bank Insolvencies: Cross-Country Experience«, Policy Research Working Paper Nr. 1620, Washington, DC, 1996.

Molly Scott Cato: *Green Economics: An Introduction to Theory, Policy and Practice*, London 2009.

Stephen G. Cecchetti, Madhusudan S. Mohanty und Fabrizio Zampolli: »The Future of Public Debt: Prospects and Implications«, BIS Arbeitspapier Nr. 300, Basel 2010.

Eric Chaisson: »Non-equilibrium Thermodynamics in an Energy-Rich Universe«, in: A. Kleidon und R.D. Lorenz (Hg.): *Non-Equilibrium Thermodynamics and the Production of Entropy: Life, Earth, and Beyond*, Berlin/New York 2005, S.21–33.

L. Chapman: »Meta Evaluation of Worksite Health Promotion Economic Return Studies«, in: *The Art of Health Promotion*, 6 (6), 2003.

James Coleman: Foundations of Social Theory, Cambridge 1990.

Committee on Capitalizing on Social Science and Behavioral Research to Improve the Public's Health, 2000, Institute of Medicine.

Daryl Collins, Jonathan Morduch, Stuart Rutherford und Orlanda Ruthven: *Portfolios of the Poor: How the World's Poor Live on $2 a Day*, Princeton 2009.

Robert Costanza: »Changing Visions of Humans' Place in the World and the Need for an Ecological Economics« (2003), in: Fullbrook (2004).

D. Cutler und R. Zechhauser: *Insurance Markets and Adverse Selection: A Handbook for Health Economists*, 1998.

Predrag Cvitanović: *Introduction to Universality in Chaos*, Bristol 1984.

Alain Dagher: »Shopping Centers in the Brain«, in: *Neuron*, Bd. 53 (2007), S. 7–8.

Aiguo Dai: »Drought under Global Warming: A Review«, in: *Climate Change*, Bd. 2, Folge 1 (Jan./Feb. 2011).

Herman E. Daly und John B. Cobb: *For the Common Good: Redirecting the Economy Toward Community, the Environment, and a Sustainable Future*, Boston 1989.

Ders.: *Beyond Growth: The Economics of Sustainable Development*, Boston 1996 (dt.: *Wirtschaft jenseits von Wachstum. Die Volkswirtschaftslehre nachhaltiger Entwicklung*, Salzburg/München 1999).

Ders. und Joshua Farley: *Ecological Economics*, New York ^{2}2011 (dt.: *Ökologische Ökonomie*, Berlin 2002).

Paul Davidson: *Money and the Real World*, London 1978.

Philippe Derudder und André-Jacques Holbecq: *La dette publique, une affaire rentable*, Paris 2008.

Roderick Dewar: »Information Theory Explanation of the Fluctuation Theorem, Maximum Entropy Production and Self-Organized Criticality in Non-Equilibrium Stationary States«, in: *Journal of Physics A: Math. Gen.* 36 Nr. 3 (2003), S. 631–641.

Jared Diamond: *Collapse: How Societies Choose to Fail or Succeed*, New York 2005 (dt.: *Kollaps. Warum Gesellschaften überleben oder untergehen*, Frankfurt a.M. 2006).

Walter Dolde: »The Use of Foreign Exchange and Interest Rate Risk Management in Large Firms«, Arbeitspapier Nr. 93-042, Storra, Conn., 1993, S.18–19

Peter T. Doran und Maggie Kendall Zimmerman: »Examining the Scientific Consensus on Climate Change«, in: *EOS, Transactions, American Geophysical Union*, Bd. 90, Nr. 3, Januar 2009.

Rüdiger Dornbusch, Yung Chul Park und Stijn Claessens: »Contagion: How It Spreads and How It Can Be Stopped«, in: *World Bank Research Observer*, Bd. 15, Folge 2 (August 2000), S. 177–197.

Richard Duncan: *The Dollar Crisis: Causes, Consequences, Cures*, Singapore 2003.

Elizabeth W. Dunn, Lara B. Aknin und Michael I. Norton: »Spending Money on Others Promotes Happiness«, in: *Science* 319 (21. März 2008), S. 1687–1688.

Arthur S. Eddington: *The Nature of the Physical World*, New York 1928 (dt.: *Das Weltbild der Physik und ein Versuch seiner philosophischen Deutung*, Braunschweig 1931).

Barry Eichengreen und K. Mitchener: »The Great Depression as a Credit Boom Gone Wrong«, BIS Arbeitspapier Nr. 137 Basel 2003.

Charles Eisenstein: *Sacred Economics: Money, Gift, and Society in the Age of Transition*, Berkeley 2011.

J. C. Erfurt, A. Foote und M. A. Heirich: »The Cost Effectiveness of Worksite Health Programmes for Hypertension Control, Weight Loss, Smoking Cessation, and Exercise«, in: *Personnel Psychology*, 45, (1992).

Niall Ferguson: *The Cash Nexus: Money and Power in the Modern World, 1700–2000*, New York 2001 (dt.: *Politik ohne Macht. Das fatale Vertrauen in die Wirtschaft*, Stuttgart 2001).

Irving Fisher: *100 % Money: Designed to Keep Checking Banks 100 % Liquid; to Prevent Inflation and Deflation; Largely to Cure or Prevent Depression; and to Wipe Out Much of the National Debt*, New York 1935.

John Follain: »Hard-Up Italy Sells Islands and Palaces«, in: *Sunday Times* (London), 7. April, 2010, S. 24.

Jerôme Fourel: »Wall Street et ses bonus: $135.500.000.000 pour 2010«, in: *Le Monde*, 7. Februar 2011 (http://finance.blog.lemonde/2011/02/).

J. Frankel und A. Rose: »Currency Crashes in Emerging Markets: an Empirical Treatment«, in: *Journal of International Economics*, Bd. 4 (1996), S. 351–366.

Milton Friedman: »The Case for Flexible Exchange Rates«, in: *Essays in Positive Economics*, Chicago 1953.

Ders.: »The Role of Monetary Policy«, in: *American Economic Review*, Bd. 68 (1968), S. 1–17.

Ders. und Anna Jacobson Schwartz: *A Monetary History of the United States, 1867–1960*, Princeton 1993.

Francis Fukuyama: *Trust: Social Virtues and the Creation of Prosperity*, New York 1995 (dt.: *Der Konflikt der Kulturen. Wer gewinnt den Kampf um die wirtschaftliche Zukunft?*, München 1997).

Edward Fullbrook (Hg.): *The Crisis in Economics: The Post-Autistic Economics Movement – The First 600 Days*, London 2003.

Ders. (Hg.): *A Guide to What's Wrong With Economics*, London 2004.

John Kenneth Galbraith: *Money: Whence It Came, Where It Went*, Boston 1975 (dt.: *Geld – woher es kommt, wohin es geht*, München 1976).

Nicholas Georgescu-Roegen: *Analytical Economics*, Cambridge, Mass., 1966.

Ders.: *The Entropy Law and the Economic Process*, Cambridge, Mass., 1971.

Jamshid Gharajedaghi: *Systems Thinking: Managing Chaos and Complexity*, Boston 1999.

Orio Giarini: »Science and Economy: The Case of Uncertainty and Disequilibrium«, in: *Cadmus*, Bd. I, No.2 (April 2011)

Global Trends 2015, Washington, D.C., Central Intelligence Agency, April 2007.

Wynne Godley und T. Francis Cripps: *Macroeconomics*, Oxford 1983.

Ders. und Marc Lavoie: *Monetary Economics: An Integrated Approach to Credit, Money, Income, Production and Wealth*, London 2007.

Sally J. Goerner: *After the Clockwork Universe: The Emerging Science and Culture of Integral Society*, Edinburgh 1999.

Dies., Robert G. Dyck und Dorothy Lagerroos: *The New Science of Sustainability: Building a Foundation for Great Change*, Chapel Hill, NC, 2008.

Dies., Bernard Lietaer und Robert Ulanowicz: »Quantifying economic sustainability: Implications for free-enterprise theory, policy and practice«, in: *Ecological Economics*, 2009, Bd. 69(1), S. 76–81.

R. Z. Goetzel, T. R. Juday und R. J. Ozminkowski: »What's the ROI? A Systematic Review of Return on Investment (ROI) Studies of Corporate Health and Productivity Management Initiatives«, in: *AWHP Worksite Health*, 6, (1999), S. 12–21.

Ian Gondriaan: *How to Stop Deflation*, London 1932.

Charles E. Goodhart: *Money, Information and Uncertainty*, Cambridge, Mass., 1996.

Ders. (Hg.): *Financial Development and Economic Growth: Explaining the Links*, Basingstoke 2004.

John Gowdy und Jon D. Erikson: »The Approach of Ecological Economics«, in: *Cambridge Journal of Economics*, Bd. 29 (2005), S. 207–222.

Benjamin Graham: *Storage and Stability*, New York 1937.

Ders.: *World Commodities and World Currency*, New York 1944. Thomas Greco: *The End of Money and the Future of Civilization*, White River Junction 2009.

Edward Griffin: *The Creature From Jekyll Island: A Second Look at the Federal Reserve*, Appleton, WI, 1994 (dt.: *Die Kreatur von Jekyll Island. Die US-Notenbank Federal Reserve – das schrecklichste Ungeheuer, das die internationale Hochfinanz je schuf*, Rottenburg 2006.

Alexander Grimme: *Vom Reichtum sozialer Beziehungen. Zum Verhältnis von Gemeinschaft und Sozialkapital*, Marburg 2009.

St Clare Grondona: *Economic Stability is Attainable*, London 1975.

Benedetto Gui und Robert Sugden (Hg.): *Economics and Social Interaction: Accounting for Interpersonal Relations*, Cambridge 2005.

Bilal Habib, Ambar Narayan, Sergio Olivieri und Carolina Sanchez-Paramo: »Assessing Ex Ante the Poverty and Distributional Impact of the Global Crisis in a Developing Country: A Micro-Simulation Approach With Application to Bangladesh«, Policy Research Working Paper Nr. 5238, Washington, DC, 2010.

Andrew Haldane und Robert May: »Systemic Risk in Banking Ecosystems«, in: *Nature*, Bd. 469 (20. Januar 2011), S. 351–355.

Gwendolyn Hallsmith: *The Key to Sustainable Cities: Meeting Human Needs, Transforming Community Systems*, Gabriola Island 2004.

Dies. und Bernard Lietaer: *Creating Wealth: Growing Local Economies with Local Currencies*, Gabriola Island 2011.

Lyda Judson Hanifan: »The Rural School Community Center«, in: *Annals of the American Academy of Political and Social Science*, Nr. 67 (1916).

Elmer Harmon: *Commodity Reserve Currency*, New York 1959.

Albert Hart (Columbia University), Nicholas Kaldor (King's College, Cambridge) und Jan Tinbergen (Netherlands School of Economics): *The Case for an International Reserve Currency*, Genf: Dokument UNCTAD 64-03482, vorgelegt am 17.2.1964.

Paul Hawken: *Blessed Unrest*, New York 2007 (dt.: *Wir sind der Wandel. Warum die Rettung der Erde bereits voll im Gang ist – und kaum einer es bemerkt*, Emmendingen 2010).

Friedrich Hayek: *Denationalization of Money*, London 1976 (dt.: *Entnationalisierung des Geldes*, Tübingen 1977). (http://mises.org/books/denationalisation.pdf)

Richard Heinberg: *The End of Growth: Adapting to Our New Economic Reality*, Gabriola Island 2011.

Hazel Henderson: *The Politics of the Solar Age: Alternatives to Economics*, New York 1981 (dt.: *Die neue Ökonomie. Menschliches und ökologisches Wirtschaften im Solarzeitalter*, München 1989.

Dies.: *Paradigms in Progress: Life beyond Economics*, Indianapolis 1991.

Dies.: *Creating Alternative Futures*, Sterling, VA, 1996(a).

Dies.: *Building a Win-Win World: Life beyond Economic Warfare*, San Francisco 1996(b).

Dies.: *Ethical Markets: Growing the Green Economy*, White River Junction, VT, 2006.

Dies.: *Real Economies and the Illusion of Abstraction*, London 2010.

Dies.: *Green Transition Scoreboard 2012*, St Augustin, FL, 2012.
P. F. Henshaw: »Linking Economics and Natural Systems Physics«, www.synapse9.com, 20. März 2009.
Jean Houston: *Life Force: The Psychohistorical Recovery of the Self*, Wheaton 1993.
Joseph Huber und James Robertson: *Creating New Money: A Monetary Reform for the Information Age*, London 2001.
Marek Hudon und Bernard Lietaer: »Natural Savings: A New Microsavings Product for Inflationary Environments – How to Save Forests with Savings For and By the Poor?«, in: *Savings and Development*, Bd. 4 (2006), S. 357–381.
Lewis Hyde: *The Gift: Imagination and the Erotic Life of Property*, New York 1983.
In Larger Freedom: Towards Development, Security and Human Rights for All, Bericht für den Gipfel zum 60. Jahrestag der Vereinten Nationen, 2005.
Bruna Ingrao und Giorgio Israel: *The Invisible Hand*, Cambridge 1990.
Mitchell Innes: »What is Money?«, in: *Banking Law Journal*, Bd. 30 (1913), Nr. 5, S. 377–408.
Tim Jackson: *Prosperity Without Growth: Economics For a Finite Planet*, London 2009 (dt.: *Wohlstand ohne Wachstum. Leben und Wirtschaften in einer endlichen Welt*, München 2011).
Sarah James und Tobjörn Lahti: *The Natural Step for Communities: How Cities and Towns Can Change to Sustainable Practices*, Gabriola Island 2004.
W. S. Jevons: *Money and the Mechanism of Exchange*, New York 1875 (dt.: *Geld und Geldverkehr*, Saarbrücken 2006).
Robert Wood Johnson Foundation: *Service Credit Banking Project Site Summaries*, University of Maryland: Centre of Aging 1990.
C. Jones: »Preventing System Failure«, in: *Central Banking*, Bd. 21 (2010), S. 69–75.
Nicholas Kaldor: *The Scourge of Monetarism*, London 1985.
Graziela L. Kaminsky und Carmen M. Reinhart: »The Twin Crisis: The Causes of Banking and Balance of Payment Problems«, in: *American Economic Review*, Bd. 89, Nr. 3 (1999), S. 473–500.

George Kaufman: »Banking and Currency Crises and Systemic Risk: Lessons From Recent Events«, in: *Economic Perspectives: A Review from the Federal Reserve Bank of Chicago*, Nr. 3 (2000).

I. Kawachi, B. P. Kennedy, K. Lochner und D. Prothrow-Stith: »Social Capital, Income Inequality and Mortality«, in: *American Journal of Public Health*, Bd. 87 (1997), Nr. 9, S. 1491–1498.

J. P. Keeler: »Empirical Evidence on the Austrian Business Cycle Theory«, in: *Review of Austrian Economics*, Bd. 14 (2001), S. 331–351.

Margrit Kennedy: *Interest- and Inflation-Free Money*, Philadelphia 1995 (dt.: *Geld ohne Zinsen und Inflation. Ein Tauschmittel, das jedem dient*, München 2006).

Dies. und Bernard Lietaer: *Regionalwährungen. Neue Wege zu nachhaltigem Wohlstand*, München 2004.

John Maynard Keynes: *The General Theory of Employment, Interest and Money*, New York 1936 (dt.: *Allgemeine Theorie der Beschäftigung, des Zinses und des Geldes*, Berlin 2009).

John Maynard Keynes: *The Collected Writings, Bd. 11: Economic Articles and Academic Correspondence*, hrsg. von Donald Moggridge, London/Cambridge 1983.

Matthew J. Kiernan: *Investing in a Sustainable World*, New York 2009

Charles P. Kindleberger: *Manias, Panics, and Crashes: A History of Financial Crises*, Basingstoke [5]2005 (dt.: *Manien – Paniken – Crashs. Die Geschichte der Finanzkrisen dieser Welt*, Kulmbach 2001).

Brooks King-Casa, Damon Tomlin, Cedric Anen, Colin F. Camerer, Steven R. Quartz und P. Read Montague: »Getting to Know You: Reputation and Trusting in a Two-Person Economic Exchange«, in: *Science*, 308 (1. April 2005), S. 78–83.

Naomi Klein: *No Logo: Taking Aim at the Brand Bullies*, New York 2000 (dt.: *No Logo! Der Kampf der Global Players um Marktmacht. Ein Spiel mit vielen Verlierern und wenigen Gewinnern*, München 2001).

Georg Friedrich Knapp: *Staatliche Theorie des Geldes*, München [2]1918.

N. Kondratieff: »Die langen Wellen der Konjunktur«, in: *Archiv für Sozialwissenschaft und Sozialpolitik*, 1926.

M. Kosfeld: »Economic networks in the laboratory: A survey«, in: *Review of Network Economics*, Bd. 3, Nr. 1 (2004), S. 20–41.

Thomas Kuhn: *The Structure of Scientific Revolutions*, Chicago 1965 (dt.: *Die Struktur wissenschaftlicher Revolutionen*, Frankfurt a.M. 1986).

Luc Laevan und Fabian Valencia: »Resolution of Banking Crises: The Good, the Bad, and the Ugly«, IWF Arbeitspapier 10/146, Washington 2010, S. 4. (http://www.imf.org/external/pubs/ft/wp/2010/wp10146.pdf)

Erwin Laszlo: *The Systems View of the World: A Holistic Vision for our Time*, Creskill 1996 (dt.: *Systemtheorie als Weltanschauung. Eine ganzheitliche Vision für unsere Zeit*, München 1998).

Serge Latouche: »Minuswachstum: Die falsche Kritik der Alternativökonomen«, in: *Le Monde Diplomatique*, deutsche Ausgabe, November 2004 (bit.ly/TPlink56)

Ders.: *L'invention de l'économie*, Paris 2005.

J. H. Lawton und R. M. May: *Extinction Rates*, Oxford 1995.

S.G. Lea, R.M. Tarpy und P. Webley: *The Individual in the Economy: A Textbook for Economic Psychology*, Cambridge 1987.

Y. Leitner: »Financial Networks: Contagion, Commitment, and Private Sector Bailouts«, in: *Journal of Finance*, Bd. 60, Nr. 6 (2005), S. 2925–2953.

Christian Léonard: *Croissance contre santé: Quelle responsabilisation du malade?*, Charleroi 2008.

Abba Lerner: »Functional Finance and the Federal Debt«, in: *Social Research*, Bd. 10 (1943), S. 38–51.

Ders.: »Money as a Creature of the State«, in: *American Economic Review*, Bd. 37 (1947), Nr. 2, S. 313.

Claude Lévi-Strauss: *Les structures élémentaires de la parenté*, Paris 1949 (dt.: *Die elementaren Strukturen der Verwandtschaft, Frankfurt* a.M. 1981).

Yaojun Li, Mike Savage und Andrew Pickles: »Social Capital and Social Exclusion in England and Wales (1972–1999)«, in: *British Journal of Sociology*, Bd. 54, Nr. 4 (2003), S. 497–526.

C.H. Lia, P. Fernald, J. Gertler und Lynnette M. Neufeld: »Role of cash in conditional cash transfer programmes for child health, growth, and development: an analysis of Mexico's Oportunidades«, in: *Lancet* 2008, 371, S. 828–837.

Bernard Lietaer: *Mysterium Geld: Emotionale Bedeutung und Wirkungsweise eines Tabus*, München 2000.

Ders.: *Das Geld der Zukunft. Über die zerstörerische Wirkung unseres Geldsystems und Alternativen hierzu*, München 1999.

Ders. und Stephen De Meulenaere: »Sustaining Cultural Vitality in a Globalizing World: the Balinese Example«, in: *International Journal for Social Economics*, Bd. 30, Folge 9 (2003), S. 967–984.

Ders.: »A World in Balance«, in: *Reflections (Journal of the Society for Organizational Learning – SoL)*, Bd. 4, Nr. 4 (2003).

Ders. und Margrit Kennedy: *Regionalwährungen. Neue Wege zu nachhaltigem Wohlstand*, München 2004.

Ders., *Au Cœur de la Monnaie*, Paris 2011.

Ders. und Stephen Belgin: *New Money for a New World*, Boulder, Col., 2011.

George Loewenstein, Scott Rick und Jonathan D. Cohen, »Neuroeconomics«, in: *Annual Review of Psychology*, Bd. 59 (2008), S. 647–672.

Joanna Macy, *Mutual Causality in Buddhism and General Systems Theory: The Dharma of Natural Systems,* New York 1991.

John Maloney (Hg.): *Debts and Deficits: A Historical Perspective*, Cheltenham 1998.

Gregory Mankiw: *Macroeconomics*, New York 2003 (dt.: *Makroökonomik*, Stuttgart 2003).

Marcel Mauss: *Essai sur le don*, Paris 1920 (dt.: *Die Gabe. Form und Funktion des Austauschs in archaischen Gesellschaften*, Frankfurt a.M. 1968).

Campbell McConnell und Stanley Bruce: *Macroeconomics: Principles, Problems and Policies*, New York 2008.

Donella H. Meadows, Dennis L. Meadows, Jorgen Randers und William W. Behrens III: *Die Grenzen des Wachstums. Bericht des Club of Rome zur Lage der Menschheit*, Stuttgart 1972.

Donella H. Meadows, Jorgen Randers und Dennis L. Meadows:

Grenzen des Wachstums, das 30-Jahre-Update. Signal zum Kurswechsel, Stuttgart 2006.

Enzo Minigione: *Urban Poverty and the Underclass – A Reader*, Oxford 1996.

Hyman Minsky: *Stabilizing an Unstable Economy*, New Haven 1986.

Philip Mirowski: *More Heat than Light: Economics as Social Physics, Physics as Nature's Economics*, Cambridge 1989.

Ludwig von Mises: *Nationaloekonomie. Theorie des Handelns und Wirtschaftens*, Genf 1940; Nachdruck München 1980.

Frederic Mishkin: *The Economics of Money, Banking and Financial Markets*, New York 2007.

Basil Moore: *Horizontalists and Verticalists: The Macroeconomics of Credit Money*, Cambridge 1988.

Warren Mosler: *Soft Currency Economics,* o.O. 1995.

Ders.: »Full Employment and Price Stability«, in: *Journal of Post-Keynesian Economics*, Bd. 20 (Winter 1997–1998), S. 167–182.

Ders.: *Seven Deadly Innocent Frauds of Economic Policy and Soft Currency Economics* (2010) – siehe www.warrenmosler.com

Leo A. Nefiodow: *Der fünfte Kondratieff. Strategien zum Strukturwandel in Wirtschaft und Gesellschaft*, Wiesbaden 1991.

Ders.: *Die Informationgesellschaft. Arbeitsplatzvernichtung oder Arbeitsplatzgewinne?* IFO-Schnelldienst Nr. 12, München April 1994.

Ders.: *Der sechste Kondratieff*, Sankt Augustin 2001.

Friedrich Nietzsche: *Also sprach Zarathustra*, in: *Sämtliche Werke. Kritische Studienausgabe in 13 Bänden*, Bd. 4, München 1980.

Martin A. Novak, Akira Sasaki, Christine Taylor und Drew Fudenberg: »Emergence of Cooperation and Evolutionary Stability in Infinite Populations«, in: *Nature* 428 (8. April 2004), S. 646–650.

Patrick O'Brien und Philip Hunt: »The Rise of the Fiscal State in England, 1485–1815«, in: *Historical Research*, Bd. 66 (1993), S. 129–176.

Office of the Inspector-General, City of Chicago: *An Analysis of the City's Parking Meter Lease*, September 2009.

Naomi Oreskes und Erik M. Conway: *Merchants of Doubt: How a Handful of Scientists Obscured the Truth On Issues From Tobacco Smoke to Global Warming*, New York 2010.

Paul Ormerod: *The Death of Economics*, New York 1994.

Elinor Ostrom: *Governing the Commons: The Evolution of Institutions for Collective Action*, Cambridge 1990.

Dies. und Toh-Kyung Ahn (Hg.): *Foundations of Social Capital*, Cheltenham 2003.

Greg Palast: *The Best Democracy Money Can Buy: An Investigative Reporter Exposes the Truth About Globalization, Corporate Cons and High-Finance Fraudsters*, London 2003.

René Passet: *L'Économique et le vivant*, Paris 1979.

C. Paxson C. und N. Schady: »Does Money Matter? The Effects of Cash Transfers on Child Health and Development in Rural Ecuador«, Arbeitspapier der Weltbank 4226, Mai 2007.

David Pearce und Edward Barbier: *Blueprint For a Sustainable Economy*, London 2000.

John Perkins: *Confessions of an Economic Hit Man*, San Francisco 2004 (dt.: *Bekenntnisse eines economic hit man. Unterwegs im Dienst der Wirtschaftsmafia*, München 2007).

Peter G. Petersen: »Gray Dawn: The Global Aging Crisis«, in: *Foreign Affairs* (Januar/Februar 1999).

Ann Pettifor: *The Coming First-World Debt Crisis*, London 2006.

Karl Polanyi: *The Great Transformation: The Political and Economic Origins of Our Time*, New York 1944 (dt.: *The Great Transformation. Politische und ökonomische Ursprünge von Gesellschaften und Wirtschaftssystemen*, Frankfurt a.M. 81973).

D. R. Powell: »Characteristics of Successful Health Programmes«, in: *Employee Benefits Journal*, 15–21 (1999).

Friedrich Preisigke: *Girowesen im griechischen Ägypten: Enthaltend Korngiro, Geldgiro, Girobanknotariat mit Einschluss des Archivwesens. Ein Beitrag zur Geschichte des Verwaltungsdienstes im Altertume*, Straßburg 1910; Nachdr. Hildesheim/New York 1971.

Nomi Prins: *It Takes a Pillage: Behind the Bailouts, Bonuses, and Backroom Deals from Washington to Wall Street*, New York 2009.

Robert D. Putnam, Robert Leonardi und Raffaella Y. Nanetti: *Making Democracy Work: Civic Traditions in Modern Italy*, Princeton, NJ, 1994.

Ders.: *Bowling Alone: The Collapse and Revival of American Community*, New York 2000.

Anne Querrien: *L'école mutuelle: Une pédagogie trop efficace?*, Paris 2005.

Franz J. Radermacher: *Balance oder Zerstörung. Ökosoziale Marktwirtschaft als Schlüssel zu einer weltweiten nachhaltigen Entwicklung*, Oberhaching 2004.

John Rawls: *A Theory of Justice*, Cambridge, Mass., 1971 (dt.: *Eine Theorie der Gerechtigkeit*, Frankfurt a.M. 2005).

Uwe E. Reinhardt: »Can Efficiency in Health Care Be Left to the Market?«, in: *Journal of Health Politics, Policy and Law*, Bd. 26 (2001), Nr. 5, S. 967–992.

Carmen M. Reinhart, Graciela Kaminsky und Carlos Vegh: »When It Rains, It Pours: Procyclical Capital Flows and Macroeconomic Policies«, in: *NBER Macroeconomics Annual*, Cambridge 2004, S. 11–53.

Dies. und Kenneth S. Rogoff: »The Aftermath of Financial Crises«, in: *American Economic Review*, Bd. 99 (Mai 2009a), S. 466–472.

Dies. und Kenneth S. Rogoff: *This Time is Different: Eight Centuries of Financial Folly*, Princeton, NJ, 2009b (dt.: *Dieses Mal ist alles anders. Acht Jahrhunderte Finanzkrisen*, München 2010).

Adrienne Rich: »Natural Resources«, in: *The Dream of a Common Language – Poems*, New York 1993 (dt.: *Der Traum einer gemeinsamen Sprache. Gedichte 1974–1977*, München 1982).

James Robertson und John Bunzl: *Monetary Reform: Making It Happen*, London 2003.

Ders.: *Future Money: Breakdown or Breakthrough*, Totnes 2012.

François Roddier: *Le pain, le levain et les gènes*, Paris 2009.

Gerry Rodgers, Charles G. Gore und Jose B. Figueiredo (Hg.): *Social Exclusion: Rhetoric, Reality, Responses*, Genf 1995.

Joseph Romm: »Desertification: the Next Dustbowl«, in: *Nature* 478 (27. Oktober 2011).

M. Rothschild und J. E. Stiglitz: »Equilibrium in Competitive Insurance Markets: An Essay on the Economics of Imperfect Information«, in: *Quarterly Journal of Economics*, 90 (1976), S. 629 bis 650.

David Rotman: »Praying for Energy Miracle«, in: *Technology Review*, März/April 2011.

Stephen Rousseas: *Post-Keynesian Monetary Economics*, Armonk 1986.

Christopher J. Ruhm: *Macroeconomic Conditions, Health and Government Policy*, University of Michigan: Gerald R. Ford School of Public Policy, National Poverty Center 2006.

Jacques Sapir: *Faut il sortir de l'Euro?*, Paris 2011.

Detlev S. Schlichter: *Paper Money Collapse: The Folly of Elastic Money and the Coming Monetary Breakdown*, Hoboken 2011 (dt.: *Das Ende des Scheins. Warum auch unser Papiergeldsystem zusammenbricht*, Weinheim 2013).

Juliet B. Schor: *Plenitude: The New Economics of True Wealth*, New York 2010.

Joseph A. Schumpeter: *Capitalism, Socialism and Democracy*, London 1942 (dt.: *Kapitalismus, Sozialismus und Demokratie*, Tübingen [8]2005).

Frank Schweitzer, Giorgio Fagiolo, Didier Sornette, Fernando Vega-Redondo und Douglas R. White: »Economic Networks: The New Challenges«, in: *Science*, Bd. 325 (2009a), S. 422–425.

Dies.: »Economic Networks: What Do We Know and What Do We Need to Know?«, in: *Advances in Complex Systems*, Bd. 12, Nr. 4 (2009b), S. 407–422.

Kenneth Scot: *Counterfeiting in Colonial America*, Philadelphia 2000.

Peter M. Senge: *The Necessary Revolution: How Individuals and Organizations Are Working Together to Create a Sustainable World*, Boston 2008 (dt.: *Die notwendige Revolution. Wie Individuen und Organisationen zusammenarbeiten, um eine nachhaltige Welt zu schaffen*, Heidelberg 2011).

G. Seyfang und K. Smith: *The Time of our Lives: Using time banking for neighbourhood renewal and community capacity building*, London 2002.

Adam Smith: *The Wealth of Nations*, New York 2000 (dt.: *Eine Untersuchung über das Wesen und die Ursachen des Reichtums der Nationen*, Berlin ²1976).

Andrew Ross Sorkin: *Too Big to Fail*, London 2010 (dt.: *Die Unfehlbaren. Wie Banker und Politiker nach der Lehman-Pleite darum kämpften, das Finanzsystem zu retten – und sich selbst*, München 2010).

George Soros: *The Alchemy of Finance*, London 1987 (dt.: *Die Alchemie der Finanzen*, Kulmbach 2012).

Joseph Stiglitz: *Globalization and Its Discontents*, New York 2002 (dt.: *Die Schatten der Globalisierung*, Berlin 2002).

Ders.: »Of the 1 %, by the 1 %, for the 1 %«, in: *Vanity Fair*, Mai 2011.

James Stodder: »Reciprocal Exchange Networks: Implications for Macroeconomic Stability«, Vortrag vor der International Electronic and Electrical Engineering (IEEE) und der Engineering Management Society (EMS), Albuquerque, New Mexico, August 2000.

Ders.: »Complementary Credit Networks and Macroeconomic Stability: Switzerland's Wirtschaftring«, in: *Journal of Economic Behavior and Organization*, Bd. 72 (2009), S. 79–95.

Federico Sturzenegger und Jeromin Zettelmeyer: *Debt Defaults and Lessons from a Decade of Crises*, Cambridge, Mass., 2006.

The Earth Charter Community Action Tool, www.earthcat.org

The Financial Crisis Inquiry Report: Final Report of the National Commission of the Financial and Economic Crisis in the United States (Public Affairs, 2011).

The Global Economic Crisis: Assessing Vulnerability With a Poverty Lens, Washington, D.C., World Bank, 2009. (http://siteresources.worldbank.org/NEWS/Resources/WBGVulnerableCountriesBrief.pdf)

»The Real Housewives of Wall Street«, in: *Rolling Stone*, 4. November 2011 (http://www.rollingstone.com/politics/news/the-real-housewives-of-wall-street-look-whos-cashing-in-on-the-bail-out-20110411)

Harding Tibbs: »Sustainability«, in: *Deeper News* (Global Business Network), Bd. 3, Nr.1, Januar 1999.

Towards Sustainable Development, Paris 2000.

Arnold Toynbee: *A Study of History*, Bde. I bis VI, Oxford 1939 und Bde. I bis X, 1960 (dt.: *Der Gang der Weltgeschichte*, Frankfurt a.M. 2010).

Robert Ulanowicz und B. M. Hannon: »Life and the Production of Entropy«, in: *Proceedings of the Royal Society of London B*, Bd. 232 (1987), S. 181–192.

Ders.: *A Third Window: Natural Foundations for Life*, Oxford/New York 2008)

Ders., Sally J. Goerner, Bernard Lietaer und Rocio Gomez: »Quantifying Sustainability: Resilience, Efficiency and the Return of Information Theory«, in: *Ecological Complexity*, Bd. 6 (2009), S. 27–36.

U.S. Health (2005). National Center for Health Statistics, Department of Health and Human Services, Nr. 2005–2232.

Anton R. Valukas: *Lehman Brothers Inc.* Untersuchungsbericht, 11. Kapitel (2010).

Kathleen D. Vohs, Nicole L. Mead und Miranda R. Goode: »The Psychological Consequences of Money«, in: *Science* 314 (17. November 2006), S. 1154–1156.

Léon Walras: *Éléments d'économie pure*, Paris 1874.

Ernst Ulrich von Weizsäcker, Armory B. Lovins und L.Hunter Lovins: *Faktor Vier. Doppelter Wohlstand – halbierter Naturverbrauch. Der neue Bericht an den Club of Rome*, München 1995.

Ken Wilber: *Sex, Ecology, Spirituality: The Spirit of Evolution*, Boston 1995 (dt.: *Eros, Kosmos, Logos. Eine Jahrtausend-Vision*, Frankfurt a.M. 2001).

Edward O. Wilson: *The Future of Life*, New York 2002 (dt.: *Die Zukunft des Lebens*, München 2004).

World Commission on the Environment and Development: *Our Common Future*, Oxford 1989.

L. Randall Wray: *Money and Credit in Capitalist Economies: The Endogenous Money Approach*, Aldershot 1990.

Ders.: *Understanding Modern Money: The Key to Full Employment and Price Stability*, Cheltenham 1998.
Graham A. N. Wright: »A Critical Review of Savings Services in Africa and Elsewhere«, Arbeitspapier, Nairobi 1999.
Stephen Zarlenga: *The Lost Science of Money*, American Money Institute 2002.